Sabrina Baumgartner

Die Regierungskommunikation der Schweizer Kantone

Sabrina Baumgartner

Die Regierungskommunikation der Schweizer Kantone

Regeln, Organisation, Akteure und Instrumente im Vergleich

VS VERLAG FÜR SOZIALWISSENSCHAFTEN

Bibliografische Information der Deutschen Nationalbibliothek
Die Deutsche Nationalbibliothek verzeichnet diese Publikation in der Deutschen Nationalbibliografie; detaillierte bibliografische Daten sind im Internet über <http://dnb.d-nb.de> abrufbar.

Zugl. Dissertation Universität Zürich, 2009
Die vorliegende Arbeit wurde von der Philosophischen Fakultät der Universität Zürich im Herbstsemester 2009 auf Antrag von Prof. Dr. Otfried Jarren und Prof. Dr. Patrick Donges als Dissertation angenommen.

1. Auflage 2010

Lektorat: Katrin Emmerich | Sabine Schöller

VS Verlag für Sozialwissenschaften ist Teil der Fachverlagsgruppe Springer Science+Business Media.
www.vs-verlag.de

Umschlaggestaltung: KünkelLopka Medienentwicklung, Heidelberg
Druck und buchbinderische Verarbeitung: Rosch-Buch, Scheßlitz
Gedruckt auf säurefreiem und chlorfrei gebleichtem Papier
Printed in Germany

ISBN 978-3-531-17266-8

Vorwort

Von der ersten Idee für ein Thema über die Abgabe bis hin zur Publikation haben zahlreiche Menschen und Institutionen zum erfolgreichen Abschluss meiner Dissertation beigetragen.

Zuerst möchte ich mich ganz herzlich bei Prof. Dr. Otfried Jarren und Prof. Dr. Patrick Donges bedanken. Sie haben mich immer unterstützt, ermutigt, mich mit konstruktiver Kritik herausgefordert und damit grundlegend zum Gelingen dieser Arbeit beigetragen.

Die Dissertation ist im Rahmen eines Projekts zum Thema Regierungskommunikation der Schweizer Kantone entstanden, das vom Schweizerischen Nationalfonds (SNF) finanziert wurde. Für diese Unterstützung möchte ich dem Nationalfonds herzlich danken.

Besonderen Dank geht an Dr. phil. Martina Vogel: Sie hat zeitgleich mit mir promoviert, was den fachlichen Austausch und die gegenseitigen Motivationsgespräche umso wertvoller gemacht hat. Vielen Dank auch an alle meine Kolleginnen und Kollegen vom Institut und an Julia Zogg für den Austausch und die gute Zusammenarbeit.

Diese Arbeit wäre ohne die Unterstützung und die Kooperation der Befragten nicht möglich gewesen. Vielen Dank an Herrn Staatsschreiber Beat Husi, Frau Susanne Sorg-Keller, an alle Befragten in den Kantonen, an die Schweizerische Staatsschreiberkonferenz, an die SIKOV und an alle, die am Pretest teilgenommen haben – merci beaucoup, mille grazie.

Ferner gilt mein Dank Prof. Dr. Adrian Vatter und seinen Mitarbeitern vom Institut für Politikwissenschaft der Universität Zürich für das Interesse an meiner Arbeit und den fachlichen Austausch.

Vielen lieben Dank für die große Unterstützung, für das Gegenlesen und für unsagbar viel mehr gebührt Christoph, meinen Eltern Ruth und Jürg, Andrea und David, Ursula, Milena, Claudia, Hermann und Rita.

Diese Arbeit widme ich meiner Grosmutter Gertrud Zehnder.

Zürich, im November 2009 Sabrina Baumgartner

Inhalt

Abkürzungsverzeichnis

AG	Kanton Aargau
AI	Kanton Appenzell Innerrhoden
AR	Kanton Appenzell Ausserrhoden
BE	Kanton Bern
BFS	Bundesamt für Statistik
BL	Kanton Basel-Land
BPA	Bundespresseamt Deutschland
BS	Kanton Basel-Stadt
CVP	Christlich-demokratische Volkspartei der Schweiz
FDP	Freisinnig-demokratische Partei der Schweiz
FR	Kanton Freiburg
GE	Kanton Genf
GL	Kanton Glarus
GR	Kanton Graubünden
JU	Kanton Jura
LU	Kanton Luzern
LPD	Liberaldemokratische Partei Basel-Stadt
MW	Mittelwert
NE	Kanton Neuenburg
NW	Kanton Nidwalden
OW	Kanton Obwalden
SD	Standardabweichung
SG	Kanton St. Gallen
SH	Kanton Schaffhausen
SIKOV	Schweizerische Informations-Konferenz öffentlicher Verwaltungen
SO	Kanton Solothurn
SPS	Sozialdemokratische Partei der Schweiz
SVP	Schweizerische Volkspartei
SZ	Kanton Schwyz
TG	Kanton Thurgau
TI	Kanton Tessin
UR	Kanton Uri
VD	Kanton Waadt
VS	Kanton Wallis
ZG	Kanton Zug
ZH	Kanton Zürich

Abbildungsverzeichnis

Tabellenverzeichnis

1 Einleitung

Ende Februar 2008 hatten die Stimmbürgerinnen und Stimmbürger des Kantons Uri über die Volksinitiative „für maßvolle Abstimmungsinformationen statt Behördenpropaganda“ zu entscheiden. Die Initiative wollte erreichen, dass die Informationstätigkeit der Regierung vor Abstimmungen mit wenigen Ausnahmen verboten werden sollte. Die Initiative wurde mit 66% Nein-Stimmenanteil verworfen.

Rita Fuhrer, Regierungsrätin des Kantons Zürich, hat im November 2008 über den Informationsdienst ihres Departementes verlauten lassen, dass sie für eine Vakanz im Bundesrat nominiert wurde. Dieses Vorgehen hat für Kritik gesorgt, weil es nicht Aufgabe einer staatlichen Kommunikationsabteilung sei, private Engagements zu unterstützen (vgl. Tages Anzeiger vom 5. März 2009).

Zwei Regierungsräte des Kantons Appenzell Ausserrhoden halten regelmäßig Vorträge in deutschen Städten, um für ihre niedrigen Unternehmenssteuern zu werben und Firmen in ihren Kanton zu locken. Diese Meldung hat Ende Februar 2009 für Aufsehen gesorgt, weil sich die deutschen Behörden verärgert gezeigt haben über das offene „Abwerben“ von Unternehmen (vgl. Basler Zeitung vom 26. Februar 2009).

Diese Beispiele zeigen, wie breit das Feld der Regierungskommunikation ist und welche Aspekte Anlass zu öffentlichen Diskussionen geben. Alle Beispiele verweisen auf die zentralen Fragen dieser Arbeit: Wie ist die Kommunikation einer Regierung ausgestaltet? Wie viele Ressourcen sollen dafür zum Einsatz kommen? Welche Regeln werden dafür festgelegt? Welche Personen sind für die Regierungskommunikation zuständig? Welche Instrumente werden dafür eingesetzt? Diesen Fragen wird hier nachgegangen, indem die Regierungskommunikation in allen Schweizer Kantonen in den Dimensionen der Regeln, der Organisation, der Akteure und der Instrumente beschrieben, verglichen und analysiert wird. Die Regierung wird dazu als korporativer Akteur definiert, der verschiedenen Anforderungen an seine Kommunikation ausgesetzt ist und entsprechende Handlungsorientierungen ausgeprägt hat. Es wird dabei von der These ausgegangen, dass die Regierungskommunikation stark vom politischen System und vom Mediensystem geprägt wird, in dem sie stattfindet (vgl. Pfetsch 2003b; Pfetsch 1998b). Form und Ausmaß der Kommunikation einer Regierung unterscheiden sich in Abhängigkeit von den politischen und medialen Rahmenbedingungen der einzelnen Kantone. Der Fokus der Analyse liegt auf dem Einfluss der politischen Rahmenbedingungen, die von Kanton zu Kanton verschieden sind. Der Einfluss des Mediensystems wird ausgeklammert, weil es keine „kantonalen“ Medien gibt, da sich die Medien nicht nach Kantonsgrenzen richten (zum Beispiel die Zeitung „Die Südostschweiz“).

Der Fokus der Untersuchung liegt ferner auf der Kommunikation des politischen Tagesgeschäfts. Die Kommunikation im Kontext von Wahlen und Abstimmungen wird ausgeklammert, da diese einer anderen Logik folgt (vgl. Young 2007: xxiv; Sarcinelli 2000; Bentele 1998: 127; Blumler/Dayan/Wolton 1990: 274). Die Arbeit strebt zudem keine normativen Bewertungen der Regierungskommunikation oder eine Rangliste der „gut“ oder „schlecht“ kommunizierenden Kantone an, sondern eine umfassende Bestandsaufnahme und einen Vergleich des Status Quo der Regierungskommunikation in den Kantonen.

1.1 Problemstellung und Relevanz der Untersuchung

Die Regierung genießt in der Medienöffentlichkeit besondere Aufmerksamkeit. Dies liegt in erster Linie an der besonderen Position der Regierung, denn sie ist das aktive Handlungszentrum des politischen Systems (vgl. Pfetsch 1998b: 241; Bergsdorf 1986: 31). In einem demokratischen Regierungssystem ist es die Regierung, die Probleme aufgreift, Maßnahmen beschließt und diese durchsetzt. Indem sie wesentliche Inhalte und Strukturen der politischen Kommunikation vorgibt, ist die Regierung in einer exponierten Stellung (vgl. Korte/Fröhlich 2004: 269). Inhaltsanalysen zeigen, dass Pressemitteilungen und Pressekonferenzen von Regierungen eine besonders hohe Aufmerksamkeit der Medien zukommt (für die Kantone vgl. Grossenbacher et al. 2006; Matter/Bütikofer/Handschin o.J.; für die Schweiz vgl. Kamber/Imhof 2004; Eisenegger/Schranz 2004; Hänsli 1999; Grossenbacher 1986; exemplarisch für Deutschland Baerns 1981; Pfetsch 1998a; Pfetsch 1996). Die Regierung verfügt zusätzlich über Institutionen und Ressourcen, die ihr per Gesetz für die Öffentlichkeitsarbeit zur Verfügung stehen (vgl. Tenscher 2002: 249; Plasser/Hüffel/Lengauer 2004: 319; Pfetsch 1998a: 76ff.). Die für die Regierungskommunikation zuständigen Stellen haben sich auf die öffentliche Kommunikation spezialisiert, was der Regierung ebenfalls Vorteile in der Nutzung der öffentlichen Aufmerksamkeit bringt, denn anderen Akteuren stehen diese Ressourcen nicht zur Verfügung (vgl. Pfetsch 1998b: 243). Diese Sonderposition bringt zwar mehr öffentliche Sichtbarkeit für die Anliegen der Regierung mit sich, löst aber auch Diskussionen über die Rolle der Regierung in einer Demokratie sowie die Notwendigkeit einer Regelung der Informations- und Kommunikationstätigkeit einer Regierung aus.

1.1.1 Demokratietheoretische Begründung der Regierungskommunikation

Es stellt sich zuerst die Grundfrage, warum die Regierung überhaupt kommunizieren muss. Politische Akteure sind in der Regel bestrebt, ihre Vorstellungen gesellschaftlich zu verwirklichen. Dieser Gestaltungsmoment von Politik wird in der Dimension des öffentlichen Handelns thematisiert (vgl. von Prittwitz 1994: 48). Öffentliches Handeln ist darauf ausgerichtet, *„mit öffentlich legitimierten Mitteln zur Verwirklichung allgemeiner Interessen beizutragen*" (von Prittwitz 1994: 48/Hervorheb.i.O.). Öffentliches Handeln hat in diesem Sinne auch einen normativen Charakter. Durch die geforderte Orientierung am Gemeinwohl werden Ziele und Inhalte öffentlichen Handelns der öffentlichen Diskussion ausgesetzt (vgl. von Prittwitz 1994: 48ff.). Nach von Prittwitz' Definition verstehen Korte/Fröhlich Regierungshandeln als öffentliches Handeln, das darauf ausgerichtet ist, mit öffentlich legitimierten Mitteln (Instrumente und Mittel des Regierens) zur Verwirklichung allgemeiner Interessen (Problemlösung) beizutragen (vgl. Korte/Fröhlich 2004: 174). Eine Regierung muss ihr öffentliches Handeln folglich erklären, begründen und verteidigen können. Die Regierung muss ihre Beweggründe und Entscheidungen durch Begründungen legitimieren und ein Mittel dazu ist die Legitimation durch Kommunikation (vgl. Sarcinelli 1998a: 676). „Politische Kommunikation macht Politik öffentlich und öffnet sie auf diesem Wege der Möglichkeit, geprüft, unterstützt, verworfen oder abgelehnt zu werden" (Korte/Fröhlich 2004: 259). Bergsdorf sieht die Hauptaufgabe der Regierungskommunikation genau in dieser Rechtfertigung des öffentlichen Handelns: „Die Regierungskommunikation hat die Hauptaufgabe, Entscheidungen und Maßnahmen der Regierung verständlich und mehrheitsfähig zu machen" (Bergsdorf 1986: 36; vgl. auch Tenscher 2002: 248).

Es gilt heute als unbestritten, dass die Regierung kommunizieren muss, auch auf kantonaler Ebene. So plädiert Nuspliger in einer Aufzählung von möglichen Reformen zur Verbesserung der Regierungsarbeit in den Kantonen unter anderem für eine verbesserte Kommunikation der Regierungen und nennt die mediengerechte Übermittlung von Regierungsbotschaften eine Erfolgsbedingung für politisches Handeln (vgl. Nuspliger 2000: 87). Auch Germann streicht die Wichtigkeit von Regierungskommunikation heraus, wenn er von aktiver Information der Behörden als „sehr bedeutendem Instrument in den Händen der Regierenden" spricht (vgl. Germann 1998: 251). Auch aus der Perspektive der Akteure wird betont, dass die Kommunikation immer wichtiger geworden ist und es sich der Staat nicht mehr leisten kann, nicht zu kommunizieren (vgl. Grandjean 2000: 113). Riesen definiert Kommunikation als festen Bestandteil der politischen Führungsaufgabe einer Regierung (vgl. Riesen 2008: 97).

Es kann also demokratietheoretisch begründet werden, warum eine Regierung in einer Demokratie kommunizieren muss. Damit stellt sich aber die Frage nach den Grenzen von Regierungskommunikation. Die Regierung unterliegt aufgrund ihres Status als zentraler staatlicher Akteur in ihrer Kommunikation besonderen Grenzen. Sie darf ihren Sonderstatus nicht zu ihrem eigenen Vorteil missbrauchen. Sie darf zum Beispiel keine persuasive Kommunikation wie Werbung oder Marketing betreiben (vgl. Bentele 1998: 131f.). Ausgeschlossen sind vor allem „alle Formen persuasiver Kommunikation, die man als Propaganda klassifizieren oder mit Werbung verbinden kann" (Jarren 2005: 52). Die Kommunikation muss eng an die jeweiligen politischen Ziele der Regierung gebunden sein, die ausgehandelt und damit legitimiert sind (vgl. Stücheli-Herlach 2008: 154). In Deutschland gilt die Formulierung des Bundesverfassungsgerichts, wonach jede zulässige Öffentlichkeitsarbeit einer Regierung dort endet, wo Wahlwerbung beginnt (vgl. exemplarisch Bergsdorf 1986: 38). Zudem muss sich die Regierung bewusst sein, dass sie öffentliche Gelder für die Kommunikation einsetzt. Die Verwendung von öffentlichen Geldern für Kommunikation wird besonders genau beobachtet und immer wieder kritisiert, wie das genannte Beispiel aus dem Kanton Zürich zeigt.

In diesem Spannungsfeld zwischen der exponierten Stellung der Regierung im Staat, der Pflicht zur Kommunikation und den Grenzen der Regierungskommunikation müssen die Akteure der Regierungskommunikation einen Weg finden, um angemessen zu kommunizieren. Die Frage nach der Angemessenheit von Regierungskommunikation hat sich in den letzten Jahren aufgrund zweier Entwicklungen noch zugespitzt. Auf Basis der beiden Phänomene der Medialisierung und des Staatswandels werden hier die veränderten Anforderungen an die Regierungskommunikation diskutiert.

1.1.2 Medialisierung der Regierungskommunikation

Der Begriff Medialisierung bezeichnet die zunehmende Durchdringung von anderen gesellschaftlichen Teilsystemen durch die Medien. Medien werden immer mehr zur Voraussetzung für Akteure, wenn sie bestimmte Ziele erreichen wollen (vgl. Donges 2008; Krotz 2007; Imhof et al. 2006; Jarren 2005; Imhof et al. 2004; Schulz 2004). Für die Politik bedeutet der Prozess der Medialisierung, dass der kommunikative Anteil der Politik vergrößert wird und einen neuen Stellenwert erhält. Was der Prozess der Medialisierung für die Regierung und die

Verwaltung bedeutet, hat vor allem Jarren (2005) aufgezeigt (vgl. ferner auch Stücheli-Herlach 2008: 157). Jarren nennt vier Entwicklungen, die einen Einfluss auf die Regierungskommunikation haben.

Erstens wird durch die Zunahme der gesellschaftlichen Komplexität eine politisch-rechtliche Steuerung durch die Regierung schwieriger (vgl. Jarren 2005: 37ff.). Die zentrale Steuerungsressource des Staates, das Recht, kann dem schnellen sozialen Wandel nicht folgen und verliert deshalb an Bedeutung (vgl. Jarren 2005: 38). „Das erklärt, weshalb Information und Kommunikation als Steuerungsressource an Bedeutung gewinnen" (Jarren 2005: 38).

Der zweite Veränderungsprozess ist der Kompetenzgewinn der ökonomischen Akteure und der Bürger (vgl. Jarren 2005: 39). Durch die Verwissenschaftlichung verschiedener Gesellschaftsbereiche besitzen vor allem die Experten der ökonomischen Akteure oft mehr Fachkompetenz als Beamte oder Verwaltungsangestellte. Diese Entwicklung ist aber erst problematisch, wenn der Staat nicht mehr selbst über die Instrumente und Ressourcen zur Wissensgenerierung verfügt und in gewissen Themenfeldern alleine auf externe Experten der Wirtschaft angewiesen ist (vgl. Jarren 2005: 39). Zudem verändert sich auch die Rolle der Bürger gegenüber dem Staat. Die Mitwirkung der Bürger sinkt generell und muss von Fall zu Fall wieder hergestellt werden. Diese Entwicklung kann auf einen Wertewandel zurückgeführt werden: Durch den Umstand, dass die Bürger nicht mehr einfach der politischen Linie der Partei, der Kirche oder des Verbandes folgen, muss sich Politik öfter rechtfertigen, sich präsentieren und gute öffentliche Begründungen für ihr Handeln liefern (vgl. Sarcinelli 1990: 46). Gleichzeitig erwarten die Bürger Dienstleistungen und Regelungsfähigkeit vom Staat (vgl. Jarren 2005: 40). „Dem geänderten – und recht selektiven – Informations- wie Mitwirkungsverhalten der Bürgerinnen und Bürger muss in der Regierungs- wie Behördenkommunikation entsprochen werden können" (Jarren 2005: 40).

Eine dritte Entwicklung betrifft die Krise des intermediären Systems. Die für die Vermittlung zwischen Bürgern und Regierung zuständigen Organisationen wie Parteien, Verbände, Kirchen, Gewerkschaften etc. haben an Handlungs- und Mobilisierungsfähigkeit eingebüsst (vgl. Jarren 2005: 41). Die Regierung kann sich nicht mehr auf die Intermediären als Vermittler zur gesellschaftlichen Basis verlassen. „Der Gesprächsfaden zwischen ‚oben' und ‚unten' ist nicht gerissen, aber erkennbar dünner geworden" (Jarren 2005: 41). Trotz fehlender Responsivität muss die Regierung Akzeptanz ihrer Arbeit erreichen. Dies ist nur durch eine erhöhte Kommunikationstätigkeit möglich.

Viertens führt auch der Medienwandel zu einer verstärkten Kommunikation von Seiten des Staates (vgl. Jarren 2005: 42). Medien lösen sich von Parteien und Kirchen und folgen zunehmend ökonomischen Prinzipien. Dies hat zur Folge, dass sich auch politische Akteure in den Medien gegenüber anderen Akteuren durchsetzen müssen (vgl. Jarren 2005: 42).Viele öffentliche Angelegenheiten werden über die Massenmedien verhandelt, was die Regierung dazu zwingt, sich auf die Spielregeln der Medien und die Logik der Politikvermittlung einzustellen (vgl. Pfetsch 1998b: 246).

In der modernen Gesellschaft, die sich durch einen raschen sozialen Wandel auszeichnet, unterliegen Regierung und Verwaltung verschiedenen Veränderungsprozessen. Die oben beschriebenen Entwicklungen haben alle dazu beigetragen, dass von der Regierung und der Verwaltung eine verstärkte Informations- und Kommunikationstätigkeit erwartet wird.

1.1.3 Staatswandel und Regierungskommunikation

Neben den verschiedenen Entwicklungen, die unter dem Begriff der Medialisierung zusammengefasst werden, prägen auch das veränderte Verständnis des Staates und die Rolle der Regierung im Staat die Anforderungen an die Regierungskommunikation. Allgemein wird ein Wandel vom primär hierarchisch-hoheitlichen Staat zu einer funktionalen Sicht des modernen Staates postuliert (vgl. Sarcinelli 1998b: 726). In der Literatur wird seit den 1990er Jahren von einer „neuen Architektur des Staates“ gesprochen, die durch zwei Entwicklungen ausgelöst wurde (vgl. Grande 1993: 51; Grande 1995). Erstens hat sich die Gesellschaft verändert. Die funktionale Ausdifferenzierung und die zunehmende Organisiertheit der Gesellschaft haben dazu geführt, dass der Staat nicht mehr das Zentrum der Gesellschaft ist (vgl. Grande 1993: 51). Damit einher geht zweitens, dass der Staat nicht mehr hierarchisch steuern kann, sondern sich anderer Techniken wie „verhandeln“, „Anreize bieten“, „anregen“ und „moderieren“ bedienen muss, wenn er ein Anliegen durchsetzen möchte (vgl. Grande 1993: 51; Scharpf 1991). Kooperation und Verhandlung sind Schlüsselbegriffe für das Verständnis des Regierens im modernen Staat geworden. Das Bild vom hierarchisch-steuernden Staat hat sich hin zu einem „verhandelnden Staat“ gewandelt (vgl. Grande 1993; Scharpf 1993).

Es ist naheliegend, dass dieses veränderte Staatsverständnis zu einem erhöhten Bedarf nach und zu einem höheren Stellenwert der Steuerungsressource Kommunikation geführt hat. Die Regierungen sind in ein breites Netzwerk mit anderen politischen Organisationen, Interessengruppen, Parteien etc. eingebunden. Die Regierung muss damit vielfältige Kommunikationsbeziehungen mit verschiedenen Umwelten wie der Öffentlichkeit, den Medien, dem Parlament, anderen Behörden und anderen staatlichen Ebenen pflegen. Die Integration der verschiedenen Interessen und ihre Vermittlung werden jedoch in einer komplexen Gesellschaft immer schwieriger. Unter diesen Voraussetzungen wird Kommunikation als Steuerungsressource immer wichtiger (vgl. Jarren 2005: 36; Jarren 1990: 228). Die Regierung muss mit ihrer Kommunikation Verhandlungen ermöglichen, Interessen koordinieren und moderieren. Die kommunikativen Kompetenzen, die zur Integration der verschiedenen Interessen notwendig sind, müssen folglich sowohl Konsens- als auch Konfliktmanagement umfassen (vgl. Pfetsch 1998b: 237).

Die Regierung kann in diesen Kommunikationsbeziehungen unterschiedliche Rollen wahrnehmen, etwa als Gestalter, Regulierer, Moderator, Entscheider, Teilnehmer an öffentlichen Debatten etc. (vgl. Schneider 1999: 20ff.). So weist Pfetsch darauf hin, dass die Regierung als Moderator zwischen den verschiedenen Teilsystemen agiert und im Falle ungleichgewichtiger Machtbeziehungen eingreifen muss (vgl. Pfetsch 2003a: 237). Kamps/Nieland streichen die Schlichtungs- und Moderierungsfunktion der Regierung heraus, die langfristig dazu dient, ihre Mehrheitsfähigkeit zu erhalten (vgl. Kamps/Nieland 2006: 14).

1.2 Untersuchungsgegenstand: Kantonsregierungen und Staatskanzleien

Die Regierung ist – trotz ihrer exponierten und zentralen Stellung im Staat – ein selten untersuchter Forschungsgegenstand. Schon vor über 30 Jahren konstatierte Mayntz, dass sich die sozialwissenschaftliche Forschung selten mit dem Thema der staatlichen Exekutive befasst hat (vgl. Mayntz 1978: 6). Aber auch noch 2004 halten Neuroni/Zielmann fest, dass dem Thema „Staatskommunikation" nur partiell Aufmerksamkeit gewidmet wurde (vgl. Neuroni/Zielmann 2004: 5). Köhler/Schuster konstatieren 2006 ebenfalls, dass eine umfassende, wissenschaftliche Forschung zum Thema Regierungskommunikation überaus selten ist und plädieren, wie auch Neuroni/Zielmann, für eine verstärkte wissenschaftliche Auseinandersetzung mit dem Feld der Regierungskommunikation (vgl. Köhler/Schuster 2006: 21; Neuroni/Zielmann 2004: 7). Pfetsch begründet den geforderten Fokus auf die Regierungskommunikation mit dem Aufmerksamkeitsbonus, den die Regierungen in der Öffentlichkeit genießen. Die Autorin fordert, dass „gerade die Kommunikation der Regierung ein wichtiges Forschungsdesiderat der politischen Kommunikationsforschung" (Pfetsch 2003b: 17) werden sollte. Um dieser Forschungslücke zu begegnen, wird in dieser Arbeit auf die Regierung als Akteur fokussiert und die Regeln, die Organisation, die Akteure und die Instrumente der Regierungskommunikation analysiert.

Eine Regierung muss zum richtigen Zeitpunkt politisch tragfähige Entscheidungen fällen und der Öffentlichkeit vermitteln (vgl. Gebauer 1998: 468). Damit sie diese Aufgabe auf lange Sicht erfüllen kann, braucht die Regierung ein

„eingespieltes, lernfähiges und belastbares Informations- und Kommunikationssystem" (Gebauer 1998: 468). Dieses Informations- und Kommunikationssystem ist in den Kantonen in der Regel in der Staatskanzlei zu finden. Neben der Regierung rücken damit auch die Staatskanzleien und die Staatsschreiber in den Mittelpunkt. Die Staatskanzlei ist in erster Linie die Stabsstelle des Regierungsrates (vgl. Bochsler et al. 2004: 61). Die Staatskanzlei wird vom Staatsschreiber geleitet. Zu den Aufgaben der Staatskanzlei gehört es, die Verbindung zwischen der Regierung und dem Parlament sicherzustellen. Sie ist an der politischen Planung sowie an internen Reformen beteiligt und für den Kontakt zu anderen Kantonsregierungen und zum Ausland zuständig (vgl. Bochsler et al. 2004: 61; Riesen 2000: 29). Zudem sind die Staatskanzleien auch für die Kommunikation des Regierungsrates zuständig. Grandjean nennt verschiedene Aufgabenfelder innerhalb der Regierungskommunikation, welche die Staatskanzlei üblicherweise übernimmt. Dazu gehören in erster Linie die strategische Beratung der Regierung in Sachen Kommunikation und die operative Ausführung der Kommunikationsarbeit (vgl. Grandjean 2000: 120ff.). Zudem hat die Kanzlei einen gesamtheitlichen Blick auf die einzelnen Geschäfte der Departemente und kann so die gemeinsamen Interessen der Regierung besser vertreten.

Im internationalen Vergleich nehmen die Staatskanzleien in der Schweiz eine andere institutionelle Funktion ein als Staatskanzleien in Mehrheitsdemokratien oder Präsidialsystemen (vgl. Proeller/Siegel 2008: 149). Die Staatskanzlei als Regierungszentrale ist nicht unmittelbar dem Regierungschef zugeordnet, sondern sieht sich in erster Linie als Dienstleister und Unterstützer von Regierung und Parlament, der sich auf den Dialog fokussiert und die horizontale Koordination übernimmt (vgl. Proeller/Siegel 2008: 149).

Die Staatskanzlei bietet einen zentralen Dienst für die Regierung als Kollektiv. Damit ist ein weiterer wichtiger Fokus dieser Arbeit genannt: Die Regierung wird hier als Kollektiv verstanden und untersucht, die einzelnen Regierungsräte und ihre Departemente stehen nicht im Fokus. Die Betonung des kollektiven Aspekts der Regierung ist eine historische Eigenheit der Schweiz zur Verhinderung einer allzu starken Regierung, welche die Interessen der Regionen, Sprachen und Minderheiten übergehen könnte (vgl. Neidhart 2002: 273). Aus diesen Gründen hat sich die Regierung als kollektiv geführte Steuerungszentrale herausgebildet (vgl. Grünenfelder 2008: 88; Gutzwiller 2008: 27). Verschiedene Prinzipien wie das Kollegial- oder das Konkordanzprinzip begünstigen und ermöglichen es der Regierung, als Kollektiv aufzutreten und zu kommunizieren. Die Prinzipien zwingen zu Verhandlung und Aushandlung von Positionen, die dann nach außen gemeinsam vertreten werden müssen (vgl. Neidhart 2002: 333ff.).

1.3 Rahmenbedingungen: Die Kantone im Vergleich

Die Regierungskommunikation wird in allen 26 Kantonen der Schweiz analysiert. Die Kantone bilden den Rahmen, innerhalb dessen der Vergleich der Regierungskommunikation stattfindet. Der Fokus auf die Kantone lässt sich aus verschiedenen Perspektiven begründen und bietet einige Vorteile.

Die Schweiz weist mit ihren 26 Gliedstaaten im Verhältnis zu der Zahl ihrer Einwohner eine sehr hohe Anzahl politischer Einheiten auf (vgl. Germann 2002: 394). Die Kantone spielen im Bundesstaat eine wichtige Rolle, da sie einen wesentlichen Anteil an der politischen Willensbildung haben. Jeder Kanton verfügt über zwei Sitze im Ständerat (Halbkantone haben einen Sitz) und bei Verfassungsabstimmungen muss auch die Mehrzahl der Kantone zustimmen (Ständemehr) (vgl. Germann 2002: 392; Neidhart 2002: 271; Linder 2005: 146). Über gewisse Bereiche, wie zum Beispiel Erziehung, Gesundheitswesen und Kultur, können die Kantone autonom entscheiden (vgl. Germann 2002: 391). Den Kantonen kommt damit im Vergleich zum Ausland ein bedeutender politischer Handlungsspielraum zu (vgl. Vatter 2002: 35). Zudem hat der föderalistische Staatsaufbau der Schweiz zu einer Vielfalt unterschiedlicher Politiksysteme in den Kantonen geführt (vgl. Vatter 2002: 35). Es haben sich auch in allen 26 Kantonen unterschiedliche Gesellschafts- und Wirtschaftsstrukturen ausgebildet (vgl. Linder 2005: 157). Trotz der Unterschiedlichkeiten unterliegen die Kantone einer verfassungsmäßigen Gleichheit durch den übergreifenden Rahmen des Bundes. Die Kantone sind dezentralisierte Gebietskörperschaften, „die dem Zentralstaat unmittelbar nachgeordnet sind und über Autonomie im Rahmen der Bundesverfassung verfügen“ (Germann 2002: 389). Diese Gleichheit der Kantone garantiert die grundsätzliche Vergleichbarkeit der Kantone (vgl. Vatter 2007: 150; Bochsler et al. 2004: 22; Germann 2002: 393; Vatter 2002: 17ff.).

Methodisch gesehen liegen damit ideale Bedingungen vor, um einen Vergleich zwischen den Kantonen anzustellen (vgl. Vatter 2002: 20). Zum einen weisen die Kantone durch den Föderalismus genügend Unterschiede auf, zum anderen sind sie sich durch den gemeinsamen Rahmen des Bundesstaates und der übergeordneten Bundesverfassung genügend ähnlich. Üblicherweise stellt sich bei einem länderübergreifenden Vergleich das Problem der Konzeptäquivalenz. Das Problem besagt, dass es oft schwierig ist, die Untersuchungsdimensionen so zu formulieren, dass sie in allen Ländern dasselbe bezeichnen (vgl. Esser 2003: 459; Wirth/Kolb 2003). In Bezug auf die Kantone stellt sich dieses Problem nur in beschränktem Maße, da es sich um einen Vergleich von Gliedstaaten handelt. Durch die räumliche Nähe ist zudem der Zugang zu empirischen Daten einfacher und das Vorverständnis für den Untersuchungsgegenstand höher (vgl. Vatter 2002: 20). Diese ideale Ausgangslage für einen Vergleich über alle Kantone hinweg ist jedoch selten für die Forschung benutzt worden (die Ausnahme ist Vatter 2002).

Ferner sprechen noch weitere Gründe für einen Fokus auf die Kantone und ihre Unterschiede und Gemeinsamkeiten. Der ausgeprägte Föderalismus in der Schweiz hat erstens zur Folge, dass der alleinige Fokus auf die nationalstaatliche Ebene das politische System der Schweiz nur unzureichend beschreibt (vgl. Vatter 2002: 18). Erst die Berücksichtigung der subnationalen Staatsebenen bringt die charakteristischen Merkmale der politischen Landschaft angemessen zum Ausdruck. Als zweiter Punkt darf die Rolle der Kantone in der Wahrnehmung der Bürger nicht ausgeblendet werden. Die Kantone genießen eine hohe emotionale, symbolische und historische Bedeutung als Identitätsstifter (vgl. Vatter 2002: 18). Für viele ist „der Schweizer Staat" nicht der Bund, sondern in erster Linie ihr Kanton. Drittens nimmt die Bedeutung des Bundes zwar zu, die Schweiz verfügt jedoch im internationalen Vergleich immer noch über sehr ausgeprägte dezentrale Einnahmen- und Ausgabenstrukturen (vgl. Vatter 2002: 19). Viertens nehmen die Kantone oft eine Pionierrolle für den Bund ein, was Neuerungen und Reformen angeht (vgl. Nuspliger 2000: 79f.). Zahlreiche politische Innovationen werden zuerst auf kantonaler Ebene eingeführt, bevor sie dann auch auf nationaler Ebene umgesetzt werden. Vatter nennt die Kantone ein „einzigartiges Forschungslabor auf kleinem Raum" (Vatter 2002: 17). Die Kantone sind wichtige Bausteine des schweizerischen Bundesstaates, die den Rahmen für die Regierungskommunikation bilden und diese beeinflussen. Sie eignen sich durch ihre Anzahl und ihre Rolle im Bund besonders gut für eine vergleichende Untersuchung.

1.4 Fragestellung und Zielsetzung der Arbeit

Die beiden Entwicklungen – die Medialisierung und der Staatswandel – zwingen die Regierungen zu einer verstärkten Kommunikation (dies gilt auch für die Kantone, vgl. Nuspliger 2000: 79). Wie die Regierungen in den Schweizer Kantonen auf diese Anforderungen in einem veränderten Umfeld reagieren, ist die zentrale Frage in dieser Arbeit. Eine Möglichkeit, im oben beschriebenen Spannungsfeld zwischen der notwendigen Kommunikation und zu viel Regierungskommunikation eine angemessene Kommunikation zu betreiben, ist die Herausbildung von speziellen Bereichen der politischen Öffentlichkeitsarbeit. Diese mehr oder weniger ausgebauten Stellen für Regierungskommunikation spezialisieren sich auf die Interaktion mit den Medien und entlasten damit die Regierung vom öffentlichen Druck, angemessen zu kommunizieren. Nach welchen Regeln, mit welchen Ressourcen, durch welche Akteure und mit welchen Instrumenten diese Kommunikation durchgeführt wird, wird hier untersucht. Die Forschungsfragen lauten:

1. Wie ist die Regierungskommunikation der Schweizer Kantone in den vier Dimensionen der Regeln, der Organisation, der Akteure und der Instrumente ausgestaltet?
2. Welche Unterschiede und Gemeinsamkeiten in Bezug auf diese vier Dimensionen bestehen zwischen den Kantonen?
3. Wie lassen sich mögliche Unterschiede und Gemeinsamkeiten in Bezug auf diese vier Dimensionen zwischen den Kantonen erklären?

Ziel dieser Arbeit ist in einem ersten Schritt eine Bestandsaufnahme der Regierungskommunikation in allen 26 Schweizer Kantonen. Die Bestandsaufnahme geschieht deskriptiv und zeigt, welche Regelungen der Regierungskommunikation bestehen, wie die öffentliche Kommunikation der Regierung organisiert ist, welche Akteure sie betreiben und welche Instrumente dafür eingesetzt werden. Ziel des zweiten Schritts ist der Vergleich der Dimensionen. Dazu werden verschiedene Typologien in den einzelnen Dimensionen erstellt, um Aussagen über Gemeinsamkeiten und Unterschiede zwischen den Kantonen machen zu können. Der dritte Schritt zielt darauf ab, für die festgestellten Unterschiede und Gemeinsamkeiten Erklärungen zu finden. Dazu wird von ausgewählten Hypothesen zu der Rolle der Regierung im Kanton und dem politischen System ausgegangen und geprüft, in wie weit diese einen Einfluss auf die Ausgestaltung der Regierungskommunikation haben.

1.5 Aufbau der Arbeit

Nach der Einleitung wird in Kapitel 2 die Regierung als Begriff definiert und es wird unter Verweis auf Forschungen aus der Rechts-, Verwaltungs- und Politikwissenschaft eine Abgrenzung zwischen der Regierung und der Verwaltung diskutiert. Eine vertiefte Darstellung des Untersuchungsgegenstandes der Kantonsregierungen und der Staatskanzleien bietet der Forschungsstand. Anschließend werden die Rahmenbedingungen erörtert, innerhalb denen die Regierungen handeln. Die politischen Systeme in den Kantonen sowie Vergleiche dieser Systeme werden in Kapitel 2.4 ausgeführt. Das gesamte Kapitel 2 führt zu Hypothesen über den Zusammenhang zwischen dem politischen System und der Regierungskommunikation. Kapitel 3 legt den Fokus auf die Kommunikation der Regierung. Es werden mögliche Definitionen von politischer Kommunikation und Regierungskommunikation aufgezeigt. Zudem wird erneut auf die Abgrenzung zwischen Regierung und Verwaltung eingegangen, diesmal in Bezug auf die Regierungs- und Verwaltungskommunikation. Zu diesem Zweck wird wieder Literatur aus der Rechts- und Verwaltungswissenschaft beigezogen. Der Forschungsstand zur Regierungskommunikation wird nach den vier untersuchten Dimensionen gesichtet und dargestellt. Ein Zwischenfazit verbindet die Erkenntnisse der beiden Kapitel und definiert Regierungskommunikation auf kantonaler Ebene.

Kapitel 4 liefert die theoretische Grundlage für die Definition der Regierung als Akteur. In diesem Kapitel wird die Theorie des akteurzentrierten Institutionalismus dargelegt und auf den Untersuchungsgegenstand der Regierungen angewendet. Das Zwischenfazit beinhaltet eine Heuristik für die weitere Analyse, indem die vier Untersuchungsdimensionen begründet und theoretisch hergeleitet werden. Im Kapitel 5 werden sowohl die Methoden der Datenerhebung als auch die Methoden der Datenauswertung besprochen und jeweils in Bezug zur konkreten Verwendung in dieser Arbeit gesetzt.

Kapitel 6 beinhaltet die Deskription der Regierungskommunikation in den vier untersuchten Dimensionen der Regeln, der Organisation, der Akteure und der Instrumente und beantwortet damit die erste Forschungsfrage. Nach der Darstellung der Resultate in jeder Dimension werden die wichtigsten Ergebnisse kurz zusammengefasst. Kapitel 7 umfasst die Beantwortung der zweiten Forschungsfrage. In diesem Kapitel werden die in Kapitel 6 erhobenen Daten zu Typologien verdichtet und miteinander verglichen. Kapitel 8 sucht nach Erklärungen für die festgestellten Unterschiede und Gemeinsamkeiten (siehe dritte Fragestellung), indem auf die Zusammenhänge zwischen dem politischen System und der Regierungskommunikation eingegangen wird. Zudem werden die einzelnen Hypothesen überprüft. Die Arbeit schließt mit einem Fazit.

2 Regierung

In diesem Kapitel geht es in einem ersten Schritt darum, die Regierung als eine Behörde im Staat zu definieren (siehe Kapitel 2.1). Zu dieser Definition gehört auch, dass auf die Unterschiede und möglichen Abgrenzungskriterien zwischen Regierung und Verwaltung eingegangen wird (siehe Kapitel 2.2). In einem zweiten Schritt wird auf den Untersuchungsgegenstand der Kantonsregierungen und auf die politischen Rahmenbedingungen eingegangen, die in den einzelnen Kantonen vorherrschen und die Regierung prägen (siehe Kapitel 2.4). Alle diese Ausführungen führen zur Bildung von Hypothesen über den Zusammenhang des politischen Systems und der Regierungskommunikation (siehe Kapitel 2.5).

2.1 Definitionen des Begriffs Regierung

Der Begriff der Regierung kann auf verschiedene Weise aufgefasst werden. Klöti betont, dass „Regierung und Regieren (…) schillernde Begriffe mit einer mehrfachen Bedeutung [sind/SB]" (Klöti 2006: 152). Im angelsächsischen und zunehmend auch im deutschen Sprachraum hat sich eine Zweiteilung des Begriffs durchgesetzt (vgl. Klöti 2006: 152). Zum einen bezeichnet er in einem weiten Sinne die allgemeine Wahrung von politischen Aufgaben (Governance). Mit Governance ist nicht nur das Handeln der Exekutive gemeint, die Bezeichnung umfasst das Zusammenwirken aller politischen Institutionen sowie privater und gesellschaftlicher Akteure mit dem Ziel einer kollektiven Regelung gesellschaftlicher Sachverhalte (für die Forschung zu Governance vgl. Benz et al. 2007; Benz 2004; Mayntz 2005: 15; Mayntz 2004; Schuppert 2005; Scharpf 1993). Zum anderen kann sich „Regierung" in einem engeren Sinne auf die Regierung als Organisation im politischen Entscheidungssystem beziehen, die bestimmte Aufgaben zu erfüllen hat (government). Im Folgenden wird der Begriff „Regierung" als government verstanden.

Murswieck definiert Regierung ganz allgemein als „jene Institution, der in Abgrenzung von anderen öffentlichen Gewalten und politischen Funktionen das Regieren obliegt" (Murswieck 1998: 635). Korte/Fröhlich weisen darauf hin, dass eine Definition von Regierung und Regierungshandeln nicht einfach ist, da sich Regierungshandeln nicht nur in Gesetzesentwurf oder in der Ausführung der

Gesetze erschöpft, sondern um einiges komplexer und komplizierter ist: „Regieren bedeutet die Herbeiführung und die Durchsetzung gesellschaftlich verbindlicher Entscheidungen. (...) Regieren erfordert somit eine Mischung aus Koordination und Steuerung, Leitung und Entscheidung sowie die Fähigkeit zur Durchsetzung der Politik“ (Korte/Fröhlich 2004: 9).

In der Schweiz wird die Regierung verbreitet als besondere Behörde im politischen System aufgefasst (vgl. Klöti 2006: 152). Die Regierung ist nach schweizerischem Staatsverständnis nicht bloßes Vollzugsorgan des Parlaments, sondern sie „stellt ein durchaus *eigenständiges* (auf feste Amtsdauer gewähltes und in dieser Zeit nicht abberufbares) *gleichrangiges* Verfassungsorgan mit originären Aufgaben dar“ (Koller 2001: 1139/Hervorheb.i.O.). Auf nationaler Ebene ist der Bundesrat „die zentrale Behörde, die staatsleitend plant, koordiniert und vollzieht“ (Klöti 2006: 158). Das fehlende Misstrauensvotum durch das Parlament ermöglicht dem Bundesrat eine institutionell starke Stellung (vgl. Klöti 2006: 159). Der Regierung kommen verschiedene Aufgaben zu, die vor allem in einem vielfältigen Land wie der Schweiz nicht immer einfach wahrzunehmen sind (vgl. Klöti 2006: 152). Aus einer politikwissenschaftlichen Sicht gliedert Klöti die rechtlich normierten Führungsaufgaben des Bundesrates in vier Teilfunktionen (vgl. Klöti 2006: 153): Planung, Koordination, Repräsentation und Information, wobei er festhält, dass die Aufgaben der Repräsentation und der Information zunehmend an Bedeutung gewinnen.

Die Regierungen in den Kantonen werden je nach Kanton Regierungsrat, Standeskommission, Conseil d'Etat oder Consiglio dello Stato genannt. Ganz allgemein sind Kantonsregierungen Gremien mit fünf bis sieben Mitgliedern (vgl. Bochsler et al. 2004: 11; Germann 2002: 405). Sie haben die Aufgabe, die Verwaltung zu leiten, die Kantone nach außen zu repräsentieren, Staatsbeamte zu wählen und sich bei der Ausarbeitung von Verfassungs- und Gesetzesbestimmungen zu beteiligen (vgl. Sonderegger 1998: 191; Linder 2005: 234). Ähnliche Aufgaben schreibt auch Nuspliger den Kantonsregierungen zu: „Bei den Regierungen liegt auch die primäre Führungsrolle, wenn es um die Planung der staatlichen Aufgaben und um die externe Koordination mit anderen Kantonen und mit dem Bund geht. Der Regierungsrat soll im Sinne der Früherkennung Probleme rechtzeitig orten, die Entwicklung in Staat und Gesellschaft vorausschauend beurteilen und rechtzeitig die erforderlichen Maßnahmen treffen“ (Nuspliger 2000: 80f.).

Im Unterschied zur nationalen Ebene werden die Mitglieder des Regierungsrates direkt vom Volk gewählt (vgl. Haller/Kölz 2004: 267; Germann 2002: 405). Diese unmittelbare demokratische Legitimation verschafft der Regierung in den Kantonen eine besonders starke Stellung (vgl. Delley/Auer 1986: 95). Diese starke Stellung geht mit einer relativ schwachen Stellung der Kantonsparlamente einher. In den Kantonen funktionieren die Parlamente nach dem Milizprinzip und verfügen über eine bescheidene Infrastruktur (vgl. Germann 2002: 399; Neidhart 2002: 267f.). Die Macht der Parlamente ist doppelt eingeschränkt: Die gesetzgebenden Kompetenzen sind durch die Mitwirkungsmöglichkeit des Volkes begrenzt und die Wahlfunktionen des Parlaments eher bescheiden (vgl. Sonderegger 1998: 192). Ein weiterer Grund für die starke Stellung der Regierung in den Kantonen ist ihre hohe Repräsentativität. Alle Kantone verfügen über ein ausgebautes Instrumentarium von direktdemokratischer Partizipation, womit sichergestellt wird, dass die wichtigsten politischen Gruppen auch Regierungsverantwortung übernehmen (vgl. Nuspliger 2000: 82). Die Kantonsregierungen haben auch historisch eine starke Stellung inne. Aufgrund dieser Merkmale sind die kantonalen Regierungen eines der Machtzentren der kantonalen Politik (vgl. Vatter 2002: 41).

2.2 Dichotomie von Regierung und Verwaltung

Eine wissenschaftliche Auseinandersetzung mit der Regierung kommt nicht ohne eine Betrachtung der Verwaltung aus. Regierung und Verwaltung bilden zusammen die Exekutive. In dieser Arbeit wird explizit nur die Regierung betrachtet. Aus diesem Grund ist es unumgänglich, die Unterschiede zwischen der Regierung und der Verwaltung zu diskutieren. Dies soll in diesem Kapitel durch einen Blick auf die Forschung in Politik-, Verwaltungs- und Rechtswissenschaft sowie Verfassungsrecht geschehen. Es stellt sich die Frage, welche Unterscheidungskriterien von Regierung und Verwaltung in diesen Fachrichtungen angewendet werden und welche Probleme sich dabei stellen.

Die Probleme, die sich bei der Abgrenzung von Regierung und Verwaltung stellen, zeigen sich schon an den unterschiedlichen Definitionen des Begriffs Verwaltung. Viele Autoren betonen, dass es äußerst schwierig sei, Verwaltung zu definieren, weil zur Verwaltung die unterschiedlichsten Behörden, Ämter, Einrichtungen und Betriebe gehörten (vgl. exemplarisch Bogumil/Jann 2005: 13; Machura 2005: 17; Ellwein 1976: 173). Aus verfassungsrechtlicher Sicht ist die Verwaltung kein eigenständiges Organ, sie ist laut Verfassung der Regierung zu- und nachgeordnet (vgl. für die Schweiz Koller 2001: 1141), hat jedoch eigenständige Aufgabengebiete und Verantwortlichkeiten. Haller/Kölz umschreiben die Verwaltung in der Schweiz, in dem sie aufzählen, was Verwaltungstätigkeit nicht ist: „Verwaltungstätigkeit ist diejenige staatliche Tätigkeit, die nicht Gesetzgebung oder Rechtsprechung ist“ (Haller/Kölz 2004: 268; vgl. auch Germann 1984: 46). Die Verwaltung nimmt – positiv ausgedrückt – den Gesetzesvollzug und die Vorbereitung von Gesetzen und Verordnungen wahr.

Nach dem Prinzip der Gewaltenteilung legt die Legislative verbindliche Programme wie Gesetze fest, während die Exekutive (Regierung und Verwaltung) sie durchführt (vgl. Mayntz 1978: 42). Die Grundidee ist, dass die Regierung mit der Ausarbeitung von Gesetzen und anderen Regeln befasst ist, während die Verwaltung mit der Umsetzung und Implementation dieser Gesetze betraut ist (vgl. Blondel 1995: 307; aus verfassungsrechtlicher Sicht vgl. Hesse 1995). Aus rechtswissenschaftlicher Sicht basiert die demokratische Rechtsordnung darauf, dass die Verfassung und die Gesetze über den Verwaltungsakten stehen. Darin spiegelt sich der Anspruch der Politik, Ziele, Aufgaben und Mittel des Staates zu definieren (vgl. Mastronardi 1998: 65). Die Verwaltung hat sich dieser Logik der Hierarchie zu fügen. „Die demokratisch legitimierte politische Willensbildung hat Vorrang vor den Entscheidungsprozessen innerhalb der Verwaltung. Danach gilt der Primat der demokratischen Rationalität vor der administrativen Rationalität“ (Mastronardi 1998: 65).

Ein Blick in die Literatur zeigt, dass vor allem in der Verwaltungs- und Rechtswissenschaft nach Abgrenzungskriterien zwischen der Regierung und der Verwaltung gesucht wurde. Im Idealfall sollten sich alle Maßnahmen eines Rechtsstaates auf ein Rechtsgebot zurückführen lassen, womit das Handeln der Verwaltung an ein Gesetz gebunden wird (vgl. Ellwein 1976: 86). Anhand des Kriteriums der Zuständigkeit wurde versucht, den Unterschied zwischen Regierung und Verwaltung festzumachen (vgl. Ellwein 1976: 86ff.; Eichenberger 1980: 374 spricht von Verantwortlichkeit, siehe auch die Unterscheidung zwischen vollziehender und gestaltender Verwaltung vgl. Ellwein 1976: 169ff.).

Diese Idealvorstellung, dass die Politik die Zwecke festlegt, die die Verwaltung zu erfüllen hat, ignoriert jedoch das grundsätzliche Spannungsverhältnis zwischen Politik und Verwaltung: Während „die Herrschenden die Verwaltung als Instrument zur Realisierung der von ihnen gesetzten Zwecke wollen, [neigt/SB] der Verwaltungsstab dazu (…), sich dieser Verfügung zu entziehen und seine Macht zu benutzen, um eigene Interessen und Auffassungen durchzusetzen“ (Mayntz 1978: 60). Die Modelle der Rechtswissenschaft sind „normativ außerordentlich attraktiv (…), da sie sowohl mit der klassischen Bürokratie- wie der Demokratietheorie übereinstimmen, (…) sie [sind/SB] aber leider empirisch überaus fraglich“ (Bogumil/Jann 2005: 32). Die verfassungs- und rechtswissenschaftliche Sicht wurde durch die empirischen Forschungen der Politik- und Verwaltungswissenschaft herausgefordert. So zeigen neuere empirische Untersuchungen, dass die Verwaltung immer auch in den Politikgestaltungsprozess involviert ist. Die Verwaltung spielt eine wichtige Rolle bei der Vorbereitung von Gesetzen. „Allein aus Informationsverarbeitungsgründen ist man im politischen Prozess darauf angewiesen, dass Verwaltungen Informationen sammeln, Probleme identifizieren, Handlungsalternativen entwickeln und Entscheidungen initiieren" (Bogumil/Jann 2005: 33). Zudem zeigt die politische Praxis, dass die Gesetzgebung nicht mit dem Inkrafttreten eines Gesetzes aufhört, dass also auch die Umsetzung durch die Regierung und die Verwaltung Spiel- und Gestaltungsräume offen lässt (vgl. für die Schweiz Linder 2005: 236ff.). „Empirisch ist also eine zunehmende Politisierung des öffentlichen Dienstes und ein fließender Übergang zwischen Politik und Verwaltung festzustellen" (Bogumil/Jann 2005: 164).

Zudem haben verschiedene gesellschaftliche Entwicklungen eine Abgrenzung zwischen Regierung und Verwaltung zusätzlich erschwert. Durch das Anwachsen der Aufgaben im modernen Staat wird das Staatshandeln komplexer und spezialisierter. Dies überfordert die demokratischen Strukturen, es gibt zunehmend Staatstätigkeiten, die sich nicht mehr in das Schema von Gesetzgebung und Gesetzesvollzug einordnen lassen. Aus diesem Grund findet allgemein eine Machtverschiebung vom Parlament hin zur Exekutive und zur Verwaltung statt (vgl. Kropp 2006: 275ff.; Mastronardi 1998: 66; für die Schweiz Haller/Kölz 2004: 262). Hinzu kommt eine Verschiebung der Legitimation. Die Verwaltung legitimiert sich zunehmend über ihre sichtbaren Leistungen und Erfolge (vgl. Haller/Kölz 2004: 268; vgl. auch Literatur zu New Public Management). Diese Leistungsorientierung der Verwaltung wurde von Eichenberger für die Schweiz bereits Ende der 1980er Jahre mit dem Begriff der „Hochleistungsverwaltung" beschrieben (vgl. Eichenberger 1989). Diese Hochleistungsverwaltung lässt sich nicht mehr vollumfänglich durch Rechtsnormen steuern. Dadurch entstehen erhebliche politische Handlungsspielräume für die Verwaltung (vgl. Bogumil/Jann 2005: 33). Durch die fachliche Überlegenheit der Verwaltung über die Regierung gewinnt die Verwaltung Einfluss auf den politischen Prozess (vgl. Mastronardi 1998: 67). Diese Überlegenheit stellt Germann für die Schweiz fest, wenn er von einem offenkundig politischen Charakter von verschiedenen Schlüsselbereichen der Verwaltung spricht (vgl. Germann 1998: 4). Auch Linder betont, dass die Verwaltung in der Schweiz zu einem eigenständigen politischen Machtfaktor geworden ist, da sie selbst politische Prozesse anregen, durchführen und mitentscheiden kann (vgl. Linder 2005: 236).

In einer aktuellen Übersicht über die Entwicklungen der Verwaltungswissenschaft der letzten 25 Jahre wird denn auch festgehalten, dass sich die Theorien, mit denen die Verwaltung untersucht wird, nicht mehr von den Theorieansätzen der Politikwissenschaft unterscheiden: „Verwaltung [wird/SB] heute mit genau jenen Analyseansätzen untersucht, die in der Politikwissenschaft zur Geltung kommen" (Bogumil/Jann/Nullmeier 2006: 18). Verwaltung wird in dieser Perspektive ein Feld politischer Prozesse, das mit denselben Theorieansätzen untersucht wird, wie Parteien, Verbände oder Regierungen (vgl. Bogumil/Jann/Nullmeier 2006: 18). „Verwaltung ist kein Gegenstand, dem ein eigener Ansatz gewidmet werden muss, der andere analytische Kategorien und Vorgehensweisen erfordert als andere Objekte der Politikwissenschaft" (Bogumil/Jann/Nullmeier 2006: 19). Trotzdem können Regierung und Verwaltung nicht ineinander aufgehen: „(…) beide Bereiche bleiben unterschiedlich strukturiert und folgen anderen Logiken, aber sie stehen zueinander in einem Komplementärverhältnis" (Bogumil/Jann 2005: 164/165).

In der Literatur findet sich also kein eindeutiges Kriterium für eine Unterscheidung von Regierung und Verwaltung. Wie das Verhältnis zwischen der *Kommunikation* von Regierung und Verwaltung aussieht und ob in Bezug auf die Kommunikation eine Trennung vorgenommen werden kann, ist Thema in den Kapiteln 3.2 und 3.3. Bevor jedoch auf die Kommunikation der Regierung eingegangen wird, geht es zunächst darum, einen Blick auf den Untersuchungsgegenstand der Arbeit zu werfen: die Regierung in den Kantonen.

2.3 Forschungsstand: Regierung und Staatskanzlei in den Kantonen

Der Forschungsstand zu Regierung und Verwaltung auf kantonaler Ebene ist von verschiedenen, in erster Linie politikwissenschaftlichen Arbeiten geprägt. So finden sich in diversen Lehr- und Übersichtsbüchern über das politische System der Schweiz immer wieder Kapitel zu den Kantonen (vgl. Vatter 2006; Germann 2002; Germann 1984; Neidhart 2002; Linder 2005). Die Kantone werden in diesen Studien zwar einbezogen, jedoch oft aus der Sicht des Bundesstaates und des Einflusses der Kantone auf denselben (vgl. Vatter 2002: 30; schon 1986 vgl. Delley/Auer 1986: 97). Systematisch-vergleichende Untersuchungen aus einer Perspektive der Kantone sind eher selten. Es gibt einige, zum Teil schon ältere Studien, die einen Vergleich der Kantone in Bezug auf die Regierung und die Verwaltung vorgenommen haben (vgl. Weibel 1996; Germann/Weis 1995; Felder 1993; Weibel 1990; Moser 1988; von Sury 1988; Urio/Markov 1986; Horber/Joye 1979; aus einer soziologischen Sicht vgl. Geser 1981; Geser/Höpflinger 1977).

Viele dieser Untersuchungen beschränken sich auf die Analyse einzelner Institutionen. Eine umfassende vergleichende Analyse verschiedener politisch-institutioneller Ausprägungen in den Kantonen unter Berücksichtigung der international vergleichenden Politikforschung hat Vatter 2002 vorgelegt (vgl. Vatter 2002; siehe auch Vatter 1998; Freitag/Vatter 2000; Vatter/Freitag 2002; Vatter/Freitag 2005; Vatter 2008; Vatter 2007).

Die wichtigste Quelle für aktuelle Daten über die Regierung und Verwaltung aller 26 Kantone ist die Badac – Die Datenbank der Schweizer Kantone und Städte (vgl. www.badac.ch). Die Badac ist eine umfangreiche Datensammlung, die in den 1990er Jahren vom Hochschulinstitut für öffentliche Verwaltung der Universität Lausanne (IDHEAP) in Zusammenarbeit mit der Schweizerischen Staatsschreiberkonferenz aufgebaut wurde und bis heute alle drei bis vier Jahre aktualisiert wird (vgl. Bochsler et al. 2004: 22). Basierend auf den Daten der Badac sind zahlreiche Publikationen hervorgegangen (vgl. Germann/Weis 1995; Bochsler et al. 2004; Koller 2007; für eine aktuelle Übersicht vgl. www.badac.ch).

Auch Staatsschreiber haben zur Diskussion über die Regierung und die Verwaltung in den Kantonen beigetragen. So existieren verschiedene Aufsätze von Nuspliger (Staatsschreiber des Kantons Bern) zu diesem Thema (vgl. Nuspliger 2000; Nuspliger 2001; Nuspliger 2004). Zudem existiert die Jubiläumsschrift „100 Jahre Schweizerische Staatsschreiberkonferenz“ aus dem Jahr 2000, zu der verschiedene Akteure aus den Kantonen beigetragen haben (vgl. Schweizerische Staatsschreiberkonferenz 2000). Im Buch „Perspektive Staat“ reflektieren verschiedene Staatsschreiber gemeinsam mit Wissenschaftler die Herausforderungen für staatliche Führungskräfte (vgl. Schweizerische Staatsschreiberkonferenz 2008).

Nach einer Beschreibung der Merkmale der einzelnen Kantonsregierungen und der Staatskanzleien (siehe Kapitel 2.3.1 und 2.3.2) folgt die Einordnung der Kantone in die international vergleichende Demokratieforschung (siehe Kapitel 2.4.1), um die Charakteristika der Kantone allgemein und im Gegensatz zu anderen politischen Systemen hervorzuheben. Ein Detailvergleich der Kantone in Bezug auf ihre unterschiedliche politisch-institutionelle Ausgestaltung zeigt anschließend die Unterschiede zwischen den Kantonen auf (siehe Kapitel 2.4.2).

2.3.1 Kantonsregierungen

Alle Kantonsregierungen sind Kollegialbehörden (vgl. Sonderegger 1998: 191). Eine Kollegialregierung zeichnet sich dadurch aus, dass in ihr alle wichtigen Fragen gemeinsam von allen Regierungsmitgliedern nach dem Mehrheitsprinzip entschieden werden (vgl. Haller/Kölz 2004: 266; Linder 2005: 230). Die Geschäfte werden als Beschluss des Kollegiums kommuniziert und die Regierung tritt nach außen als Einheit auf. Das Kollegialprinzip bewirkt, dass die Regierungsmitglieder einander rechtlich gleichgestellt sind (vgl. Sonderegger 1998: 191). Das Kollegialprinzip bewirkt zudem, dass die Macht unter den Regierungsmitgliedern verteilt wird und sie sich gegenseitig kontrollieren. Das Prinzip entfaltet damit eine machthemmende Wirkung (vgl. Klöti 2006: 160ff.).

Jedes Mitglied der Regierung führt in der Regel eines oder mehrere Departemente (Departementalprinzip) (vgl. Vatter 2002: 49; Details zur Verteilung vgl. Bochsler et al. 2004: 50). Jedes Mitglied der Regierung besitzt als Vorsteher des Departements seine eigenen Kompetenzen, die unabhängig vom Kollegium ausgeübt werden (vgl. Linder 2005: 230). Die Dauer der Amtsperiode liegt in fast allen Kantonen bei vier Jahren. Einzig in Appenzell Innerrhoden werden die Regierungsräte jährlich an der Landsgemeinde gewählt, der Kanton Freiburg kennt eine fünfjährige Amtsperiode (in Waadt gilt ab 2007 auch eine fünfjährige Amtsdauer) (vgl. Bochsler et al. 2004: 51; Vatter 2002: 50). In den meisten Kantonen bestimmt das Parlament oder die Regierung einen Regierungsratspräsidenten (auch Landammann genannt). Dabei wird in der Regel der Amtsälteste gewählt (Anciennitätsturnus). In den Kantonen Glarus, Appenzell Innerrhoden und Ausserrhoden, Uri und Obwalden bestimmt das Volk über den Präsidenten (vgl. Vatter 2002: 49). Der Präsident übernimmt ohne hierarchische Abhebung die Leitung der Regierungstätigkeiten sowie die Repräsentation des Kantons nach außen.

Die kantonalen Regierungen werden in allen Kantonen vom Volk in geheimen Urnengängen gewählt, außer in Appenzell Innerrhoden, wo es noch eine offene Abstimmung an der Landsgemeinde gibt (vgl. Vatter 2002: 47; Felder 1993). Die Wahl erfolgt nach dem Majorzprinzip, außer in den Kantonen Tessin und Zug, wo das Proporzwahlverfahren gilt. Außer in den Kantonen Uri, Obwalden, Glarus und Appenzell Innerrhoden üben die Regierungsräte in allen anderen Kantonen ihre Mandate vollamtlich aus (vgl. Vatter 2002: 49; Bochsler et al. 2004: 49). In drei Kantonen wird ein Minderheitenschutz praktiziert. In Bern und im Wallis gibt es in der Verfassung eine Bestimmung, die gewissen Kantonsteilen einen Regierungssitz zusichert (namentlich dem Berner Jura in Bern und allen drei Kantonsteilen je einen Sitz im Wallis), in Uri gibt es eine Regelung zur Verhinderung von regionalen Übervertretungen (vgl. Vatter 2002: 50; Bochsler et al. 2004: 52).

Im Durchschnitt sind in den Kantonsregierungen drei bis vier Parteien vertreten (vgl. Bochsler et al. 2004: 56; Germann 2002: 406). Eine Ausnahme ist hier einmal mehr Appenzell Innerrhoden, das über ein Einparteienregime der CVP verfügt. Gegenstück ist der Kanton Basel-Stadt, dessen Regierung über eine längere Zeit aus Mitgliedern von fünf Parteien (2004-2008: Grüne, FDP, CVP, LPD und SPS) besteht (vgl. Vatter 2002: 78). Die Anzahl der in der Regierung vertretenen Parteien sagt jedoch noch wenig über den Grad der Integration aller politischen Kräfte in den Kantonen aus. Dafür eignet sich der Indikator der Wählerstärke der in der Regierung vertretenen Parteien (Regierungskonkordanz) besser (vgl. Vatter 2002: 80). In 18 Kantonen liegt der Wähleranteil der Parteien, die in der Regierung vertreten sind, bei über 80%, bei vier weiteren Kantonen liegt der Wert zwischen 70% und 80% (vgl. Vatter 2002: 81). Hier zeigt sich die herausgehobene Bedeutung der Konkordanz, das heißt der breiten Mitwirkung politischer Minderheiten am politischen Prozess (siehe auch Kapitel 2.4.1).

Grundsätzlich war die Zusammensetzung der Kantonsregierungen lange Zeit sehr stabil. Erst seit Mitte der 1980er Jahre haben sich größere parteipolitische Veränderungen ergeben, die sich auf die Zusammensetzung der Regierungen ausgewirkt haben (vgl. Vatter 2002: 62; Vatter 1998: 9; Germann 2002: 406; Moser 1988: 81). Die Veränderungen beeinflussen jedoch nicht das Kräfteverhältnis zwischen bürgerlichen und linken Parteien, sondern sind auf Verschiebungen innerhalb des bürgerlichen Lagers zurückzuführen (insbesondere: der Aufstieg der SVP auf Kosten der CVP) (vgl. Vatter 2002: 62). „Generell kann in den letzten Jahren eine abnehmende elektorale Verankerung der kantonalen Regierungsparteien und ein Trend weg von den absoluten Mehrheitsparteien festgestellt werden“ (Vatter 2002: 62).

Da die Kantonsregierungen durch die Stimmberechtigten gewählt werden, liegt die Vermutung nahe, dass die Wahlen im Vergleich zur Bundesratswahl durch das Parlament deutlich umstrittener und offener im Ausgang sein müssten (vgl. Vatter 2002: 63ff.). Die Kompetitivität von Regierungsratswahlen ist jedoch nicht besonders hoch. Oft stellen die großen Parteien nur einen Kandidaten zur Auswahl und häufig sind auch nur so viele Kandidaten zur Wahl vorgeschlagen, wie Sitze vorhanden sind (vgl. Vatter 2002: 64; Moser 1988: 72). Seit den 1980er Jahren lassen sich jedoch auch hier Veränderungen beobachten. Eine Abkehr von reinen Bestätigungswahlen zeigt sich in einer steigenden Anzahl von Kandidierenden und in einer Zunahme von Kampfkandidaturen innerhalb der Regierungsparteien (vgl. Vatter 2002: 65).

2.3.2 Staatskanzleien der Kantone

Die Arbeit der Regierung wird in allen 26 Kantonen von einer Staatskanzlei unterstützt (vgl. Bochsler et al. 2004: 11). Die Staatskanzleien nehmen zentrale Stabsfunktionen für die Regierungen wahr, indem sie als Verbindungsstelle zwischen Regierung und Parlament funktionieren, für die politische Planung verantwortlich sind und Kontakte nach außen herstellen (vgl. Bochsler et al. 2004: 61). Hier interessieren die Staatskanzleien, weil sie als Stabsstelle des Regierungsrates auch für die Kommunikation der Gesamtregierung zuständig sind (vgl. Grandjean 2000: 121).

Den Staatskanzleien steht ein Staatsschreiber (auch Ratsschreiber, Landschreiber, Kanzleidirektor, Staatssekretär, Staatskanzler, Chancelier d’Etat oder Cancelliere dello Stato genannt) vor. Der Staatsschreiber wird vom Parlament oder von der Regierung gewählt (vgl. Bochsler et al. 2004: 61; Germann/Weis

1995: 17). Er gehört in einem gewissen Sinne zur Regierung, da er mit beratender Stimme an allen Regierungsratssitzungen teilnimmt. Er ist der Stabschef der Regierung und übernimmt in dieser Funktion wichtige Planungsaufgaben (vgl. Germann 2002: 405/406).

Je nach Kantonsgröße ist die Staatskanzlei unterschiedlich ausgebaut. Durchschnittlich arbeiten 13 Personen pro 100.000 Einwohnerinnen und Einwohner in der Staatskanzlei (Stand 2004) (vgl. Bochsler et al. 2004: 61). Der Kanton Aargau hat mit 126 Mitarbeitenden die größte Staatskanzlei, während in den Kantonen Schwyz, Glarus, Appenzell Innerrhoden und Uri weniger als 10 Personen die Staatskanzlei führen (vgl. Bochsler et al. 2004: 61). Neben den unterschiedlichen personellen Ressourcen übernehmen die Staatskanzleien auch unterschiedliche Aufgaben. Zusätzlich zu den Kernaufgaben betreiben verschiedene Staatskanzleien auch Informatikdienste, Fachstellen für Gleichberechtigung, Statistikämter oder Drucksachen- und Materialzentralen (vgl. Bochsler et al. 2004: 62). Wegen der unterschiedlichen Aufgabenbereiche, welche die Staatskanzleien übernehmen, lassen sich die Ausgaben der Staatskanzleien nur schwierig berechnen oder vergleichen. Werden nur die engeren Stabsausgaben pro Kopf verglichen, haben die Kantone Zürich, Bern und Waadt die geringsten Ausgaben (vgl. Bochsler et al. 2004: 63). Im Vergleich zu der Kantonsgröße haben die Kantone Jura, Appenzell Ausserrhoden, Glarus und Obwalden eher hohe Ausgaben (vgl. Bochsler et al. 2004: 64).

2.4 Rahmenbedingungen: Politische Systeme in den Kantonen

Die Arbeit und die Aufgaben jeder Regierung werden geprägt von den institutionellen Rahmenbedingungen, die in den jeweiligen politischen Systemen vorherrschen. Aus diesem Grund ist es unerlässlich, die politischen Rahmenbedingungen in den Schweizer Kantonen darzulegen und dabei besonderes Augenmerk auf die Rolle der Regierung zu richten. Um die verschiedenen Merkmale der Kantonsregierungen zu systematisieren und die Besonderheiten der Kantone zu erkennen, bietet sich eine Einordnung der Kantone anhand von Kriterien der international vergleichenden Demokratieforschung an. Ziel des folgenden Kapitels ist es, die Merkmale der Kantonsregierungen im Kontext der international vergleichenden Demokratieforschung zu betrachten, um die Besonderheiten der Kantone systematisch sichtbar zu machen und Unterschiede zum Bund zu verdeutlichen.

2.4.1 Kantone als Konkordanz- und Konsensdemokratien

Die international vergleichende Demokratieforschung beschäftigt sich mit der Systematisierung und Klassifizierung von Demokratien anhand von verschiedenen Kriterien (vgl. Lijphart 1984; Lijphart 1992; Lijphart 1999; aktuell vgl. Helms 2003: 31/53; für die Kantone vgl. Vatter 2002). Wichtigste Unterscheidung ist die zwischen Mehrheits- und Konsensdemokratie (vgl. Lijphart 1999: 2). In einer Mehrheitsdemokratie entscheidet die Mehrheit über alle politischen Belange, die Exekutive hat eine starke Stellung gegenüber dem Parlament und es gibt oft nur zwei Parteien, eine in der Regierung und eine in der Opposition. Das Mehrheitsmodell der Demokratie ist „exclusive, competitive, and adversarial" (Lijphart 1999: 2). Großbritannien ist eine typische Mehrheitsdemokratie. Das Konsensmodell betrachtet hingegen die Mehrheit lediglich als Mindestanforderung für eine politische Entscheidung. In Konsensdemokratien werden möglichst viele Parteien in den Entscheidungsprozess eingebunden, es gibt eine Balance zwischen der Exekutive und der Legislative und ein Mehrparteiensystem. „The consensus model is characterized by inclusiveness, bargaining, and compromise (…)" (Lijphart 1999: 2). Die Schweiz wird von Lijphart als prototypischer Fall einer Konsensdemokratie aufgeführt (vgl. Lijphart 1999: 34ff.; für eine kritische aktuelle Auseinandersetzung mit dieser Einschätzung vgl. Vatter 2008).

Was die Regierung anbelangt, unterscheidet Lijphart zwischen präsidentiellen und parlamentarischen Regierungstypen (vgl. Lijphart 1992). Die Unterscheidung basiert auf den verschiedenen Möglichkeiten zur Ausgestaltung der Beziehung zwischen der Regierung und dem Parlament. Vatter analysiert die Kantonsregierungen anhand dieser Unterscheidung und ordnet so die Kantone in die internationale Forschung der demokratischen Regierungstypen ein.

Erstes Kriterium ist die institutionelle Verschränkung von Regierung und Parlament. Die Frage ist, ob und wie viel Kontrolle das Parlament über die Regierung hat und ob das Parlament die Regierung absetzen kann oder nicht (vgl. Lijphart 1992: 2). In parlamentarischen Systemen ist die Regierung abhängig vom Wohlwollen des Parlaments, in präsidentiellen Systemen kann die Regierung nicht zum Rücktritt gezwungen werden. In den Kantonen herrscht durch die direkte Volkswahl eine starke Trennung zwischen Regierung und Parlament, das Parlament kann die Regierung weder wählen noch entheben. Nach diesem Kriterium entsprechen die Kantonsregierungen dem präsidentiellen Regierungstyp (vgl. Vatter 2002: 42).

Das zweite Kriterium ist das Wahlverfahren der Regierung. In präsidentiellen Systemen wird die Regierung vom Volk gewählt, in parlamentarischen vom Parlament (vgl. Lijphart 1992: 3). Hier wird der Unterschied zwischen dem Bundesrat auf nationaler Ebene und den Kantonsregierungen besonders offensichtlich: Die Kantonsregierungen werden in geheimen Urnenwahlen oder an offenen Landsgemeindeversammlungen direkt vom Volk bestimmt, und nicht von einem Parlament gewählt wie auf Bundesebene (vgl. Vatter 2002: 42). Auch in diesem Kriterium entsprechen die Kantonsregierungen also dem präsidentiellen Regierungstyp.

Ein drittes Kriterium zur Einordnung der Kantonsregierungen ist die Kollegialregierung gegenüber der Ein-Personen-Regierung (vgl. Lijphart 1992: 3). In parlamentarischen Systemen besteht ein hoher Grad an Kollegialität und Mitbestimmung in der Regierung, während in präsidentiellen Systemen alle Minister dem Präsidenten unterstellt sind. Die Schweiz und die Kantone gelten in diesem Punkt als ein Paradebeispiel für ein parlamentarisches Regierungssystem (vgl. Vatter 2002: 43). Klöti nennt das Kollegialprinzip eine der wichtigsten Besonderheiten des schweizerischen Regierungssystems (vgl. Klöti 2006: 160). Die Einordnung zeigt, dass sich die Kantonsregierungen nach den ersten zwei Kriterien dem präsidentiellen Regierungstyp zuordnen lassen, während sie im dritten Kriterium dem parlamentarischen Regierungstyp entsprechen.

Eng verknüpft mit dem Kollegialprinzip ist die praktische Ausübung der Konkordanz auf kantonaler Ebene, die jedoch nirgends rechtlich festgeschrieben ist (vgl. Vatter 2002: 44). Charakteristisch für die Konkordanz ist erstens eine breite Mitwirkung politischer Minderheiten am politischen Prozess (vgl. Vatter 2002: 44ff.; Keman 1996; Lehmbruch 1993; Lehmbruch 1967: 7ff.; Neidhart 1970; siehe auch Kapitel 2.3.1). Die Konkordanz sichert Minderheiten und einzelnen Gruppen ein Mitspracherecht, mit dem sie Entscheidungen verhindern können, wenn sie gegen ihre Interessen verstoßen (vgl. Linder 2005: 314; Hungerbühler 2005: 159). Die Konkordanz zeichnet sich zweitens durch eine Konfliktregelung mittels Kompromiss aus (vgl. Vatter 2002: 44; Vatter/Freitag 2002: 54; Klöti 2006: 155; Kriesi 1980: 37). Kompromiss bedeutet, dass keiner alles gewinnt, aber auch keiner alles verlieren kann. Jeder Akteur muss Abstriche machen, bis keiner mehr schlechter gestellt ist als vorher (vgl. Linder 2005: 314). Drohen einem Akteur dennoch deutliche Nachteile bei einer Entscheidung, können diese durch den Mechanismus der Kompensation, d.h. durch Vorteile aus anderen Projekten, wieder wettgemacht werden (vgl. Linder 2005: 315). Drittens spielt die Problemlösung durch Kooperation für die Konkordanz eine wichtige Rolle. Durch Kooperation zwischen den Akteuren wird ein Kompromiss erarbeitet, der allen Beteiligten nützt. So wird verhindert, dass sich einige wenige auf Kosten der anderen durchsetzen. Dieses Verhaltensmuster führt für alle Beteiligten zu günstigeren Ergebnissen, setzt jedoch ein gewisses Maß an Vertrauen voraus, das nicht immer gegeben ist (vgl. Linder 2005: 315).

Zusammenfassend kann also gesagt werden, dass Kantone Musterbeispiele für Konkordanz- und Konsensdemokratien sind: „Bei den Kantonen handelt es sich um politische Systeme mit starken Elementen der halbdirekten Demokratie, bei denen das institutionelle Verhältnis zwischen Regierung und Parlament demjenigen präsidentieller Regierungstypen entspricht und die Verknüpfung von Kollegialprinzip und Konkordanzdemokratie besondere Bedeutung erhält“ (Vatter 2002: 45).

2.4.2 Typologien der politischen Systeme in den Kantonen

Ein genauer Blick auf die verschiedenen Kantone zeigt, dass sich auch innerhalb des Rahmens der Konkordanz- und Konsensdemokratien Unterschiede in der Ausgestaltung der politischen Systeme der Kantone ausmachen lassen. Es existiert eine Vielzahl von Typologien in Bezug auf verschiedene Institutionen der Kantone, z.B. zu den Parteien (vgl. Vatter 2002). Im folgenden Kapitel wird jedoch auf Typologien fokussiert, die sich auf die Regierung oder die Verwaltung beziehen.

Ein früher Versuch, alle 26 Kantone systematisch zu vergleichen, wurde 1979 im Rahmen einer Studie über höhere Beamte in kantonalen Verwaltungen unternommen (vgl. Horber/Joye 1979). Die Typologie entlang soziodemographischer und politisch-administrativer Variablen in Bezug auf die Beamten (Ausgaben der Verwaltung pro Einwohner, Anzahl Beamte pro Einwohner etc.) unterscheidet zwischen kleinen, ländlichen Kantonen, deutschschweizerischen Mittellandkantonen mit einem starken 2. Sektor, Stadtkantonen und lateinischen Kantonen (Ausnahmen, die in keine Kategorie passen, sind Basel-Land und Uri) (vgl. Horber/Joye 1979: 230f.). In den 1980er Jahren analysieren Urio/Markov die Strukturen der kantonalen Verwaltungen anhand von Gesetzestexten und Staatskalendern (vgl. Urio/Markov 1986: 108). Sie unterscheiden zwei Grundtypen der Organisation der Verwaltung. Im vorherrschenden Typus (der sich an der Organisation des Bundes orientiert) übernimmt jeder Regierungsrat eines oder mehrere Departemente, es besteht eine hohe Differenzierung der Aufgaben und Funktionen mit professionalisierten Rollen. Dieser Typ von Verwaltungsorganisation findet sich vorwiegend in größeren und mittleren Kantonen (vgl. Urio/Markov 1986: 130/131). Der traditionelle Typus ist dagegen vor allem in kleineren Kantonen zu finden. Er zeichnet sich durch einen hohen Anteil an Miliztätigkeiten aus und damit einhergehend durch wenig professionalisierte Berufsrollen. Auch die Aufgaben- und Funktionsteilung ist wenig ausgeprägt, oft übernimmt eine Person mehrere Aufgaben und Funktionen (vgl. Urio/Markov 1986: 131).

Die Typologie von Urio/Markov basiert auf den soziologischen Arbeiten von Geser und Geser/Höpflinger, die auf die Unterschiede zwischen großen und kleinen Kantonen in Bezug auf die Organisation und die Struktur der Verwaltung hingewiesen haben (vgl. Geser 1981; Geser 1977; Geser/Höpflinger 1977; für Regieren und Verwalten auf kommunaler Ebene vgl. Geser 1987). Die Größe eines Kantons, gemessen an der Zahl der Bevölkerung, beeinflusst den Umfang und den Differenzierungsgrad der öffentlichen Institutionen (vgl. Geser 1981: 349; Geser/Höpflinger 1977: 116). In kleineren Kantonen findet sich eine geringe Anzahl von Ämtern und Abteilungen, dafür viele neben- und ehrenamtlich ausgeführte Tätigkeiten. Zudem besteht in kleineren Verwaltungen die Tendenz zu unspezifischen Funktionsumschreibungen. Besonders Chefbeamte nehmen meist noch eine Reihe anderer Funktionen wahr, die nirgends formell festgeschrieben sind (Rollenkumulation) (vgl. Geser/Höpflinger 1977: 117; aus der Sicht der Praxis vgl. Nigg 2000). Mit der geringen Ausdifferenzierung der Verwaltungsstrukturen geht auch ein niedriges Niveau der Hierarchisierung einher (keine Aufrechterhaltung der Dreiteilung von Regierungsrat – Direktion – Abteilung/Amt) (vgl. Geser 1981: 350; Kasarda 1974).

Es zeigt sich zudem, dass kleinere Kantone die partizipativen Elemente im Umgang mit den Bürgern besonders betonen, um ein Verhältnis symmetrischer Kooperation zu erreichen (vgl. Geser 1981: 354). Um den Eindruck von Autorität oder staatlicher Hoheit zu vermeiden, ist die Hervorhebung der partizipativen Demokratie besonders geeignet, um alle Bürger in einem sehr überschaubaren Raum in wichtige Entscheidungen mit einzubeziehen (vgl. Geser 1981: 354f.). Damit schrumpft jedoch unweigerlich der Umfang an politischen Themen, die in der Öffentlichkeit diskutiert werden (vgl. Geser 1981: 355). Auf Grund dieser Feststellung von Geser kann in Bezug auf die medial vermittelte politische Kommunikation in kleinen Kantonen vermutet werden, dass diese einen geringeren Stellenwert besitzt als in großen Kantonen, da es in kleinen Räumen einfacher ist, Entscheidungen informell unter Einbezug aller Betroffenen zu fällen (siehe auch Kapitel 2.5).

Eine der umfassendsten Typologien der Kantone stammt von Vatter (vgl. Vatter 2002: 391ff.; für die Bundesländer in Deutschland vgl. Freitag/Vatter 2008). Er nimmt einen Vergleich zwischen den zentralen Politikinstitutionen der Kantone vor, um ihre Ursachen, wechselseitigen Einflüsse und Wirkungen aufzuspüren (vgl. Vatter 2002: 22). Er stellt sich die Frage, ob „(…) verschiedene, eindeutig voneinander unterscheidbare Typen kantonaler Demokratien [bestehen/SB] und wenn ja, durch welche politisch-institutionellen Eigenschaften (…) sie sich voneinander [unterscheiden/SB]“ (Vatter 2002: 401). Mittels einer Clusteranalyse werden die Ähnlichkeiten und Unterschiede herausgearbeitet. Die Analyse ergibt fünf verschiedene Kantonsgruppen.

Tabelle 1: Die fünf Typen kantonaler Demokratien

Direktdemokratisch-zentralisierter Typ	Direktdemokratisch-dezentralisierter Typ	Repräsentativ-demokratisch-konkordanter Typ	Formal-partizipativ-demokratischer Typ	Regierungs-konkordanter Typ
BS, GE	ZH, BE, VD, FR	TI, SG, LU, VS, NE, SO	AG, TG, SH, JU, BL	GL, UR, SZ, OW, NW, GR, ZG

Quelle: vgl. Vatter 2002: 405

Diese fünf Typen weisen folgende Merkmale auf:

1. *Direktdemokratisch-zentralisierter Typ*: viele Parteien, viele Initiativen und fakultative Referenden, niedrige Regierungskonkordanz, zentralisiert, viele Regierungsmandate, niedriger Gemeindebestand, niedrige Wahlerfolgsschwelle
2. *Direktdemokratisch-dezentralisierter Typ*: viele Parteien, viele Initiativen und fakultative Referenden, niedrige Regierungskonkordanz, dezentralisiert, viele Regierungsmandate, hoher Gemeindebestand
3. *„Repräsentativdemokratisch" - konkordanter Typ*: wenige Parteien, wenig Initiativen und fakultative Referenden, hohe Regierungskonkordanz, niedrige Wahlerfolgsschwelle, schwerer Zugang zu direktdemokratischen Institutionen
4. *Formal-partizipativdemokratischer Typ*: viele Parteien, wenig Initiativen und fakultative Referenden, niedrige Regierungskonkordanz, dezentralisiert, wenig Regierungsmandate, niedrige Wahlerfolgsschwelle, leichter Zugang zu direktdemokratischen Institutionen
5. *Regierungskonkordanter Typ*: wenige Parteien, wenig Initiativen und fakultative Referenden, hohe Regierungskonkordanz, viele Regierungsmandate, niedriger Gemeindebestand, hohe Wahlerfolgsschwelle, leichter Zugang zu direktdemokratischen Institutionen

Die Typologie zeigt, dass „sich die Kantone insbesondere in der formalen und realen Gewichtung der einzelnen Basisinstitutionen stark unterscheiden" (Vatter 2002: 408). Die Kantone verfügen über viele Freiräume bei der Ausgestaltung ihrer Basisinstitutionen und nutzen diese Freiräume auch. Dies führt zu unterschiedlichen Mechanismen der Konfliktregelung und der politischen Auseinandersetzung in den Kantonen. Den fünf Typen der kantonalen Demokratien liegen zwei Grundformen der Machtaufteilung zu Grunde (vgl. Vatter 2002: 409; Vatter 2007: 161). Auf der einen Seite (Typ 1 und 2: BS, GE, ZH, BE, VD, FR) findet sich eine Ausprägung der Demokratie, die auf dem direkten Zugang zu direktdemokratischen Elementen und in der großen praktischen Bedeutung derselben basiert. Auf der anderen Seite (Typ 5 und teilweise 3: GL, UR, SZ, NW, OW, GR, ZG und TI, VS, NE, SG, LU, SO) findet sich eine Grundform, in der eine möglichst breite Integration der politischen Elite in der Exekutive angestrebt wird und die direktdemokratischen Elemente weniger intensiv benutzt werden (vgl. Vatter 2002: 409). Zwischen diesen Grundtypen liegt Typ 4 (AG, TG, JU, SH, BL), der ein Mischtyp aus beiden Ausprägungen ist: Hier spielen weder die direkte Demokratie noch die Regierungskonkordanz eine besonders wichtige Rolle.

Die Konfliktlösung geschieht in den beiden Grundformen der Machtaufteilung auf unterschiedliche Weise:

> „Während beim regierungskonkordanten Prototyp mit einer umfassenden Regierungskoalition die informelle Suche nach einem breit abgestützten Kompromiss innerhalb der politischen Elite mit einem dichten interpersonalen Netzwerk schon zu einem möglichst frühen Zeitpunkt beginnt, kommt im Fall des direktdemokratischen Prototyps der öffentlichen Artikulation von Minderheitsinteressen, der Verhinderung von Mehrheitsentscheidungen, und dem Zwang zu Verhandlungen, (...) eine wichtige Rolle zu“ (Vatter 2002: 413).

Die beiden Grundformen unterscheiden sich also auch in Bezug auf den Zeitpunkt der Verhandlungen und Konfliktlösungen. Beim regierungskonkordanten Typus findet ein Kompromiss schon früh innerhalb der Elite statt, beim direktdemokratischen Prototyp kann dies auch erst am Ende der Verhandlungen im Parlament mittels eines Referendums geschehen (vgl. Vatter 2002: 413/454; Vatter 2007: 166). Das Verhalten der politischen Akteure ist in dieser Logik eher kompetitiv und basismobilisierend, während der konkordante Prototyp eher konsensuelles und integratives Handeln fördert (vgl. Vatter 2002: 454).

Der regierungskonkordante Typ findet sich vor allem in kleinen, bevölkerungsschwachen und traditionell geprägten Agrarkantonen, wo durch die frühzeitige und breite Einbindung der politischen Akteure in die Regierung und durch eine enge Vernetzung der Akteure Kompromisse gefunden werden (vgl. Vatter 2002: 459). Der direktdemokratische Typ findet sich vorwiegend in bevölkerungsreichen Kantonen mit großen urbanen Zentren und fortgeschrittenem ökonomischen Entwicklungsgrad. Durch die komplexen gesellschaftlichen Problemlagen und organisierten Interessengruppen außerhalb der Regierung erweist es sich als schwierig, frühzeitig Kompromisse zu finden oder alle Interessen in die Entscheidungsfindung zu integrieren (vgl. Vatter 2002: 459). Initiativen und Referenden stellen hier wirksame Instrumente zur Konfliktregelung dar.

2.5 Hypothesen: Einflussfaktoren auf die Regierungskommunikation

Die Analyse der kantonalen Demokratien zeigt, dass trotz dem gemeinsamen Rahmen der Konkordanz- und Konsensdemokratie einige Unterschiede zwischen den politischen Systemen in den Kantonen zu finden sind. Von diesen Merkmalen der politischen Systeme wird angenommen, dass sie einen Einfluss auf die Regierungskommunikation haben. Ein solcher Einfluss der politischen Systeme auf die Regierungskommunikation wird in diesem Kapitel aufgrund von theoretischen Überlegungen und Forschungsresultaten in Form von Hypothesen formuliert.

Grundsätzlich wird davon ausgegangen, dass die Regierungskommunikation in Kantonen des direktdemokratischen Typs anders abläuft als in Kantonen des regierungskonkordanten Typs. In direktdemokratischen Kantonen werden Konflikte in der Tendenz über Abstimmungen und die damit einhergehenden öffentlichen Diskussionen gelöst. Dies entspricht einer eher kompetitiven Logik der Kommunikation. Es muss davon ausgegangen werden, dass die Regierung in direktdemokratischen Kantonen ihre Position öffentlich darlegen und verteidigen muss. Ganz anders in regierungskonkordanten Kantonen, wo die Konfliktlösung innerhalb der politischen Elite und nicht in der öffentlichen Diskussion von Meinungen und Themen geschieht. Die Kommunikation dient in diesen Kantonen eher dem konsensuellen und integrativen Handeln der Regierung. Hier muss davon ausgegangen werden, dass die Regierung in der Regel nicht auf die öffentliche Rechtfertigung ihres Handelns angewiesen ist. In Bezug auf die Regierungskommunikation lässt sich daraus die Vermutung ableiten, dass die Regierungen in Kantonen des direktdemokratischen Typus mehr Kommunikationsaufwand nach außen betreiben müssen als Regierungen in regierungskonkordanten Kantonen: Kantone mit starken direktdemokratischen Elementen müssten eine höhere Regelungsdichte, eine stärker ausgebaute Organisation und stärker ausdifferenzierte Berufsrollen für die Regierungskommunikation aufweisen als Kantone mit stark regierungskonkordanten Elementen. Für regierungskonkordante Kantone müsste gelten, dass sie eine niedrigere Regelungsdichte, eine schwächer ausgebaute Organisation und schwächer ausdifferenzierte Berufsrollen für die Regierungskommunikation ausgebildet haben als direktdemokratische Kantone. Diese allgemeine Vermutung wird in Kapitel 8.1 mittels eines Vergleichs mit den Typologien in den verschiedenen Dimensionen geprüft.

Neben dieser allgemeinen Vermutung ist es auch interessant zu prüfen, welche Merkmale der politischen Systeme im Detail mehr oder weniger Einfluss auf die Regierungskommunikation haben. Die Typologie von Vatter basiert auf acht Indikatoren: die Anzahl der Parteien, die Anzahl der Initiativen und fakultativen Referenden, die Regierungskonkordanz, der Zentralismus (Anteil der Steuereinnahmen des Kantons versus Steuereinnahmen des Kantons und der Gemeinden), die Anzahl der Regierungsmandate, der Gemeindebestand, die empirische Wahlerfolgsschwelle und der Zugang zu direktdemokratischen Institutionen. Gibt es einen Indikator, der einen besonders starken Einfluss auf die Ausgestaltung der Regierungskommunikation hat? Welcher dieser Indikatoren vermag am meisten Unterschiede zwischen den Kantonen zu erklären? Um diese Zusammenhänge zu überprüfen, werden acht Hypothesen gebildet. Die Ausprägungen der Regierungskommunikation in den vier untersuchten Dimensionen bilden dabei die abhängige, die Merkmale des politischen Systems die unabhängigen Variablen (siehe dazu Kapitel 8.2).

Das Problem bei der Formulierung der Hypothesen ist, dass es – abgesehen von der Untersuchung von Vatter – keinerlei Theorien über mögliche Einflüsse von Merkmalen des politischen Systems auf die Regierungskommunikation gibt. Die Hypothesen haben aus diesem Grund explorativen Charakter. Umso wichtiger ist es, die Annahmen, die hinter der Formulierung der Hypothesen stehen, zu explizieren.

Als Erstes werden aus zwei Merkmalen der politischen Systeme Hypothesen gebildet, die sich auf Abstimmungen beziehen: die Summe der eingereichten Initiativen und Referenden sowie der Zugang zu diesen direktdemokratischen Institutionen. Wie im vorhergehenden Kapitel beschrieben, kann vermutet werden, dass diese beiden Merkmale einen Einfluss auf die Regierungskommunikation haben (siehe Kapitel 2.4.2). Grundsätzlich wird davon ausgegangen, dass die Merkmale des politischen Systems, die sich auf Abstimmungen beziehen, eine Ausdifferenzierung der Regierungskommunikation fördern. Dies weil die Regierungen in diesen Kantonen ihre Meinungen öffentlich darlegen und verteidigen müssen. Folgende Hypothesen werden aufgestellt:

- H1: Je höher die Anzahl von Initiativen und Referenden, desto stärker ausdifferenziert ist die Regierungskommunikation in den untersuchten Dimensionen.
- H2: Je leichter der Zugang zu direktdemokratischen Institutionen, desto stärker ausdifferenziert ist die Regierungskommunikation in den untersuchten Dimensionen.

Zweitens wird auf die Merkmale der Regierungskonkordanz und die Anzahl der Regierungsmandate fokussiert, die sich auf die Ausprägung der Konkordanz in den Kantonen beziehen. Auch hier kann vermutet werden, dass nach dem Grundprinzip der regierungskonkordanten Kantone (siehe Kapitel 2.4.2) ein Einfluss dieser Merkmale auf die Regierungskommunikation besteht. Es wird davon ausgegangen, dass die Merkmale der Konkordanz eine Ausdifferenzierung der Regierungskommunikation behindern, da die Entscheidungsfindung und die Aushandlung von Lösungen innerhalb der Regierung stattfinden und die Regierung ihre Position weniger in der Öffentlichkeit vertreten muss. Folgende Hypothesen werden formuliert:

- H3: Je höher die Regierungskonkordanz, desto weniger ausdifferenziert ist die Regierungskommunikation in den untersuchten Dimensionen.
- H4: Je mehr Regierungsmandate zur Verfügung stehen, desto weniger ausdifferenziert ist die Regierungskommunikation in den untersuchten Dimensionen.

Zwei Merkmale beziehen sich drittens auf die Beziehung zwischen der Regierung und dem Parlament (Anzahl der Parteien und die empirische Wahlerfolgsschwelle). Hier wird davon ausgegangen, dass je mehr Parteien es in einem Kanton gibt und je einfacher es für einen Kandidaten ist, ins Parlament gewählt zu werden, desto schwächer ist die Regierungskommunikation ausdifferenziert. Hintergrund der Überlegung ist, dass die Interessenartikulation in diesem Fall eher über Parteien als Akteure der Interessensaggregation (vgl. Jarren/Donges 2006: 136ff.) verläuft, als dass sich die Akteure direkt an die Regierung wenden oder über Abstimmungen versuchen, ihre Meinung durchzusetzen. Die Hypothesen zu diesen Annahmen lauten:

- H5: Je niedriger die empirische Wahlerfolgsschwelle, desto weniger ausdifferenziert ist die Regierungskommunikation in den untersuchten Dimensionen
- H6: Je höher die Anzahl der Parteien in einem Kanton, desto weniger ausdifferenziert ist die Regierungskommunikation in den untersuchten Dimensionen.

Viertens wird auf die beiden Merkmale des Zentralismus und des Gemeindebestands fokussiert, die sich beide auf das Kräftegleichgewicht zwischen Kanton und Gemeinden beziehen. Es wird davon ausgegangen, dass die Regierung mehr kommunizieren muss, je stärker ihr eigenes Gewicht im Kanton ist und je mehr Gemeinden erreicht werden müssen. Hintergrund dieser Überlegung ist die normative Anforderung an die Regierungskommunikation, zum Ausgleich zwischen den Regionen beizutragen und alle relevanten Akteure, und damit auch die Gemeinden, in ihre Entscheidungen einzubinden. Die Hypothesen zum Kräftegleichgewicht in den Kantonen lauten:

- H7: Je höher der Zentralismus, desto stärker ausdifferenziert ist die Regierungskommunikation in den untersuchten Dimensionen.
- H8: Je höher der Gemeindebestand, desto stärker ausdifferenziert ist die Regierungskommunikation in den untersuchten Dimensionen.

Die Überprüfung dieser Hypothesen wird in Kapitel 8 mittels Kreuztabellen, Korrelationen und Regressionen vorgenommen.

3 Regierungskommunikation

Anschließend an die Definition und die Einordnung der Kantonsregierungen in die international vergleichende Demokratieforschung wird nun der Fokus auf die Kommunikation dieser Regierungen gelegt. Bevor jedoch geklärt werden kann, wie die Regierungskommunikation auf kantonaler Ebene aussieht und was die Charakteristika in Bezug auf die Demokratie- und Regierungsform sind, muss auf die bestehende Forschung zu Regierungskommunikation eingegangen werden (siehe Kapitel 3.1). Auch in Sachen Kommunikation stellt sich wieder die Frage nach einer Unterscheidung zwischen Regierungs- und Verwaltungskommunikation (siehe Kapitel 3.2). Nach einer Darstellung des Forschungsstandes wird in einem Zwischenfazit auf die Charakteristika der kantonalen Regierungskommunikation eingegangen.

3.1 Regierungskommunikation als Form der politischen Kommunikation

Um den Begriff Regierungskommunikation fassen und beschreiben zu können, bedarf es zuerst eines Blickes auf Begriffe wie politische Kommunikation oder politische Öffentlichkeitsarbeit und eine Verortung des Begriffs Regierungskommunikation in Abgrenzung zu anderen Begriffen.

Viele Definitionen von politischer Kommunikation sind sehr weit gefasst und allgemein formuliert. So definiert zum Beispiel Schulz politische Kommunikation „if it relates to the exchange of messages among political actors" (Schulz 2008a: 3671). In Anlehnung an die Definition von Politik als Prozess der Herstellung und Durchsetzung von allgemein verbindlichen Entscheidungen definieren Jarren/Donges politische Kommunikation als den zentralen Mechanismus bei der Formulierung, Aggregation, Herstellung und Durchsetzung kollektiv bindender Entscheidungen (vgl. Jarren/Donges 2006: 22). McNair definiert politische Kommunikation als Kommunikation, die von politischen Akteuren ausgeübt wird, die an sie gerichtet ist, oder die politische Akteure und ihr Handeln beinhaltet (vgl. McNair 2007: 4). Politische Kommunikation ist in diesen Definitionen zu weit gefasst, als dass der Begriff für die empirische Forschung von Nutzen sein kann. Aus diesem Grund muss eine Spezifizierung vorgenommen werden. Diese geschieht hier durch die Fokussierung auf den Akteur

Regierung. In Anlehnung an die Definition von McNair wird hier der Fokus auf die Regierung als ein möglicher Akteur der politischen Kommunikation gelegt. Regierungskommunikation wird dann als Form der politischen Kommunikation verstanden, wobei die Regierung in erster Linie als Adressat und Initiator in öffentlichen, durch die Medien vermittelten Kommunikationsprozessen definiert wird. Politische Kommunikation und damit Regierungskommunikation als Form von politischer Kommunikation wird zudem nicht nur als Mittel der Politik verstanden, sondern auch als Politik selbst (vgl. Sarcinelli 2009: 17f.; Jarren/Donges 2006: 22; Jarren 1994: 663f.). Mit Korte/Fröhlich wird politische Kommunikation nicht als Attribut von Politik, sondern vielmehr als „eine zentrale, konstitutive Bedingung für die Effektivität und den Erfolg von Regierungspolitik gesehen" (Korte/Fröhlich 2004: 173). Einige Autoren in der Tradition von Deutsch sprechen sogar von Politik *als* Kommunikation, also von der Identität von Politik und Kommunikation (vgl. exemplarisch Deutsch 1969; Meadow 1980; Schulz 2003: 459).

3.1.1 Regierungen als Akteure der politischen Kommunikation

Schulz weist darauf hin, dass es plausibel ist, politische Akteure zum Bezugspunkt einer Begriffsbestimmung von politischer Kommunikation zu machen (vgl. Schulz 2008b: 16). Der politische Prozess findet nicht im luftleeren Raum statt, sondern wird von gegebenen Institutionen, rechtlichen Regelungen und jeweils dominanten Akteuren stabilisiert (vgl. Jarren 1994: 658; Jarren/Donges 2006: 197). Diese Akteure handeln grundsätzlich zweckgerichtet und sind sich der Abhängigkeit ihrer Entscheidungen von den anderen Akteuren bewusst (vgl. Korte/Fröhlich 2004: 174f.; Korte 2002: 23). Politische Akteure sind „all groups, organizations, and individuals who are participating in the process of collectively binding decision-making on the distribution of scarce resources in society" (Schulz 2008a: 3671). Laut McNair gibt es drei große Gruppen von Akteuren in der politischen Kommunikation: die politischen Organisationen, zu denen Parteien, Regierungen, NGOs und Gewerkschaften zählen, die Medien und die Bürger (vgl. McNair 2007: 6; Vowe/Dohle 2007; Köhler/Schuster 2006: 15). Saxer weist darauf hin, dass sich innerhalb der politischen Kommunikation institutionalisierte Prozesse wie die Behörden-, die Parlaments- oder die Parteienkommunikation herausgebildet haben (vgl. Saxer Ulrich 1998: 34). Voraussetzung für eine akteurzentrierte Begriffsbestimmung von politischer Kommunikation ist, dass ein soziologischer Begriff des Akteurs verwendet wird (vgl. Schulz 2008b: 16). Aus dieser Sichtweise werden neben Individuen auch Gruppen, Verbände und Organisationen als Akteure verstanden. Der Fokus auf den Akteur Regierung wird in Kapitel 4 akteurtheoretisch begründet.

Regierungskommunikation als Form der politischen Kommunikation folgt einer eigenen, institutionell-organisatorischen Logik und bestimmten, auch normativen Regelungen, die sie von der politischen Kommunikation anderer Akteure, zum Beispiel von Parteien oder NGOs, unterscheidet. Die Unterscheidung zwischen Akteuren innerhalb und außerhalb des politischen Systems impliziert, dass die politische Kommunikation der jeweiligen Akteure grundlegend anders verläuft. Bentele unterscheidet dazu zwischen funktionaler PR und organisierter PR (vgl. Bentele 1998: 136). Funktionale PR wird durch Einzelakteure vollzogen. Meistens handelt es sich um einen Auftritt eines Politikers, der Öffentlichkeitsarbeit nur als Teilfunktion seiner Rolle betreibt. Organisierte PR wird hingegen vor allem von politischen Institutionen wie zum Beispiel Staaten durchgeführt. Diese Öffentlichkeitsarbeit ist institutionalisiert und wird von hauptberuflichen PR-Spezialisten oder von Abteilungen für Presse- und Öffentlichkeitsarbeit ausgeführt (vgl. Bentele 1998: 136). Jarren weist darauf hin, dass politische PR der Regierung, des Parlaments und der Verwaltung eher einer institutionell-organisatorischen Logik folgt und zudem stark von den normativen Regelungen eingeschränkt ist und determiniert wird (vgl. Jarren 1994: 659). Brüggemann führt diesen Gedanken weiter, wenn er von der PR öffentlicher Institutionen spricht (vgl. Brüggemann 2008: 72). Die PR von Institutionen wie der Regierung ist ein eigener Teilbereich von politischer PR, der besonderen Kommunikationsbedingungen wie der Allgemeinwohlbindung staatlichen Handelns und der potenziellen Allzuständigkeit unterliegt (vgl. Brüggemann 2008: 73; siehe auch Kapitel 3.4.7).

3.1.2 Regierungskommunikation zwischen politischer Öffentlichkeitsarbeit und Informationspolitik

In der Literatur herrscht Uneinigkeit darüber, wie Begriffe wie Regierungskommunikation, politische Öffentlichkeitsarbeit, PR, Pressearbeit oder Informationspolitik zueinander stehen und abgegrenzt werden sollen. In dieser Arbeit wird davon ausgegangen, dass sich die Regierung als Akteur verschiedener Formen der politischen Öffentlichkeitsarbeit bedienen kann, wobei politische Öffentlichkeitsarbeit identisch mit dem Begriff politische PR verwendet wird. In der Forschung werden diese Formen der politischen Öffentlichkeitsarbeit je nach Perspektive und Forschungsinteresse verschieden definiert.

In der deutschsprachigen Kommunikationswissenschaft wird Regierungskommunikation häufig in Informationspolitik und Öffentlichkeitsarbeit differenziert (vgl. Bergsdorf 1986: 28; Bergsdorf 1991). Unter Informationspolitik subsumiert Bergsdorf „die aktuelle Unterrichtung der Öffentlichkeit über einzelne politische Sachfragen, Entscheidungen, Absichten, Verhandlungen“ (Bergsdorf 1986: 28). Öffentlichkeitsarbeit bezeichnet hingegen „die nicht an den Tag gebundene Gesamtdarstellung einer Politik oder eines Politikbereiches“ (Bergsdorf 1986: 28). Die beiden Begriffe Informationspolitik und Öffentlichkeitsarbeit unterscheiden sich also in ihrer zeitlichen Dimension: Informationspolitik bezeichnet das aktuelle Detail, Öffentlichkeitsarbeit mittelfristig eine Übersicht über ein Feld der Politik. Ferner betont Bergsdorf die Wichtigkeit der politischen Kommunikation als Instrument der politischen Führung in einer Demokratie (vgl. Bergsdorf 1986: 30). Wenn eine Regierung Themen für sich einnehmen kann, wenn sie ihre Bewertung eines Themas durchsetzen kann, verschafft sie sich dadurch einen Vorsprung gegenüber den politischen Konkurrenten.

Bentele diskutiert die Definition von Bergsdorf und stimmt mit ihr inhaltlich überein, fordert jedoch eine andere Begriffsverwendung. Bentele versteht Öffentlichkeitsarbeit als Oberbegriff, Pressearbeit oder Informationspolitik werden dabei als spezieller Typ von Öffentlichkeitsarbeit definiert. Informationspolitik unterscheidet sich von Öffentlichkeitsarbeit dadurch, dass sie sich primär über die Medien an die Öffentlichkeit wendet (vgl. Bentele 1998: 127).

Gebauer knüpft an die Definition von Bergsdorf an und versteht unter dem Begriff Regierungskommunikation „herkömmlich vor allem Öffentlichkeitsarbeit und Informationspolitik, im Schwerpunkt also Politikvermittlung im Sinne von *Entscheidungsrechtfertigung* nach innen und außen“ (Gebauer 1998: 464/Hervorheb.i.O.). Gebauer plädiert mit dieser Definition für ein erweitertes Verständnis von Regierungskommunikation. Regierungskommunikation wird um die Dimensionen der Informations- und Kommunikationsabläufe in der Politikvorbereitung und sowie der Kommunikation zu den Bürgern – also der Politikmitgestaltung – erweitert (vgl. Gebauer 1998: 464). Aus Sicht Gebauers ist die Regierung idealtypisch Informations- und Kommunikationszentrum aller politischen Angelegenheiten der jeweiligen staatlichen Ebene und bildet damit die Schnittstelle von drei Kommunikationsfeldern (vgl. Gebauer 1998: 464): Erstens ist jede Regierung in das politische System eingebunden und nimmt aktiv am politischen Prozess teil. Sie ist zweitens selbst Adressat und Initiator eines breiten öffentlichen Kommunikationsprozesses, der von Verbandsanhörungen und Bürgerkontakten bis zur Kooperation mit Experten reicht. Und drittens wirkt die Regierung mit dem „Staatsapparat“ zusammen, womit die vielfältigen Beteiligungsrechte und Pflichten der Regierung zu Bund, Ländern und Gemeinden, aber auch zum Parlament und der Justiz angesprochen sind (vgl. Gebauer 1998: 465ff.). Die Regierungskommunikation jedes Staates wird von diesen drei Faktoren geprägt.

Eine Definition, die die Wichtigkeit der Kommunikationskompetenz der Regierung betont, ist die von Pfetsch. Pfetsch geht davon aus, dass „unter Regieren ein kontinuierlicher und komplexer Prozess des Interdependenzmanagements zwischen politischem System und seiner gesellschaftlichen und medialen Umwelt zu verstehen ist, der nur mit kommunikativer Kompetenz der Regierungsakteure zu bewältigen ist" (Pfetsch 1998b: 234). Der Regierung kommt in dieser Definition die Aufgabe des Managements der Interdependenzen zwischen gesellschaftlichen Teilsystemen wie auch zwischen unterschiedlichen Akteuren der Gesellschaft zu. Die kommunikativen Kompetenzen betreffen sowohl das Konsens- als auch das Konfliktmanagement: Die Regierung muss verhandeln, koordinieren und moderieren (vgl. Pfetsch 1998b: 237). Die Regierung muss also als Moderator zwischen verschiedenen gesellschaftlichen Ansprüchen vermitteln und regulierend eingreifen. Das Konzept des Interdependenzmanagements impliziert, dass „ Regierungskommunikation ein permanenter Prozess mit instabilen und ständig erneuerungsbedürftigen Beziehungen zwischen den Akteuren ist" (Pfetsch 1998b: 241).

Eine ähnliche Definition findet sich auch bei Jarren, wenn auch hier nicht explizit auf die kommunikativen Kompetenzen der Akteure verwiesen wird. Laut Jarren ist die Aufgabe von politischer Öffentlichkeitsarbeit „das Management von Interdependenzbeziehungen zwischen einzelnen politischen Institutionen und seinen ‚Umwelten' mit dem Ziel einer permanenten Reproduktion von Strukturen als systemischen Handlungsvoraussetzungen von politischen Akteuren im Prozess der Herstellung allgemein verbindlicher Entscheidungen" (Jarren 1994: 672). Eine ähnliche Definition schlägt Bentele vor, der die politische Öffentlichkeitsarbeit „als ein Teil des Kommunikationsmanagements politischer Institutionen und Akteure mit ihren externen und internen Umwelten" (Bentele 1998: 130) definiert. Auch Korte/Fröhlich teilen das Verständnis von Regieren als Interdependenzmanagement (vgl. Korte/Fröhlich 2004: 181).

Köhler/Schuster benutzen die Begriffe Regierungskommunikation und Regierungs-PR als beinahe gleichbedeutend. Regierungs-PR definieren sie als Presse- und Öffentlichkeitsarbeit der Deutschen Bundesregierung (vgl. Köhler/Schuster 2006: 16). Regierungs-PR umfasst dabei „Informationsmaßnahmen nach Innen und Außen, national und international" (Köhler/Schuster 2006: 16), wobei der Schwerpunkt der Regierungs-PR – im Gegensatz zur Regierungskommunikation – auf der Kommunikation mit externen Zielgruppen wie den Medien und den Bürgern liegt (vgl. Köhler/Schuster 2006: 18).

Für Brüggemann ist hingegen Informationspolitik der übergeordnete Begriff, unter dem er „einen Satz von politischen Entscheidungen [versteht/SB], die die Ziele, Regeln und Aktivitäten einer öffentlichen Institution zum Zwecke der Kommunikation mit den Bürgern bestimmen" (Brüggemann 2008: 16). Die

Informationspolitik umfasst für Brüggemann einerseits die Öffentlichkeitsarbeit und andererseits das „Transparenzregime“ in Form der Regelung und Praxis des Zugangs zu Informationen (vgl. Brüggemann 2008: 78).

In der englischsprachigen Kommunikationswissenschaft wird der Begriff Regierungskommunikation selten verwendet. In verschiedenen Handbüchern und Lexika fehlt der Begriff vollständig. Häufig sind es deutsche Autoren, welche die Beiträge für englischsprachige Lexika schreiben (vgl. Schulz 2008a; Pfetsch 2008). Am ehesten finden sich Begriffe „Government Communication“, „Governmental Communication“ oder „Public Relations in Government“ (vgl. Pfetsch 2008; McNair 2007; Young 2007a; Baker 1997). Laut Baker werden mit “Public Relations in Government” vier Ziele verfolgt. Die PR einer Regierung muss Akzeptanz generieren für die Handlungen und Entscheidungen der Regierung, sie muss die Bevölkerung informieren, sie muss ein positives Image der Regierung fördern und Feedback aus der Bevölkerung ermöglichen (vgl. Baker 1997: 456ff.). Pfetsch definiert Government Communication als „public information institutions and strategies whereby governments manage the flow of political messages” (Pfetsch 2008: 279). Stärker rechtswissenschaftlich ausgelegt ist der Begriff „Government Speech“, unter den Kommunikationsprozesse „inside and outside of their jurisdictions“ gefasst werden (vgl. Kemper 2008: 2004).

Hier wird Regierungskommunikation im Sinne von Pfetsch als Interdependenzmanagement zwischen dem politischen System und seinen Umwelten definiert, weil diese Definition nicht die verschiedenen Formen von Austausch zwischen Regierung und ihrer Umwelt benennt, sondern vor allem auf die Regierung als Akteur fokussiert, der mit verschiedenen Anforderungen von verschiedenen Teilsystemen konfrontiert ist und darauf reagieren muss. Dies kommt der eigenen Definition von der Regierung als Akteur entgegen (siehe Kapitel 3.1.1). Regierungskommunikation fasst damit die vielfältigen Kommunikationsbeziehungen einer Regierung zu den verschiedenen Umwelten wie die Öffentlichkeit, die Medien, das Parlament, andere staatliche Behörden etc. zusammen. Die Regierung kann nach dieser Definition verschiedene Strategien einsetzen, um das Interdependenzmanagement erfolgreich umzusetzen. Zu diesen Strategien gehören unter anderem die politische Öffentlichkeitsarbeit oder die Informationspolitik.

3.2 Dichotomie von Regierungs- und Verwaltungskommunikation

Wie in Kapitel 2.2 ausgeführt wurde, lassen sich die Regierung und die Verwaltung als Teile der Exekutive nur idealtypisch voneinander trennen. Wenn hier jedoch Regierungskommunikation als politische Kommunikation des Akteurs

Regierung definiert wird, muss an dieser Stelle die Frage geklärt werden, ob es ein Unterscheidungsmerkmal der Kommunikation von Regierung und Verwaltung gibt. Dazu wird zuerst auf die Befunde zur Verwaltungskommunikation eingegangen, um danach die möglichen Unterscheidungskriterien für Regierungs- und Verwaltungskommunikation zu erörtern.

3.2.1 Verwaltungskommunikation als folgenreiche Kommunikation

Fragen der Kommunikation haben in der Verwaltungswissenschaft lange Zeit wenig Beachtung gefunden. Vor allem „mit der auf die Umwelt gerichteten Kommunikationsfunktion der Verwaltung hat man sich (...) in der Verwaltungswissenschaft oder der Verwaltungspraxis nur am Rande befasst" (Czerwick 1997: 974). Doch die Kommunikation der Verwaltung mit der Öffentlichkeit wird zunehmend wichtiger. Czerwick betont, dass die Verwaltungskommunikation mit der Öffentlichkeit eine „administrative Bringschuld darstellt, ohne deren Beachtung auf die Dauer weder ein breiter Konsens zur grundgesetzlichen Staatsordnung zu gewährleisten noch die Befolgung administrativer Akte durch die Bürger sicherzustellen ist" (Czerwick 1997: 983). Verwaltungskommunikation wird als eine zentrale Staatsfunktion betrachtet, über die administrative Prozesse vorbereitet, gesteuert, durchgesetzt und gerechtfertigt werden (vgl. Czerwick 1998: 489). Jarren teilt das Tätigkeitsfeld der Verwaltung in drei Gebiete ein: „Denn die Verwaltung handelt

- in eigener Sache, wenn durch Informationen auf bestimmte Leistungen für Bürgerinnen und Bürger hingewiesen und damit für die eigene Leistungsfähigkeit zugleich ‚geworben' wird.
- im Rahmen der Gefahrenabwehr (Krisenfälle; Produktinformationen) oder im Kontext von angestrebten Verhaltensänderungen (bspw. Sucht-, Gesundheits-, Verkehrskampagnen)
- im Rahmen ihrer Annexkompetenz im Zuge von gesetzlichen Sachaufgaben (bspw. in der Raumplanung)" (Jarren 2005: 47).

Die Unterschiede in der Kommunikation zwischen der Regierung und der Verwaltung ergeben sich idealtypisch aus den unterschiedlichen Aufgabenfeldern und Funktionen von Regierung und Verwaltung, wie sie schon im Kapitel 2.2 beschrieben wurden: „Im Gegensatz zur politisch motivierten Regierungskommunikation leitet sich die Verwaltungskommunikation primär aus den Sachaufgaben ab, die die Behörden zu erfüllen haben" (Czerwick 1998: 493). Während es von der Regierung in ihrer Leitungsfunktion erwartet wird, dass sie explizit politische Ziele kommuniziert und auch umstrittene Themen öffentlich diskutieren lässt, ist die Kommunikation der Verwaltung begrenzter und muss sich aus den gesetzlichen Vorgaben ableiten lassen (vgl. Jarren 2005: 47; Hardmeier 2003: 259).

Bei der öffentlichen, medial vermittelten Kommunikation von Regierung und Verwaltung kommt die Dimension der Wirkung und/oder Folgen der Kommunikation hinzu, anhand derer die Unterscheidung etwas klarer gezogen werden kann. Bei der Verwaltungskommunikation handelt es sich um *folgenreiche* Kommunikation, da sie in die soziale Realität der Bürger eingreift. Warnungen und Empfehlungen von einem Bundesamt können verschiedene Folgen für verschiedene Akteure haben. Die Folgen der Verbreitung von Risikoinformationen sind grundsätzlich schwer kalkulierbar. Die Informations- und Kommunikationstätigkeit der Verwaltung muss sich folglich aus dem geltenden Recht ableiten lassen, da sonst die Verwaltung für ihre Handlung haftbar gemacht werden kann (vgl. Jarren 2005: 47). Die Verwaltung ist also stärker an Gesetze und Verordnungen gebunden als die Regierungskommunikation. Auch Czerwick betont, dass die externe Verwaltungskommunikation in Deutschland sehr stark rechtsgebunden und rechtsbezogen ist (vgl. Czerwick 1998: 491). Die Amtshaftung und die rechtliche Gebundenheit sind mögliche Kriterien für die Unterscheidung zwischen Regierungs- und Verwaltungskommunikation.

3.2.2 Regierungs- und Verwaltungskommunikation aus rechtswissenschaftlicher Sicht

Da besonders mit dem Verweis auf die Rechtsgebundenheit der Verwaltungskommunikation auf die rechtlichen Grundlagen der Kommunikation von Regierung und Verwaltung verwiesen wird, wird an dieser Stelle der rechtswissenschaftliche Diskurs zu diesem Thema dargestellt.

Die aktive Kommunikation von Behörden wird in der rechtswissenschaftlichen Literatur je nach ihrem Inhalt in drei verschiedene Kategorien eingeteilt und entsprechend unabhängig voneinander betrachtet (vgl. Mahon 1999: 224). Mahon unterscheidet die Literatur (1) zur Information über die politischen Rechte (Kommunikation bei Wahlen und Abstimmungen) von (2) der allgemeinen Information über die staatlichen oder administrativen Aktivitäten und (3) der „verhaltenslenkenden Information".

(1) Die Literatur zur Information über die politischen Rechte wird von der Debatte über die Rolle der Behörden vor Wahlen und Abstimmungen dominiert (vgl. Goetschel 1994; Tschannen 2001; Arbeitsgruppe KID 2001). Lange Zeit herrscht in der Lehre die Meinung vor, die Behörden dürften sich nicht in die

Abstimmungskämpfe und Wahlen einmischen. Die zunehmende Komplexität der Vorlagen, ein verändertes politisches, gesellschaftliches und mediales Umfeld haben jedoch zu einem neuen Verständnis vom Staat und dessen Tätigkeit geführt. So ist es heute allgemein akzeptiert, dass es zu den Aufgaben des Staates gehört, seine Anliegen im Vorfeld von Abstimmungen der Allgemeinheit zu vermitteln (vgl. Engi 2005: 142; Saxer Urs 2004: 20; Besson 2003: 128). Die behördliche Information ist, gestützt auf die Verfassungs- und Gesetzesbestimmungen, zu einer Verpflichtung der Regierung geworden. Dahinter steht die Idee, dass der Stimmbürger ohne Information durch die Behörden sein Wahlrecht nicht ausüben kann, weil er nicht alle Fakten kennen kann (vgl. Mahon 1999: 233). Neben dem Recht auf freie Meinungsbildung besteht also auch ein Recht auf Informationen von behördlicher Seite durch die Stimmbürger. In den Kantonen wird dieses Recht auf Informationen in verschiedenen Gesetzen explizit geregelt (vgl. Mahon 1999: 234). Die bestehenden rechtlichen Regelungen zur Behördenkommunikation zielen in erster Linie darauf ab, Leitlinien für die staatliche Informationstätigkeit vorzugeben und die Rolle der Behörden vor Wahlen und Abstimmungen zu regeln.

(2) Im Gegensatz zur umfangreichen Literatur über die behördliche Information vor Wahlen und Abstimmungen gibt es relativ wenig rechtswissenschaftliche Literatur über die allgemeine Information über staatliche Aktivitäten, die hier besonders interessiert (vgl. Mahon 1999: 250). Gegenstand dieser Literatur ist die Verankerung von Kommunikationsaktivitäten der Behörden in den Verfassungen und Verwaltungs- und Organisationsgesetzen. Mit der Einführung des neues Verwaltungs- und Organisationsgesetzes 1997 und der Verfassungsrevision von 2000 auf Bundesebene wurde die öffentliche Kommunikation der Behörden als Aufgabe der Regierung festgeschrieben (vgl. Mahon 1999: 252). Eine ähnliche Entwicklung findet auch in den Kantonen statt.

Die rechtswissenschaftliche Literatur definiert Regierungskommunikation in der Schweiz als Behördenkommunikation und fasst sie unter dem Oberbegriff Informations- und Kommunikationsrecht zusammen (vgl. Mahon 1999; Weber 2003). Behördenkommunikation wird dabei als „öffentliche Kommunikation der Behörde über deren eigene, auf Gesetz beruhende Tätigkeit" definiert (vgl. Saxer Urs 2004: 21). Diese Definition weist bereits auf ein grundsätzliches Dilemma im Zusammenhang mit der Kommunikationstätigkeit von Behörden hin. Auf der einen Seite ist die Kommunikation von Regierung und Verwaltung in der Verfassung und Gesetzen von Bund und Kantonen klar festgeschrieben (vgl. Mahon 1999: 321). Der Staat hat ein Recht und teilweise die Pflicht, die Öffentlichkeit zu informieren. Aus einer rechtswissenschaftlichen Sicht steht deshalb nicht die Frage im Vordergrund, ob Behörden informieren, sondern wie sie informieren. Diskutiert wird, wie die staatliche Informationstätigkeit geregelt ist und wie weit eine solche Regelung gehen muss (vgl. Saxer Urs 2004). Hier zeigt sich jedoch die andere Seite der rechtlichen Regelung von Kommunikation: Vor allem bei der Umsetzung und Konkretisierung der Gesetze anhand von konkreten Vorfällen und Ereignissen stoßen die rechtlichen Vorgaben an Grenzen (vgl. Mahon 1999: 219ff.). „Verantwortlich hierfür sind die Abhängigkeit vom konkreten Informationsanlass, die Notwendigkeit einer einzelfallbezogenen Abwägung gestützt auf Kriterien, welche sich nur ansatzweise verallgemeinern lassen, und die daraus resultierende Unmöglichkeit einer klaren rechtlichen Festlegung" (Saxer Urs 2004: 28). Kommunikation ist also sehr stark abhängig von Einzelfällen und lässt sich daher nicht vollumfänglich über Gesetze regeln. Mahon spricht von einer „Grauzone", in der sich die Behördenkommunikation bewegt (vgl. Mahon 1999: 220). Eine ausdrückliche gesetzliche Normierung der Informationstätigkeit von Behörden erscheint aus diesem Blickwinkel nicht zwingend erforderlich, mehr als Faustregeln lassen sich oft nicht bilden (vgl. Saxer Urs 2004: 22). Hinzu kommt, dass die Informationstätigkeit in Bezug auf den Schutz von Persönlichkeitsrechten und Geheimhaltungsinteressen abgewogen werden muss (vgl. Saxer Urs 2004: 23; Weber 2003: 25ff.). Die Verhältnismäßigkeit nimmt dabei, angesichts einer sonst nur schwach geregelten Kommunikationstätigkeit der Behörden, eine rechtsstaatliche Korrektivfunktion ein (vgl. Saxer Urs 2004: 23).

Aus diesen Gründen wird die Behördenkommunikation nicht in allen Details geregelt, sondern den Behörden wird allgemein ein Recht zur Öffentlichkeitsinformation zugesprochen, das sich „als Ausfluss ihrer allgemeinen Zuständigkeit in einem bestimmten Sachbereich und, bei politischen Behörden, als Folge ihrer politischen Verantwortlichkeit" (Saxer Urs 2004: 21) ergibt. Es gehört zu den Aufgaben einer Behörde, ihre Anliegen der Allgemeinheit vermitteln zu können. Dazu sind die Behörden in hohem Maß auf funktionsfähige Kommunikationsbeziehungen angewiesen.

Neben der Literatur zur aktiven Informationstätigkeit der Behörden findet auch eine umfangreiche Diskussion in der rechtswissenschaftlichen Literatur, in Parlamenten und in der Öffentlichkeit über die Einführung des Öffentlichkeitsprinzips in der Verwaltung statt (vgl. Cottier 2003; Farine-Hitz 2000; Flückiger 2002; Häner 2003; Häner 2004; Nuspliger 2001; Nuspliger 2004; ferner auch Bozzolo 2008; Hardmeier 2003: 257). Das Öffentlichkeitsprinzip besagt, dass das staatliche Handeln nicht mehr grundsätzlich als geheim gilt, sondern freier Zugang zu amtlichen Dokumenten gewährt wird, solange keine Geheimhaltungspflicht besteht (vgl. Häner 2003; Nuspliger 2004). Das Öffentlichkeitsgesetz betrifft die passive Kommunikation der Behörden, das heißt diejenigen Informationen, die die Behörden auf Anfrage herausgeben müssen, und unterliegt einigen Einschränkungen. Auf kantonaler Ebene ist Bern ein Vorreiter in Sachen

Öffentlichkeitsgesetz, hier ist ein solches Gesetz seit 1995 in Kraft (vgl. Nuspliger 2001: 150). Auch die Kantone Appenzell Ausserrhoden, Freiburg, Genf, Jura, Neuenburg, Solothurn, Uri und Waadt haben das Öffentlichkeitsprinzip eingeführt (Stand: Oktober 2007). Zürich und Basel-Stadt sind daran, eine entsprechende Gesetzgebung auszuarbeiten.

(3) „Verhaltenslenkende Information" zielt darauf ab, das Verhalten des Einzelnen zu beeinflussen und zu verändern (vgl. Nützi 1995: 35ff.; Mahon 1999: 247). Die „verhaltenslenkende Information" ist nach einer Unterscheidung von Nützi Teil der „Information als Verwaltungsaufgabe". Nützi differenziert zwischen „Information als Regierungsaufgabe" und „Information als Verwaltungsaufgabe" (siehe Abbildung 1; vgl. Nützi 1995: 27ff.; Mahon 1999; ferner auch Feik 2007). Die Informationstätigkeit der Regierung (politische Kommunikation) zeichnet sich dadurch aus, dass sie sich auf die Herstellung von Vertrauen in die staatlichen Institutionen konzentriert und auf die Integration und die Partizipation des Bürgers abzielt: „Information als Regierungsaufgabe beinhaltet die Orientierung der Öffentlichkeit über das politische Geschehen, die Bewertung der aktuellen Zeitumstände (‚die Lage der Nation') durch die politische Führung (d.h. den Bundesrat) sowie die zur Wahrung der direktdemokratischen Partizipationsrechte notwendigen Sachinformationen" (Nützi 1995: 31).

Abbildung 1: Überblick über die Informationstätigkeit der Verwaltung

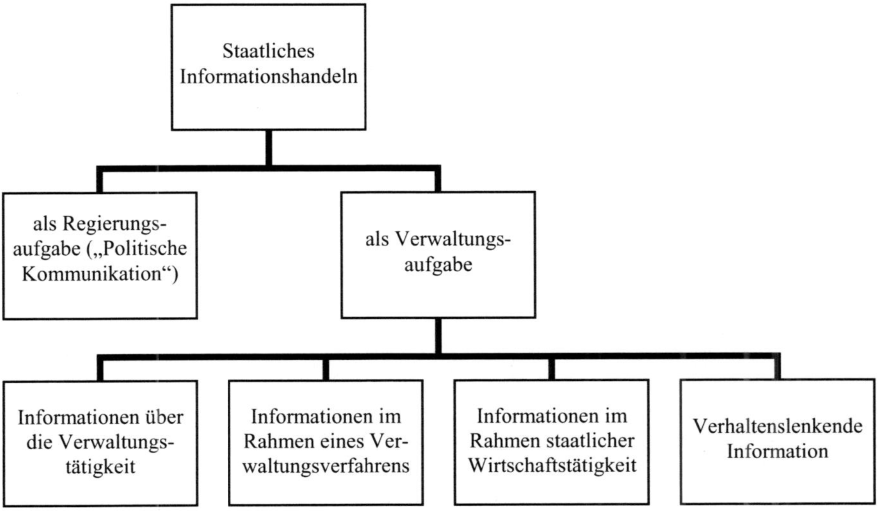

Quelle: Nützi 1995: 83

Die Informationstätigkeit der Verwaltung gliedert Nützi in vier Gruppen. Die Kategorie „Informationen über die Verwaltungstätigkeit" umfasst Informationen über die Tätigkeit der Verwaltung, womit das Verwaltungshandeln für die Bevölkerung einsehbar gemacht und Transparenz hergestellt werden soll (vgl. Nützi 1995: 33). Häufig ergehen auch Informationen im Zusammenhang mit einem Verwaltungsverfahren. Informationen im Rahmen staatlicher Wirtschaftstätigkeit beziehen sich auf die Unternehmen, bei denen der Staat direkt beteiligt ist. Die Kategorie „Verhaltenslenkende Informationen" bezieht sich auf die oben bereits angedeutete folgenreiche Kommunikation der Verwaltung. Eine verhaltenslenkende Information bezweckt eine Verhaltenssteuerung des Rezipienten: „ Eine Tatsachenvermittlung wird mit dem (expliziten oder impliziten) Aufruf verbunden, eine bestimmte Handlung vorzunehmen oder zu unterlassen (*Verhaltenslenkung*)" (Nützi 1995: 35/Hervorheb.i.O.). Eine verhaltenslenkende Information ist nicht die Orientierung der Öffentlichkeit über eine staatliche Aktivität, sondern sie ist die staatliche Aktivität selbst und somit eine mögliche Handlungsform der Verwaltung (vgl. Nützi 1995: 36). Typische Kommunikationsmittel, die für die verhaltenslenkende Information eingesetzt werden, sind Werbespots oder Werbekampagnen. Mit der verhaltenslenkenden Information geht im Gegensatz zu Befehlen und Weisungen kein rechtlich durchsetzbarer Anspruch auf Befolgung derselben einher (vgl. Nützi 1995: 36ff.).

Aus rechtswissenschaftlicher Sicht lässt sich also eine Unterscheidung zwischen Information als Regierungs- und Information als Verwaltungsaufgabe ziehen (für eine Kritik an dieser Unterscheidung vgl. Mahon 1999: 257). Besonders die Kategorie verhaltenslenkende Information ist eine typische Handlungsform der Verwaltung, die sich deutlich von der Informationstätigkeit der Regierung unterscheiden lässt. Schwieriger wird die Trennung bei der Kategorie „Informationen über die Verwaltungstätigkeit". Diese ist der politischen Kommunikation der Regierung sehr ähnlich.

3.2.3 Unterscheidung von Regierungs- und Verwaltungskommunikation

Der Überblick über die Literatur zeigt, dass eine Unterscheidung zwischen Regierungs- und Verwaltungskommunikation ein Thema ist, das nicht abschließend beurteilt werden kann. Für die Unterscheidung zwischen Regierungs- und Verwaltungskommunikation wurden im vorhergehenden Kapitel verschiedene Vorschläge diskutiert. Idealtypisch kann zwischen einer eher politisch motivierten Kommunikation der Regierung und einer eher sachgebundenen Kommunikation der Verwaltung unterschieden werden. Diese Sachgebundenheit zeigt sich auch in einer engeren Bindung an das Gesetz. Während Regierungskommunikation

Vorschläge unterbreiten und Ideen präsentieren darf, muss sich die Verwaltungskommunikation an geltendem Recht orientieren, weil ihre Kommunikation besonders bei Warnungen und Empfehlungen weitreichende Folgen haben kann. Verhaltenslenkende Informationen sind nur in der Verwaltungskommunikation möglich. Es ist für eine Regierung nicht angemessen, als Absender von Werbespots oder Kampagnen zu agieren.

Die Übersicht zeigt, dass es Ansatzpunkte zur Unterscheidung von Regierungs- und Verwaltungskommunikation gibt, sie jedoch immer nur Teile oder bestimmte Handlungen von Regierung oder Verwaltung betreffen. Alle Versuche scheitern an der engen Verknüpfung zwischen der Regierung und der Verwaltung in der Praxis. Es stellt sich nun die Frage, wie in dieser Arbeit mit diesem Ergebnis umgegangen werden soll. Grundsätzlich wird hier nicht nach einzelnen Kommunikationsereignissen gefragt, sondern nach den Regeln, der Organisation, den Akteuren und den Instrumenten, die für die Regierungskommunikation zur Verfügung stehen. In der Regel weist eine Verfassung oder ein Gesetz die Kommunikation der Regierung einer Stelle im Kanton als Aufgabe zu. Der Fokus liegt folglich nicht auf dem Inhalt der Regierungskommunikation, sondern auf dem Akteur Regierung. Es ist nicht Ziel der Arbeit, einzelne Aussagen oder Medienauftritte von Regierungsräten danach zu beurteilen, ob es sich dabei um Regierungs- oder Verwaltungskommunikation handelt. Die Analyse fokussiert vielmehr auf die vorhandene Organisation der Regierungskommunikation, in denen die Akteure handeln und bestimmte Instrumente einsetzen.

Für die Kantone kann für die Unterscheidung von Regierungs- und Verwaltungskommunikation zusätzlich das Kollegialitäts- und das Konkordanzprinzip hinzugezogen werden. Wie in Kapitel 2.4 gezeigt wurde, prägen die Prinzipien der Konkordanz und der Kollegialität die Arbeit der Regierung. Diese Rahmenbedingungen führen dazu, dass die Regierung dazu gezwungen ist, als Kollektiv zu kommunizieren. Die Regierung muss als Kollektiv regelmäßig ihre Entscheidungen veröffentlichen und den Medien kommunizieren. Es wird deshalb davon ausgegangen, dass sich in den Kantonen Stellen herausgebildet haben, die sich auf diese Kommunikation spezialisiert haben. Der Fokus der Arbeit auf die für die Regierungskommunikation zuständige Stelle dient in dieser Arbeit als Abgrenzungskriterium für die Regierungs- und Verwaltungskommunikation.

3.3 Forschungsstand Regierungskommunikation

Ein Überblick über die bestehende Forschung zur Regierungskommunikation zeigt, dass es wenig Untersuchungen und wenige empirische Resultate zu diesem Thema gibt. Die meisten Studien, die Regierungskommunikation analysieren, behandeln diese unter dem Begriff der politischen Öffentlichkeitsarbeit und gehen nicht auf die Sonderrolle der Regierung ein. So besteht in Deutschland eine Tradition, das Bundespresseamt (BPA), das in enger Zusammenarbeit mit dem Kanzleramt für die Kommunikation der Regierung zuständig ist, zu untersuchen (vgl. Böckelmann 1991; Kordes/Pollmann 1983; Mertes 2003; Schürmann 1991; Walker 1982; für Österreich vgl. Plasser 2004). Die Studien zeigen, dass innerhalb der Informations- und Presseämter die Regierungssprecher eine zentrale Stellung in der Politikvermittlung einnehmen. In Deutschland und in Österreich sind auch die Regierungssprecher wiederholt Gegenstand von Untersuchungen geworden (vgl. Marx 2008; Bentele/Grosskurth/Seidenglanz 2005; Tenscher 2003; Pfetsch 2003b; Tenscher 2002; Weth 1991; Fischer 1981; Friedmann 1972; für Österreich Plasser 2004; Dorer 1995). International gibt es einige wenige (empirische) Analysen von Regierungskommunikation (für die USA vgl. Baker 1997; Chaffee 1975; für Australien vgl. Young 2007a; für Belgien und die Niederlande vgl. Gelders et al. 2007).

In der Schweiz gibt es wenige Studien, die sich mit politischer Öffentlichkeitsarbeit von Regierungen und Verwaltungen auseinandergesetzt haben. Als Ausnahme sind hier in erster Linie die Studien von Hardmeier/Rothmayr und Röttger/Hoffmann/Jarren zu nennen, welche die Eigenheiten und Besonderheiten der politischen Öffentlichkeitsarbeit vor allem im Gegensatz zur PR in der Wirtschaft aufzeigen (vgl. Hardmeier/Rothmayr 2003; Röttger/Hoffmann/Jarren 2003). Die kantonale Ebene wurde in diesen Studien untersucht, jedoch nicht eigens ausgewiesen.

Die Studie von Röttger/Hoffmann/Jarren untersucht die Strukturen des Berufsfeldes Öffentlichkeitsarbeit in der gesamten Schweiz. Ziel war es, eine umfassende PR-Kommunikatorstudie durchzuführen, die die Merkmale und Einstellungen der PR-Verantwortlichen in der Schweiz auf einer Mikro- und Mesoebene erhob (vgl. Röttger/Hoffmann/Jarren 2003). Neben den PR-Verantwortlichen in PR-Agenturen, Unternehmen und NPOs wurden auch die PR-Verantwortlichen in Regierung und Verwaltung in das Sample mit einbezogen (vgl. Röttger/Hoffmann/Jarren 2003: 94). Es wurden alle Departemente und Ämter auf Bundesebene sowie alle Departemente und die Staatskanzleien auf kantonaler Ebene untersucht (vgl. Röttger/Hoffmann/Jarren 2003: 95).

Die Studie von Rothmayr/Hardmeier konzentrierte sich auf die Öffentlichkeitsarbeit von Regierung und Verwaltung in der Schweiz. Dazu wurden auf Bundesebene sowie auf Ebene der Kantone und Gemeinden alle Personen befragt, die mit politischer Öffentlichkeitsarbeit beschäftigt sind (vgl. Hardmeier 2002: 5). Untersucht wurden die Ausgestaltung und die Funktionen der Öffentlichkeitsarbeit bei den Behörden sowie deren Zielgruppen und Instrumente. Ziel der Studie war es ferner herauszufinden, ob sich die Öffentlichkeitsarbeit mit den

Begriffen Information, Persuasion und Dialog fassen lässt. Leider ist die Studie nie publiziert worden, weshalb die folgenden Ausführungen auf Aufsätzen, Tagungspapers und unveröffentlichten Berichten basieren.

Nach diesem allgemeinen Überblick über bestehende Studien zu Regierungskommunikation geht es nun darum, Forschungsergebnisse zu den hier untersuchten Dimensionen der Regierungskommunikation zusammenzutragen. Im Folgenden sollen einige ausgewählte Resultate der oben erwähnten Studien vorgestellt werden. Dabei wird jeweils zuerst ausführlich auf die vorhandenen Befunde für die Schweiz und die Kantone eingegangen, bevor ein kurzer Blick auf Befunde aus anderen Ländern geworfen wird.

3.3.1 Organisatorische Verortung der Regierungskommunikation

Was die organisatorische Verortung von PR-Aktivitäten bei den Behörden in der Schweiz angeht, zeigen die Forschungsresultate, dass rund 40% der Behörden laut Selbsteinschätzung über eine eigene PR-Abteilung verfügen, bei 33% wird Öffentlichkeitsarbeit nebenamtlich ausgeübt (vgl. Röttger/Hoffmann/Jarren 2003: 131). Der überwiegende Teil der PR-Abteilungen (85%) bei den Behörden in der Schweiz trägt die Bezeichnungen „Information“ und/oder „Kommunikation“. In Bezug auf die hierarchische Verortung von politischer Öffentlichkeitsarbeit sticht die Dominanz von Stabsstellen ins Auge (vgl. Röttger/Hoffmann/Jarren 2003: 166). Bei rund 65% der Behörden ist die PR eine Stabsstelle auf Leitungsebene, bei rund 20% ist PR unterhalb der Leitungsebene, aber mit zentraler Weisungsbefugnis angesiedelt (vgl. Röttger/Hoffmann/Jarren 2003: 167). Röttger/Hoffmann/Jarren halten denn auch fest, dass die Relevanz von PR steigt, je höher die Entscheidungsebene ist (vgl. Röttger/Hoffmann/Jarren 2003: 129; ähnliche Resultate für Hamburg vgl. Röttger 2000: 206/211). Für die Kantonsebene bedeutet dies, dass mehr PR-Experten auf Ebene der Staatskanzleien zu finden sind als in den Departementen. Ein ähnliches Resultat liefert eine Studie von Bentele/Grosskurth/Seidenglanz für Deutschland, wo bei über 60% der staatlichen Institutionen die Öffentlichkeitsarbeit auf Leitungsebene, oft auch in Form einer Stabsstelle angesiedelt ist (vgl. Bentele/Grosskurth/Seidenglanz 2005: 41).

Ein Vergleich zu Resultaten einer Studie zu Pressestellen von Parlamenten, Regierungen und Gerichten auf Bundes-, Länder- und Gemeindeebene in Deutschland aus den 1990er Jahren zeigt, dass rund 50% der Behörden auf Länderebene eine eigene Stelle für Presse- und Öffentlichkeitsarbeit und/oder einen Pressesprecher haben (vgl. Böckelmann 1991: 39). Nur 20% gaben damals an, dass sie weder eine Stelle noch für Presse- und Öffentlichkeitsarbeit zuständige

Mitarbeitende haben (vgl. Böckelmann 1991: 39). Für Hamburg spricht Röttger im Jahr 2000 von zwei von drei Behörden, die PR als eigenständigen Arbeitsbereich organisiert haben (vgl. Röttger 2000: 210).

Bei der Frage der Planung von Kommunikation und Öffentlichkeitsarbeit zeigt sich, dass die Informationsverantwortlichen in den Departementen nicht ausschließlich für die operative Durchführung von Kommunikationsmaßnahmen zuständig sind, sondern auch bei der inhaltlichen Konzeption und der strategischen Planung ein Mitspracherecht haben (vgl. Rothmayr 2002: 5). 59% der Informationsverantwortlichen entscheiden über die strategische und inhaltliche Planung zusammen mit den politisch Verantwortlichen. Dies weist auf die Einbindung der Informationsverantwortlichen in für die Öffentlichkeitsarbeit wichtige Entscheidungen hin.

3.3.2 Ressourcen der Regierungskommunikation

In Bezug auf die Anzahl der Mitarbeitenden, die für die politische Öffentlichkeitsarbeit bei Behörden zuständig sind, ermittelt die Studie von Röttger/Hoffmann/Jarren einen Durchschnittswert von vier Mitarbeitenden (vgl. Röttger/Hoffmann/Jarren 2003: 168; für Deutschland vgl. Röttger 2000: 241). Je 25% der Behörden haben einen oder zwei Mitarbeitende, bei rund 30% der Stellen sind drei bis fünf Mitarbeitende beschäftigt. Zusammen ergibt das eine Prozentzahl von über 81% der Behörden, die über einen bis fünf Mitarbeitende verfügen (vgl. Röttger/Hoffmann/Jarren 2003: 169). Für die Kantone ermittelt die Studie einen Durchschnitt von 3.8 Mitarbeitende bei den Staatskanzleien (vgl. Röttger/Hoffmann/Jarren 2003: 170). Dieser Wert liegt deutlich über dem Wert für die PR-Mitarbeitenden in den Departementen, dort liegt der Durchschnitt bei 1.5 (vgl. Röttger/Hoffmann/Jarren 2003: 170).

Im Vergleich zu Unternehmen und Verbänden verfügen die Behörden am seltensten über ein eigenes Budget für Öffentlichkeitsarbeit. Laut Studie liegt der Anteil der Behörden mit eigenem Budget bei 70% (vgl. Röttger/Hoffmann/Jarren 2003: 171; für ähnliche Resultate für Hamburg vgl. Röttger 2000: 234). Die Höhe dieses Budgets variiert zwischen 10.000 und ca. 5 Millionen Franken jährlich. Knapp 25% der Behörden bewegen sich mit ihrem Budget für Öffentlichkeitsarbeit im Bereich zwischen 100.000 und 500.000 Franken jährlich.

Ein länderübergreifender Vergleich von Öffentlichkeitsarbeit auf subnationaler Ebene in den französischen Régions und den deutschen Bundesländern hat ergeben, dass es in allen Regionen Stellen für Presse- und Öffentlichkeitsarbeit gibt, diese jedoch über unterschiedliche Ressourcen verfügen (vgl. Hezel 2002). Deutsche Stellen beschäftigen deutlich mehr Mitarbeitende als die französischen, zudem ist die Öffentlichkeitsarbeit in Deutschland auf verschiedene Stellen verteilt (Pressestellen von Ministerien, Tourismus etc.), während in Frankreich häufiger die staatliche Stelle für die gesamte Öffentlichkeitsarbeit der Region zuständig ist (vgl. Hezel 2002: 45).

3.3.3 Leitbilder der Regierungskommunikation

Leitbilder dienen der Kontrolle der Kommunikation nach innen und setzen normative Vorgaben, was für die staatliche Öffentlichkeitsarbeit erlaubt ist und was nicht. Bei der Frage nach dem Vorhandensein von Kommunikationsleitbildern für die Regierung und die Verwaltung zeigt die Studie von Rothmayr/Hardmeier, dass sich mehr als die Hälfte (58%) der Informationsverantwortlichen in ihrer Arbeit auf Leitbilder stützen können (vgl. Rothmayr 2002: 11). Daraus lässt sich ableiten, dass im Jahr 2002 in etwa 60% der Verwaltungseinheiten ein Leitbild zu Kommunikation vorhanden war. Bei 75% dieser Fälle handelt es sich jedoch um ein spezifisches Leitbild für das Amt oder das Departement, was die funktionale Ausdifferenzierung der Verwaltung zeigt (vgl. Rothmayr 2002: 11). Die Studie von Röttger/Hoffmann/Jarren fragt nicht nur nach Leitbildern, sondern allgemeiner nach schriftlich fixierten Kommunikationszielen und -strategien. Hier zeigt sich für die Behörden ein Wert von 85% (vgl. Röttger/Hoffmann/Jarren 2003: 159), was nochmals deutlich höher als die 60% der Behörden mit Kommunikationsleitbildern ist. Diese Befunde lassen die Vermutung zu, dass nur in 15% der Behörden weder schriftlich fixierte Kommunikationsziele noch Leitbilder existieren.

3.3.4 Entwicklung der Kommunikationsabteilungen in den letzten 20 Jahren

Es gibt wenige Untersuchungen, die auf die Veränderungen in Bezug auf die Organisation von kantonaler Regierungskommunikation eingehen. Es wird hier ein Vergleich von Resultaten aus vorwiegend politikwissenschaftlichen Erhebungen zum Thema Kommunikation von 1988, 1995 und 2004 vorgenommen. Die Zahlen der Studien sind nicht immer vollständig vergleichbar und zum Teil widersprüchlich, es zeigen sich jedoch trotzdem eindeutige Tendenzen zu mehr Ressourcen und einem zunehmend wichtigeren Stellenwert der Regierungskommunikation.

In einem Überblick über den Stand der Organisation und den personellen Ressourcen der Regierungskommunikation in den Kantonen von 1988 stellt von Sury fest, dass neun Kantone über einen Informationsbeauftragten verfügen (vgl.

von Sury 1988: 56). Die Informationsbeauftragten in diesen Kantonen (AG, BE, GE, JU, LU, SG, TG, VD, ZH) widmen sich zu 100 Prozent der Regierungskommunikation (Ausnahme ist der Kanton Thurgau, dort hat der Informationsbeauftragte ein Pensum von 60%). In den übrigen 17 Kantonen ist der Staatsschreiber für die Kommunikation der Regierung verantwortlich (vgl. von Sury 1988: 55).

In einer Untersuchung der Staatskanzleien aus dem Jahr 1995 halten Germann/Weis fest, dass sieben Kantone über einen eigenen Informationsdienst verfügen (AG, BE, LU, SG, TG, VD, VS) (vgl. Germann/Weis 1995: 16). Acht Kantone kennen 1995 einen Informationsbeauftragten (AG, BE, BL, BS, GE, JU, TI, ZH). In den übrigen Kantonen kommuniziert der Staatsschreiber in der Regel selbst (vgl. Germann/Weis 1995: 16/24). So zählen vier Staatsschreiber aus den Kantonen Waadt, Graubünden, Appenzell Ausserrhoden und Obwalden die Kommunikation und Information zu ihren Hauptaufgaben (vgl. Germann/Weis 1995: 23). Sechs weitere Staatsschreiber (aus NW, SH, SZ, UR, VS, ZG) üben die Information als Nebentätigkeit aus (vgl. Germann/Weis 1995: 23). Bochsler et al. zählen im Jahre 2004 elf Staatskanzleien, die eine eigene Abteilung für Regierungskommunikation haben (vgl. Bochsler et al. 2004: 62).

Ein Überblick über die Entwicklung in den letzten 20 Jahren zeigt offensichtliche Veränderungen: Ende der 1980er Jahre hatten neun Kantone ihre Kommunikation bei einer Person mit einem 100 Prozent Pensum zentralisiert. Mitte der 1990er Jahre sind in 13 Kantonen entweder spezifische Kommunikationsabteilungen entstanden und/oder die Regierungskommunikation wird von einem Informationsbeauftragten geführt. Diese Zahlen haben sich bis Anfang des 21. Jahrhunderts noch einmal erhöht: 2004 besitzen elf Kantone eine Kommunikationsabteilung. Die Entwicklung macht zudem eine Zweiteilung der Kantone sichtbar. Grundsätzlich sind entweder die Staatsschreiber für die Kommunikation zuständig oder es wurden spezifische Kommunikationsabteilungen/Informationsbeauftragte eingesetzt. Die Tendenz geht dahin, dass größere Kantone die Informationstätigkeit der Regierung an einen Informationsbeauftragten oder an eine eigene Abteilung (Informationsdienst) delegieren, während in kleineren Kantonen die Information der Bevölkerung zu den Aufgaben der Staatsschreiber zählt.

3.3.5 Akteure der Regierungskommunikation

In der Studie von Hardmeier/Rothmayr wurden rund 60 Personen pro Kanton identifiziert, die mit staatlicher Öffentlichkeitsarbeit in der Regierung und der Verwaltung betraut sind (vgl. Hardmeier 2002: 8). Viele dieser Personen sind zwar Vollzeit angestellt, üben jedoch nicht nur PR-Tätigkeiten aus. Bei den Informationsbeauftragten macht die Öffentlichkeitsarbeit mit durchschnittlich 59% die Kerntätigkeit aus (vgl. Rothmayr 2002: 4). Die leitenden Verwaltungsangestellten wie Staatsschreiber, Departementssekretäre oder Leiter von Ämtern üben Öffentlichkeitsarbeit nur als Nebentätigkeit aus, bei dieser Gruppe nimmt die Öffentlichkeitsarbeit lediglich 12% der Tätigkeiten ein (vgl. Rothmayr 2002: 4; Hardmeier 2002: 8). Nur 26% der politischen Öffentlichkeitsarbeiter in der Schweiz haben in ihrer Funktionsbeschreibung einen eindeutigen Kommunikationsbezug (vgl. Hardmeier 2005: 105). In der Studie von Röttger/Hoffmann/Jarren findet sich eine ähnliche Zweiteilung der Verantwortlichen für PR. Sie unterscheiden in ihrer Studie allgemein zwischen „PR-Experten" und „PR-Beauftragten" (vgl. Röttger/Hoffmann/Jarren 2003: 108ff.). „PR-Experten" sind all jene, bei denen ein expliziter Bezug zur Kommunikation in der Funktionsbezeichnung erkennbar ist und die mindestens 25% der Arbeitszeit PR betreiben oder bei denen die PR-Tätigkeiten mindestens 75% ihrer Arbeit ausmacht. Alle anderen, die diese Kriterien nicht erfüllen, werden als „PR-Beauftragte" kategorisiert (vgl. Röttger/Hoffmann/Jarren 2003: 109). Bei den Behörden sind nach dieser Kategorisierung rund 40% als „PR-Experten" zu bezeichnen (vgl. Röttger/Hoffmann/Jarren 2003: 109).

Bentele (1998) nennt die Gruppe der PR-Experten „hauptberufliche PR-Spezialisten", die institutionelle und organisierte politische Öffentlichkeitsarbeit leisten (vgl. Bentele 1998: 136; ähnliche Resultate für fünf kleine Kantone vgl. Sutter-Widmer 2007: 66). Tenscher bezeichnet die allgemein spezialisierten Sprecher als „Politikvermittlungsexperten". Er versteht darunter neben den Regierungssprechern auch Sprecher von Parteien oder Leiter von Werbe- und PR-Agenturen.

3.3.5.1 Tätigkeiten der Regierungskommunikation

Die PR-Abteilungen von Behörden in der Schweiz betreiben fast ausschließlich Medienarbeit und interne Kommunikation, weitere Aktivitäten wie Public Affairs, Sponsoring oder Lobbying gehören nicht zu ihren Tätigkeitsfeldern (vgl. Röttger/Hoffmann/Jarren 2003: 138). Am wichtigsten wird dabei die Presse- und Medienarbeit eingestuft, gefolgt von „Anfragen beantworten" und „Gespräche mit Journalisten" führen. Auffällig ist zudem der hohe Stellenwert, der bei Behörden im Vergleich zu Unternehmen und NPOs der Beratung der Leitung (also der Regierung) und der Fachabteilungen (der Departemente) eingeräumt wird (vgl. Röttger/Hoffmann/Jarren 2003: 142f.).

Tenscher unterteilt die Aufgaben und Tätigkeiten der Regierungssprecher in Deutschland in Politikvermittlung nach außen über die Medien zu den Bürgern, in Beratung der Bundesregierung in Sachen Kommunikation, in Koordinierung von ressortübergreifenden Aufgaben sowie in Kommunikation nach innen (vgl. Tenscher 2002: 251/258). Die Studie hält fest, dass „für alle Akteure der Aspekt der *routinemäßigen Politikvermittlung nach außen* z.T. mit großem Abstand vor weiteren Tätigkeiten die größte Relevanz besitzt" (Tenscher 2002: 259/Hervorheb.i.O.). Tenscher unterscheidet für Deutschland ferner verschiedene Vorstellungen von der Rolle eines Sprechers. Empirisch beobachtbare Rollen sind zum Beispiel die des Dienstleisters, des Erklärers oder des Vermittlers (vgl. Tenscher 2003: 210, sowie Tenscher 2002: 262). Am meisten genannt wurden die Vorstellungen des Dienstleisters des Kanzlers, des Dienstleisters der Bürger und des Erklärers der Regierungspolitik (vgl. Tenscher 2002: 262). Die Studie von Bentele/Grosskurth/Seidenglanz unterscheidet zwischen dem Regierungssprecher als Mittler, als Berater, als Sprecher oder als Interessenvertreter (vgl. Bentele/Grosskurth/Seidenglanz 2005: 76). Die Vorstellung des Mittlers zwischen der staatlichen Stelle und der Öffentlichkeit findet sich mit 88% deutlich am häufigsten (vgl. Bentele/Grosskurth/Seidenglanz 2005: 77).

Die österreichischen Sprecher sehen ihre Aufgabe vor allem als Dienstleister der politischen Arbeitgeber, in dem sie eine Sprachrohrfunktion für die Politiker einnehmen (vgl. Plasser/Hüffel/Lengauer 2004: 325). In einer Studie zu den Tätigkeitsbereichen von Pressesprechern in Österreich halten Plasser/Hüffel/Lengauer zudem fest, dass die österreichischen Sprecher sich ebenfalls in erster Linie an den Bürgern und den Medien orientieren: Sie verstehen unter politischer Öffentlichkeitsarbeit vor allem massenmediale Öffentlichkeitsarbeit und betonen medienzentrierte Ziele („Kontaktpflege mit Journalisten", „Dienstleisterfunktion für Journalisten" etc.). Die starke Medienzentrierung prägt auch die Tätigkeitsschwerpunkte der Pressesprecher. Die wichtigsten beiden Arbeitsbereiche der österreichischen Pressesprecher sind die Kontaktpflege mit den Journalisten und die Planung von Kommunikationsstrategien. Ferner werden auch Kontaktpflege mit relevanten Meinungsbildnern und die Pressearbeit genannt (vgl. Plasser/Hüffel/Lengauer 2004: 327ff.).

Eine Studie von Pfetsch (2003) fragt nicht nach den einzelnen Tätigkeitsbereichen von Sprechern, sondern nach dem Beziehungsgeflecht zwischen politischen Sprechern und Journalisten im internationalen Vergleich zwischen Deutschland und den USA. Dazu bedient sie sich dem Konzept der politischen Kommunikationskultur. Die politische Kommunikationskultur bezeichnet ein fest strukturiertes Interaktions- und Handlungssystem, das die Beziehungen zwischen Medien und Politik organisiert (vgl. Pfetsch 2003b: 20). Die Austauschbeziehungen werden dabei von spezifischen Rollen, Normen und Handlungsorientierungen gesteuert, die den Kern der Kommunikationskultur darstellen. Die spezifischen Bedingungen des Regierungssystems und des Mediensystems stellen die Rahmenbedingungen des Handelns für die Journalisten und Politiker dar (vgl. Pfetsch 2003b: 21). Für Deutschland stellt die Studie fest, dass gemeinsame normative Grundlagen von politischen Sprechern und Journalisten ein enges soziales Nahverhältnis bewirken und vor allem politische Ziele in der Öffentlichkeitsarbeit vorherrschen (vgl. Pfetsch 2003b: 252). Damit lässt sich Deutschland einer eher partei-politischen Kommunikationskultur zuordnen, im Gegensatz zu den USA, wo eine medienorientierte politische Kommunikationskultur vorherrscht (vgl. Pfetsch 2003a: 410ff.).

3.3.5.2 Verständnis und Ziele von Regierungskommunikation

Die Studie von Röttger/Hoffmann/Jarren fragt nach dem Verständnis von PR-Verantwortlichen. Mehr als 70% der PR-Verantwortlichen in den Behörden gaben an, dass sie Vertrauen zwischen der Organisation und der Öffentlichkeit schaffen (vgl. Röttger/Hoffmann/Jarren 2003: 201). Dieses Rollenverständnis kontrastiert mit demjenigen der Berufskollegen in Unternehmen und NGOs, da dort zusätzlich zum Vertrauen die Bedeutung des Erreichens wirtschaftlicher bzw. politischer Ziele der Organisation hervorgehoben wird (vgl. Röttger/Hoffmann/Jarren 2003: 201). Im konkreten Umgang mit Informationen zeigt sich dieses Verständnis bei den Behörden in einer ganz deutlichen Aussprache für Transparenz (über 93% finden, dass nur durch eine kontinuierliche und vollständige Transparenz eine Organisation auf Dauer erfolgreich sein kann) (vgl. Röttger/Hoffmann/Jarren 2003: 202). 85% der PR-Verantwortlichen bei Behörden finden es legitim, wenn eine Organisation ihre positiven Aspekte besonders betont. Nur noch 15% der Befragten geben an, es sei legitim, negative Aspekte herunterzuspielen oder Informationen zurückzuhalten (vgl. Röttger/Hoffmann/Jarren 2003: 202; für Deutschland vgl. Bentele/Grosskurth/Seidenglanz 2005: 99). Eine gezielte Desinformation, um Schaden von der Organisation abzuwenden, findet bei keinem der Befragten Zustimmung.

Auch in der Studie von Bentele/Grosskurth/Seidenglanz stufen öffentliche und staatliche Institutionen das Ziel „Vertrauen in die Organisation schaffen und erhalten“, auch im Vergleich zu Unternehmen und Vereinen, besonders hoch ein (vgl. Bentele/Grosskurth/Seidenglanz 2005: 88; ähnliche Resultate liefert Röttger 2000: 305/321; für gegenteilige Resultate vgl. Tenscher 2003: 214f.). Als zweites wichtiges Ziel wird der „Aufbau und Erhalt eines positiven Organisationsimages“ angegeben (vgl. Bentele/Grosskurth/Seidenglanz 2005: 88). Böckelmann eruiert als wichtigstes Ziel der Öffentlichkeitsarbeit von Behörden auf

Landesebene die angemessene Darstellung von Sachverhalten in den Medien (92%) (vgl. Böckelmann 1991: 173). Mit deutlichem Abstand folgt darauf die Aufklärung der Bevölkerung über eine Sachpolitik (59%). Leicht abgeschlagen liegt die eher dialogorientierte Aussage, die Öffentlichkeitsarbeit diene der Verbesserung der Kommunikation zwischen den Bürgern und dem Staat (52%) (vgl. Böckelmann 1991: 173). Das persuasive Ziel, auf die Problemsicht des Bürgers einzuwirken, unterstützen immerhin noch 47% der Stellen (vgl. Böckelmann 1991: 173).

Die Studie von Rothmayr/Hardmeier unterscheidet zwischen einem verständigungsorientierten Kommunikationsverständnis (Aushandlung mittels Dialog), einem persuasiven (Durchsetzung von Problemlösungen) und einem informativen Kommunikationsverständnis (Bedeutungsvermittlung) (vgl. Hardmeier 2002: 12ff.). Die empirische Untersuchung unter den Informationsverantwortlichen in der Verwaltung zeigt, dass das informative Kommunikationsverständnis eindeutig vorherrscht. Die Autorinnen ermitteln einen Anteil von 85% der Befragten, „welche ganz oder teilweise eine informative Kommunikationshaltung einnehmen (vgl. Hardmeier 2002: 14). Angelehnt an diese drei Möglichkeiten leiten die Autorinnen drei übergeordnete Ziele von politischer Öffentlichkeitsarbeit ab. Dabei unterscheiden sie Information (Bekanntmachen von staatlichen Dienstleitungen), Entscheid- und Issuemanagement (Durchsetzung von Themen) und Support (Herstellen von Vertrauen in die Regierung, Förderung politischer Partizipation) (vgl. Hardmeier 2003: 249; Hardmeier 2005: 98ff.). Das Ziel, den Informationsstand von verschiedenen Publika zu erhöhen (Information), wird von Akteuren der politischen PR besonders häufig genannt (siehe dazu auch Röttger 2000: 301), gefolgt von Zielen des Supports. „Staatliche PR ohne Wissensvermittlung ist in den Augen der PR-Zuständigen (fast) nicht möglich“ (Hardmeier 2003: 249). Doch die staatliche PR beschränkt sich nicht nur auf Ziele der Informationsvermittlung: Die Grenzen zwischen Informationsvermittlung und dem Ziel, Vertrauen zu generieren, sind für Akteure der öffentlichen Hand fließend. „Formell wird zwar informiert, sozusagen als Subtext wird indessen häufig auch das Image der handlungsfähigen Behörden transportiert“ (Hardmeier 2005: 100; vgl. auch Hardmeier 2003: 251). Zudem tritt die Bedeutung der Supportfunktion viel deutlicher zu Tage als zum Beispiel bei Befragten aus Unternehmen. Das Verständnis von Öffentlichkeitsarbeit von Regierungsakteuren wird vom Kriterium „Bemühen um Vertrauen“ geprägt (vgl. Hardmeier 2005: 102; Röttger/Hoffmann/Jarren 2003: 158; für Deutschland vgl. Röttger 2000: 305).

In Bezug auf das Verständnis der Akteure machen Hardmeier/Rothmayr auf die Unterschiede zwischen der Aufgabenverteilung und der wahrgenommenen Nähe zum politischen Zentrum unter den Informationsverantwortlichen in der

Verwaltung aufmerksam. Laut Organigramm sind die Informationsverantwortlichen auf Departementsstufe den Regierungsräten näher als ihre Kollegen auf Stufe der Ämter (vgl. Rothmayr 2002: 15). So lässt sich bei den Informationsverantwortlichen der Departemente ein engeres Vertrauensverhältnis und ein regelmäßigerer direkter Kontakt zu den Regierungsräten feststellen (vgl. Rothmayr 2002: 15). Diese Unterschiede zeigen sich auch in den unterschiedlichen Zielen der Informationsverantwortlichen. Regierungsnahe Informationsverantwortliche schätzen das Issue- und Entscheidmanagement (zu dem Funktionen der Öffentlichkeitsarbeit wie „das Erreichen politischer Ziele unterstützen", „politische Themen in die öffentliche Diskussion einbringen", „den Puls der öffentlichen Meinung fühlen" gehören), deutlich wichtiger ein als regierungsferne Akteure (vgl. Rothmayr 2002: 17). Rothmayr hält fest, dass „je näher ein Sprecher bei der Regierung angesiedelt ist (alle drei Ebenen), desto stärker beziehen sich seine Argumentationsmuster auf den politischen Prozess selbst" (Rothmayr 2002: 17). In Regierungsnähe gewinnt folglich die strategische Ausrichtung der Öffentlichkeitsarbeit an Bedeutung und damit das Ziel, Einfluss auf die Meinungsbildung zu nehmen.

Diese Schweizer Befunde für die kantonale Ebene orientieren sich an einer deutschen Studie von Pfetsch/Dahlke, die nach dem derzeitigen Kenntnisstand neben Böckelmann (1991) die einzige Studie ist, die Akteure auf der subnationalen (Länder-)Ebene in die Analyse einbezieht (vgl. Pfetsch/Dahlke 1996; Böckelmann 1991). Die Studie von Pfetsch/Dahlke versucht, systematische Unterschiede zwischen dem Selbstverständnis von politischen Sprechern auf Länder- und Bundesebene zu finden. Ziel der Untersuchung ist es herauszufinden, ob sich die Hierarchie zwischen Zentrum und Peripherie sowie zwischen nationaler und regionaler Politikebene im Rollenverständnis von Öffentlichkeitsarbeitern niederschlägt, worauf die Auswertung der Daten tatsächlich hinweist (vgl. Pfetsch/Dahlke 1996: 142). Sprecher, die im unmittelbaren Zentrum der Macht angesiedelt sind (beim Bundeskanzler, Ministerpräsidenten oder Ressortchef), nehmen vorrangig strategische Aufgaben wahr und sorgen in allgemeiner Form für die Umsetzung der politischen Ziele. Sie agieren zudem gegenüber den politischen Journalisten recht eigenständig. PR-Akteure, die weiter entfernt von diesen Zentren oder den Führungspersonen angesiedelt sind, nehmen vor allem instrumentelle und handwerkliche Umsetzungsaufgaben wahr (vgl. Pfetsch/Dahlke 1996: 146). Das hängt auch mit ihrer Einschätzung der Medien zusammen: PR-Akteure in der Peripherie sehen sich als abhängig von den Medien, auf die sie nur wenig Einfluss nehmen können. Nur durch geschicktes Handwerk schaffen sie es, ihre eigenen Themen durchzubringen (vgl. Pfetsch/Dahlke 1996: 150). Zum anderen zeigt die Studie, dass Unterschiede zwischen der Landes- und Bundesebene bestehen (vgl. Pfetsch/Dahlke 1996:

147). Diese resultieren aus der Tatsache, dass mit absteigender Politikebene die Nähe zu den Bürgern zunimmt, was die politische Öffentlichkeitsarbeit zu berücksichtigen hat:

> „Pressesprecher auf Landesebene sehen sich gezielter mit den Forderungen und Wünschen der Bürger konfrontiert (...), was eher dazu führt, konkrete Vorhaben und Leistungen der Landesregierung zu veranschaulichen. Die Sprecher auf nationaler Ebene hingegen sehen ihre Ziele darin, mit ihrer Informationspolitik über Ergebnisse der Regierung allgemein politische Rahmenbedingungen zu setzen, in denen Politikvorhaben dann verwirklicht werden" (Pfetsch/Dahlke 1996: 147).

3.3.5.3 Berufssoziologische Merkmale von Kommunikationsverantwortlichen

Die Studie von Röttger/Hoffmann/Jarren belegt, dass PR-Verantwortliche in Behörden zu 60% Männer sind. Sie sind zudem überdurchschnittlich hoch gebildet (Fachhochschule, Universität oder Promotion). Im Vergleich zu Unternehmen und NPOs weisen Behörden sogar den höchsten formalen Bildungsgrad auf (vgl. Röttger/Hoffmann/Jarren 2003: 111). Was das Alter der PR-Verantwortlichen betrifft, sind über 57% zwischen 35 und 50 Jahre alt (vgl. Röttger/Hoffmann/Jarren 2003: 116). Rund 75% der Kommunikationsverantwortlichen haben an Aus- oder Fortbildungen im Themenbereich PR oder politischer Kommunikation teilgenommen (vgl. Röttger/Hoffmann/Jarren 2003: 186). Im Vergleich zu Behörden oder NPOs fällt auf, dass über 39% der PR-Verantwortlichen früher als Journalisten tätig waren (vgl. Röttger/Hoffmann/Jarren 2003: 193; für Deutschland vgl. Bentele/Grosskurth/Seidenglanz 2005: 58). Erfahrung in der PR oder in einer Agentur haben hingegen „nur" knapp 20% gemacht. Der Großteil der Kommunikationsverantwortlichen war schon früher im staatlichen Bereich tätig (vgl. Röttger/Hoffmann/Jarren 2003: 194). Ähnliche Resultate liefert die Studie von Hardmeier/Rothmayr, die rund 28% der Befragten eruiert, die früher als Journalisten gearbeitet haben (vgl. Hardmeier/Rothmayr 2003: 8). Dabei sind es vor allem die Kommunikationsverantwortlichen, die in ihrer Karriere schon einmal journalistisch tätig gewesen sind. Die Zahlen für leitende Verwaltungsangestellte sind deutlich niedriger (vgl. Hardmeier/Rothmayr 2003: 8). Für Deutschland halten Bentele/Grosskurth/Seidenglanz fest, dass die Kommunikationsverantwortlichen von staatlichen Institutionen im Durchschnitt 5,7 Jahre in der jetzigen Position arbeiten, was auf eine hohe Berufszufriedenheit hinweist (vgl. Bentele/Grosskurth/Seidenglanz 2005: 59/72; für weitere Angaben von berufssoziologischen Kennzahlen für Deutschland vgl. Röttger/Hoffmann/Jarren 2003: 112).

3.3.6 Instrumente der Regierungskommunikation

Deutlich am wenigsten empirische Befunde gibt es zu den Instrumenten der Regierungskommunikation. Die eingesetzten Instrumente für die politische Öffentlichkeitsarbeit in der Schweiz waren Gegenstand der Studie von Rothmayr/Hardmeier (vgl. Hardmeier 2003: 248). Es zeigt sich, dass vor allem massenmedial vermittelte Instrumente zum Einsatz kommen: Am häufigsten werden Medienmitteilungen und die Beantwortung von journalistischen Anfragen genannt (vgl. Hardmeier 2003: 248; Rothmayr 2002: 23; für Deutschland vgl. Böckelmann 1991: 114/116). Die Ergebnisse zeigen ferner, dass die staatliche Öffentlichkeitsarbeit nur selten auf die typischen Werbeinstrumente wie Plakate, Direct Mailings oder Werbespots zurückgreift (vgl. Hardmeier 2003: 248). Zudem zeigt sich – in Übereinstimmung mit den Befunden von Pfetsch/Dahlke – dass regierungsnahe Informationsverantwortliche Instrumente der Medienarbeit grundsätzlich häufiger nutzen als regierungsferne Akteure (vgl. Rothmayr 2002: 18). Eine Ausnahme ist die Pressemitteilung, die deutlich öfter von regierungsfernen Informationsverantwortlichen eingesetzt wird als von regierungsnahen (vgl. Rothmayr 2002: 23).

In der Studie von Plasser/Hüffel/Lengauer wurde in diesem Zusammenhang nach den Handlungsrepertoires und den Techniken der Medienbeeinflussung in Österreich gefragt. Österreichische Sprecher setzen dabei vor allem auf ein dichtes Beziehungsmanagement und ein persönliches Verhältnis zu den Journalisten (vgl. Plasser/Hüffel/Lengauer 2004: 341). Im Gegensatz zu den deutschen Sprechern, welche die klassische Pressearbeit (Pressemitteilungen, Pressekonferenzen) bevorzugen, spielen diese Techniken in Österreich eine untergeordnete Rolle. Um mediale Aufmerksamkeit zu gewinnen, kommen vielmehr individuelle Kontakte zu den Journalisten, informelle Treffen und Hintergrundgespräche zum Einsatz als Presseaussendungen (vgl. Plasser/Hüffel/Lengauer 2004: 342).

Ein Instrument der politischen Öffentlichkeitsarbeit ist die Evaluation oder die Erfolgskontrolle von Kommunikation. Gefragt nach den eingesetzten Evaluationsinstrumenten geben zwei Drittel der Informationsverantwortlichen an, regelmäßig eines oder mehrere dieser Instrumente einzusetzen (vgl. Rothmayr 2002: 12; für Deutschland vgl. Röttger 2000: 287). Am häufigsten wird dabei der Output mittels Medienspiegel, Medienanalysen u.ä. kontrolliert und beobachtet. Hier zeigt sich die schon an anderer Stelle festgestellte ausgeprägte Medienorientierung der staatlichen Öffentlichkeitsarbeit.

Ein mögliches Instrument, das zur Beobachtung und Beeinflussung der öffentlichen Meinung eingesetzt werden kann, ist die Bevölkerungsumfrage. Rund 20% der PR-Verantwortlichen beim Bund, den Kantonen und Gemeinden haben schon einmal ein Instrument der Demoskopie verwendet (vgl. Hardmeier 2003:

252). Die Autorinnen ziehen den Schluss, dass „der Rückgriff auf die Demoskopie (…) nicht per se Routine und nur beschränkt institutionalisiert [ist/SB]" (Hardmeier 2003: 254). Das Instrument der Demoskopie wird in der Öffentlichkeitsarbeit der Schweiz also relativ selten genutzt. Die Vermutung liegt nahe, dass „die Verwendung (…) mit spezifischen und von Personen geprägten Kulturen in den jeweiligen Verwaltungsämtern zu tun hat" (Hardmeier 2003: 254).

3.3.7 Zielgruppen der Regierungskommunikation

Die wichtigsten Bezugsgruppen oder Zielgruppen von Behörden in der Schweiz sind die Medien, die Journalisten und die Bürger (vgl. Röttger/Hoffmann/Jarren 2003: 152f.; denselben Befund für Deutschland liefern Bentele/Grosskurth/Seidenglanz 2005: 91 und Böckelmann 1991: 106). Die Autoren leiten aus dieser Gewichtung eine Orientierung der Behörden an einer eher unspezifischen Öffentlichkeit ab, die nicht nach enger gefassten Zielgruppen wie Parteien, Gewerkschaften oder Anwohnern etc. spezifiziert ist (vgl. Röttger/Hoffmann/Jarren 2003: 153). Auch Rothmayr/Hardmeier kommen zu dem Schluss, dass die erste und wichtigste Zielgruppe für die politische Öffentlichkeitsarbeit die Medien sind (vgl. Hardmeier 2005: 94; für die Kantone Aargau, Zürich und Bern vgl. Diethelm 2003: 92). Neben den Medien nennen die Kommunikationsverantwortlichen von Behörden jedoch noch eine ganze Menge anderer Zielgruppen. Im Vergleich zur Wirtschaft hat politische Öffentlichkeitsarbeit verschiedenste Bezugsgruppen anzusprechen. „Staatliche Öffentlichkeitsarbeit (…) zeichnet sich durch einen deutlich stärkeren Gesellschaftsbezug als etwa Unternehmens-PR aus" (Röttger/Hoffmann/Jarren 2003: 156). Hardmeier folgert: „Politische Behörden können also ihre Ziel- und Bezugsgruppen weniger exklusiv definieren als Firmen" (Hardmeier 2005: 95). Dieser Unterschied hängt mit dem „Allzuständigkeitsproblem" von Politik zusammen (vgl. Jarren 1994: 655). An das politische System werden die unterschiedlichsten Anforderungen gerichtet. Jedes Problem ist potenziell ein politisches Problem. Daher gilt: „Öffentlichkeitsarbeit für das politische System muss sich mit dem Allzuständigkeitsproblem von Politik und den daraus resultierenden Folgen herumschlagen" (Jarren 1994: 655). Die politische Öffentlichkeitsarbeit muss sich an *alle* Bürger wenden. Sie kann zwar definierte Zielgruppen ansprechen, verliert dadurch aber nicht die Gesamtzuständigkeit (vgl. Jarren 1994: 655).

Zur Zielgruppe von politischer Öffentlichkeitsarbeit gehören in einer Demokratie jedoch nicht nur „Ansprechpartner", sondern auch Vetoplayer wie zum Beispiel private Unternehmen, Verbände, andere Regierungen und Verwaltungen oder außerparlamentarische Organe (vgl. Hardmeier 2005: 98; Hardmeier

2003: 247). Dieser Umstand prägt die politische Öffentlichkeitsarbeit: „Sie richtet sich an Zielgruppen, die zuweilen Leistungen verweigern, aber Leistungen vor allem auch selbst beeinflussen können“ (Hardmeier 2005: 98).

3.4 Zwischenfazit: Regierungskommunikation in Konkordanz- und Konsensdemokratien

Die Art und Weise, wie eine Regierung kommuniziert, ist stark vom politischen System und der Stellung der Regierung darin abhängig. Es fällt auf, dass sich die bestehenden Definitionen von Regierungskommunikation alle auf die jeweiligen Regierungssysteme beziehen, in denen sie stattfindet. Das Verständnis von Regierungskommunikation muss aber je nach politischem System, politischer Kultur und Sprachraum variieren. Aus diesen Gründen wird auf den folgenden Seiten dargelegt, wie Regierungskommunikation in Konkordanz- und Konsensdemokratien wie den Kantonen aussehen kann und inwiefern sich Regierungskommunikation in Konkordanz- und Konsensdemokratien von Regierungskommunikation in anderen politischen Systemen unterscheidet.

Bei der Übersicht über die einschlägigen Definitionen von Regierungskommunikation fällt auf, dass sich viele auf das politische System von Deutschland beziehen. Dies zeigt sich bei der Definition von Gebauer besonders deutlich: Er definiert Regierungskommunikation als *Entscheidungsrechtfertigung* nach innen und außen (vgl. Gebauer 1998: 464/Hervorheb.i.O.). Dies ist jedoch nur in einem System möglich, in dem es Regierung und Opposition gibt. In der Schweiz findet sich auf Bundes- und auf Kantonsebene eine ausgeprägte Konkordanz- und Konsensdemokratie. Hier kann Regierungskommunikation nicht nur Entscheidungsrechtfertigung nach innen und außen bedeuten, sondern muss auch Aushandlung von Entscheidungen, Einbezug und Anhörung von verschiedenen Positionen in Vernehmlassungen und Stellungnahmen zu Anfragen aus Parlament und Bevölkerung umfassen.

Die Regierungen zeichnen sich in den Kantonen vor allem durch die Direktwahl der Regierungsmitglieder durch die Stimmbürger und durch die Prinzipien der Kollegialität und der Konkordanz aus. Da hier nicht der Wahlkampf, sondern die Alltagskommunikation der Regierung im Mittelpunkt steht, wird nicht weiter auf die Folgen der Direktwahl für die Regierungskommunikation eingegangen. Welche Auswirkungen haben aber das Kollegialitätsprinzip und die Konkordanz für die Regierungskommunikation? Das Kollegialitätsprinzip bewirkt, dass Entscheide, die in der Regierung gefällt wurden, gemeinsam von der Regierung als kollektives Gremium kommuniziert werden (vgl. Matter/Bütikofer/Handschin o.J.: 16). Die persönlichen Meinungen und Ansichten von einzelnen Mitgliedern der Regierung müssen außen vor bleiben. Die Konkordanz bewirkt, dass es (1) keine oder nur eine schwache Opposition gibt. Alle relevanten Kräfte werden in die Regierung eingebunden. Dies hat zur Folge, dass die Regierung ihre eigene Position aushandeln muss, *bevor* sie an die Öffentlichkeit tritt. In der Öffentlichkeit werden wiederum alle Meinungen eingeholt und Entscheidungen ausgehandelt. Das Aushandeln geschieht (2) in den Kantonen über eine Konfliktregelung durch Kompromiss. Entscheide werden in der Regel nicht von oben herab kommuniziert, sondern durch öffentliche Diskussion ausgehandelt. Ziel ist ein Kompromiss, bei dem alle Interessen berücksichtigt werden und der kleinste gemeinsame Nenner gefunden werden kann. Zudem bewirkt die Konkordanz, dass (3) Probleme durch Kooperation gelöst werden. Die Kooperation ist Voraussetzung für den Kompromiss. In Kooperationen mit anderen Akteuren innerhalb und außerhalb des politischen Systems nimmt die Regierung oft die vermittelnde Rolle des Moderators ein. Auch hier muss die Regierung geschickt verhandeln und kann nicht einfach ihre Position durchsetzen.

Eine Regierung in einer Konkordanz- und Konsensdemokratie muss folglich als Kollektiv kommunizieren, dabei alle Meinungen einbeziehen, Entscheidungen aushandeln, Kompromisse suchen und zwischen Positionen vermitteln. Der Begriff der Regierungskommunikation muss für die Kantone der Schweiz also nicht nur um die beiden Dimensionen Politikvorbereitung und Politikmitgestaltung durch die Bürger erweitert werden, wie dies Gebauer für Deutschland fordert, sondern auch um die Dimensionen der Einbindung aller Akteure, der Kooperation und des Kompromisses.

Das Aushandeln und Vermitteln der Regierung in den Kantonen wird nach der Definition von Regierungskommunikation von Pfetsch als Interdependenzmanagement verstanden. Diese Definition fokussiert auf die Regierung als Akteur, der mit verschiedenen Anforderungen von verschiedenen Teilsystemen konfrontiert ist und darauf reagieren muss. Die Reaktion ist jedoch nur mit kommunikativer Kompetenz, also mit Regierungskommunikation zu bewältigen (vgl. Pfetsch 1998b: 234). Die Vorstellung von der Regierung als Moderator, der vermitteln und verhandeln muss, kommt der Rolle der Regierung in Konkordanz- und Konsensdemokratien am nächsten. Die Regierung als Akteur erreicht die Herbeiführung und Durchsetzung allgemein verbindlicher Entscheidungen, in dem sie Interdependenzmanagement zu den gesellschaftlichen und medialen Umwelten betreibt, vermittelt und Kompromisse aushandelt.

Als Einschränkung wird hier nur die öffentliche, medial vermittelte Kommunikation einer Regierung angesehen, also nur Kommunikation, die von der Regierung als Akteur initiiert und in Auftrag gegeben wird. Die Analyse orientiert sich folglich an jenen Organisationseinheiten, denen auf kantonaler Ebene die Kommunikation der Regierung *durch einen Verfassungs- bzw. Gesetzesauf-*

trag zugewiesen wird. Damit wird auch die Frage nach einer Unterscheidung von Regierungs- und Verwaltungskommunikation gelöst. Da die Regierungen in den Kantonen zusätzlich durch die Konkordanz und die Kollegialität verpflichtet sind, als Kollektiv aufzutreten, haben sich Stellen ausgebildet, die sich auf die Regierungskommunikation spezialisiert haben. Diese Kommunikationsaktivitäten werden in den Kantonen zu einem großen Teil durch die Staatskanzleien und Kommunikationsabteilungen durchgeführt und koordiniert. Mit dem Fokus auf die Staatskanzleien werden gewisse Ungenauigkeiten in Kauf genommen, da die Staatskanzlei auch Informationen aus den Departementen verbreiten kann. Da aber eine sonstige Trennung zwischen Regierung und Verwaltung nicht möglich ist, scheint die Konzentration auf die Staatskanzleien eine Möglichkeit zu sein, Regierungs- und Verwaltungskommunikation auseinander zu halten.

4 Theoretische Grundlage: Der akteurzentrierte Institutionalismus

Der akteurzentrierte Institutionalismus wurde von Mayntz/Scharpf entwickelt, um einen Ansatz für die Untersuchung der Problematik der Steuerung und Selbstorganisation von gesellschaftlichen Teilbereichen, vor allem von staatsnahen Sektoren, zu erhalten (vgl. Mayntz/Scharpf 1995: 39). Die zentralen analytischen Kategorien des akteurzentrierten Institutionalismus sind Institutionen, Akteure, Akteurskonstellationen sowie Handlungsorientierungen der Akteure und deren Handeln in Akteurskonstellationen. Es handelt sich dabei nicht um eine gegenstandsbezogene Theorie, sondern um eine Heuristik zur Erfassung und Ordnung empirischer Tatbestände (vgl. Mayntz/Scharpf 1995: 39; Scharpf 2000: 75). In diesem Kapitel wird zuerst auf den akteurzentrierten Institutionalismus eingegangen und die Definition von der Regierung als einem korporativen Akteur dargelegt. In einem zweiten Schritt wird dann die Forschungsheuristik des akteurzentrierten Institutionalismus für die Analyse der Regierungskommunikation fruchtbar gemacht.

4.1 Institutionen als Regelsysteme

Der akteurzentrierte Institutionalismus knüpft inhaltlich an den politikwissenschaftlichen Neo-Institutionalismus an, unterscheidet sich aber in zentralen Punkten wie zum Beispiel im Begriff der Institution von diesem (vgl. Mayntz/Scharpf 1995: 43). Der Begriff „Institution“ wird im akteurzentrierten Institutionalismus eng gefasst und als Regelsystem definiert, „die einer Gruppe von Akteuren offenstehende Handlungsverläufe strukturieren“ (Scharpf 2000: 77). Diese Definition umfasst rechtliche Regelungen, aber auch soziale Normen, deren Verletzung durch Formen der sozialen Ächtung sanktioniert wird (vgl. Scharpf 2000: 77). Institutionelle Regelungen begründen so wechselseitige Erwartungssicherheit und machen damit soziales Handeln mit anderen Akteuren überhaupt erst möglich (vgl. Mayntz/Scharpf 1995: 47). Institutionen beeinflussen das Handeln von Akteuren maßgeblich, „weil sanktionierte Regeln die Bandbreite möglichen Verhaltens verringern, indem sie gebotene, verbotene oder erlaubte Handlungen definieren“ (Scharpf 2000: 78). Akteure und Akteurskonstellationen werden von Institutionen umgeben, die ihr Handeln normativ zugleich ermöglichen und einschränken (vgl. Scharpf 2000: 76ff.). Hinzu kommt, dass komplexe Akteure wie Parteien, Gewerkschaften oder Ministerien durch Institutionen überhaupt erst konstituiert werden. Das bedeutet einerseits, dass sie gemäß bereits existierenden Regeln errichtet wurden, aber auch, dass die Akteure in einem gemeinsamen, durch institutionelle Regeln konstituierten Bezugsrahmen handeln:

> „Diese Regeln definieren nicht nur die Mitgliedschaft komplexer Akteure, die zur Verfügung stehenden materiellen und rechtlichen Handlungsressourcen und damit auch die Menge legitimer Handlungsweisen sowie die Kompetenzen der für sie handelnden Akteure, sondern auch die von diesen Akteuren zu verfolgenden Ziele oder die bei ihren Entscheidungen in Betracht zu ziehenden Werte“ (Scharpf 2000: 79).

Institutionen ermöglichen und beschränken damit Entscheidungen von komplexen Akteuren, beeinflussen gleichzeitig aber auch die Präferenzen der Akteure im Hinblick auf die Optionen (vgl. Scharpf 2000: 79). Durch diese normativen Schranken bilden sich relativ stabile kognitive und evaluative Deutungsstrukturen heraus, die wiederum das kollektive Handeln und die Interaktionen zwischen den Akteuren maßgeblich beeinflussen.

Die Grundidee des akteurzentrierten Institutionalimus, dass Institutionen Produkte des Handelns der Akteure sind und dass das Handeln der Akteure die Institutionen mitprägt, findet sich sehr prominent bei Giddens, wenn dieser von der Dualität der Struktur spricht (vgl. Giddens 1984: 77ff.; Münch 2004: 477; ferner auch Schimank 2002: 14; Hohn/Schimank 1990: 26). Strukturen und Handlungen stehen bei diesen Autoren in einem engen Verhältnis: „Es gibt keine Struktur ohne Handlung und keine Handlung ohne Struktur“ (Münch 2004: 477). Giddens betont, dass Strukturen das Handeln nicht nur einschränken, sondern es auch ermöglichen (vgl. Giddens 1984: 78). Strukturen bestimmen massgeblich, welche Art des Verhaltens in einem System wahrscheinlicher ist und welche weniger.

Die Konzentration des Begriffs der Institution auf Regelungsaspekte hat zwei wichtige Konsequenzen. Erstens werden Institutionen nicht einfach als gegeben angenommen, sondern sie sind durch Akteure gestaltet und können durch diese auch verändert werden (vgl. Mayntz/Scharpf 1995: 45). Zweitens wird Institutionen in dieser Perspektive keine determinierende Wirkung zugeschrieben; „institutionelle Faktoren bilden vielmehr einen – stimulierenden, ermöglichenden oder auch restringierenden – Handlungs*kontext*“ (Mayntz/Scharpf 1995: 43/Hervorheb.i.O.; vgl. auch Scharpf 2000: 83). Institutionen werden somit sowohl als abhängige wie auch als unabhängige Variable betrachtet (vgl. Mayntz/Scharpf 1995: 45; Schimank 2004: 294).

Die enge Definition von Institutionen als Regelsysteme lenkt die Aufmerksamkeit zudem auf die analytische Unterscheidung von Institutionen und Akteuren. In manchen Definitionen von Institution werden auch Akteure oder Organisationen als Institutionen definiert, wodurch der Unterschied nicht mehr klar bestimmt werden kann (vgl. Mayntz/Scharpf 1995: 49). Durch die enge Definition im akteurzentrierten Institutionalismus sind Institutionen nicht handlungsfähig, sie konstituieren aber Akteure und prägen diese in ihren grundlegenden Merkmalen (vgl. Mayntz/Scharpf 1995: 49). Diese Unterscheidung zwischen einem handlungsfähigen Akteur und die ihn umgebenden Regelungen verweist auf die seit längerem andauernde Diskussion in den Sozialwissenschaften über das Verhältnis von Akteur und System. „Der akteurbezogene Institutionalismus will mit seiner Doppelperspektive auf Akteure und Institutionen diese analytische Dichotomie grundsätzlich überwinden“ (Mayntz/Scharpf 1995: 46). Der Ansatz versucht, diese Trennung zu überwinden, in dem eine integrierende Perspektive eingenommen wird: Akteure können aus einer Perspektive der Regelungen (institutionell) wie auch unter dem Aspekt der Handlungsfähigkeit betrachtet werden (vgl. Mayntz/Scharpf 1995: 49).

4.2 Individuelle und komplexe Akteure

Um den Ansatz des akteurzentrierten Institutionalismus auf die Regierungen der Kantone anwenden zu können, stellt sich die Frage, als welche Art von Akteur eine Regierung aufgefasst werden kann. Im Sinne der Gewaltentrennung in einem Staat dürfte die Regierung als Exekutive nicht als Akteur auftreten, sondern lediglich die Beschlüsse und Aufträge des Parlaments ausführen (vgl. Schneider/Werle 1989: 429). Um von der Regierung als einem eigenständigen Akteur reden zu können, muss es möglich sein, ihr einen gewissen Grad an Autonomie bei der Formulierung ihrer Interessen und in ihrem Handeln zuzuschreiben (vgl. Flam 1990: 11; Schneider 1999: 20ff.).

Wie in Kapitel 2.1 gezeigt wurde, spielt die Regierung im politischen Prozess eine wichtige Rolle, die über die Ausführung von Aufgaben hinausgeht. Die Regierung verfolgt eigenständige Interessen und verfügt dazu auch über Ressourcen, auf die sie dafür zurückgreifen kann. Ein Blick auf die hitzigen Debatten über die Arbeit der Regierung in den Zeitungen genügt, um zu sehen, dass Regierungen – einmal gewählt – auch eigene Interessen verfolgen können (siehe Kapitel 1). Bevor jedoch die Regierung als Akteur definiert werden kann, muss ein Blick auf die verschiedenen Definitionen von individuellen, komplexen, kollektiven und korporativen Akteuren geworfen werden.

Akteurtheoretisch wird zwischen individuellen und komplexen Akteuren unterschieden: Nicht nur Individuen besitzen die Fähigkeit zu handeln, auch Organisationen sind handlungsfähig (vgl. Schimank 2002: 54). Im alltäglichen Handeln wird es offensichtlich, dass formale Organisationen wie Unternehmen, Verbände oder Parteien eigene Akteure darstellen (vgl. Geser 1990: 401). Solche formalen Organisationen erzeugen eigene Zielsetzungen, Normen und Handlungsstrategien, die über die Ziele, Normen und Handlungen der Individuen der betreffenden Organisation hinausgehen. Als definitorische Minimalanforderung an komplexe Akteure nennt Scharpf die Absicht der einzelnen Individuen des Akteurs, ein gemeinsames Ziel zu verfolgen oder ein gemeinsames Produkt zu schaffen (vgl. Scharpf 2000: 101). Laut Geser müssen Organisationen als überindividuelle Akteure sui generis zwei Voraussetzungen erfüllen: (1) Es müssen Vorgänge und Ereignisse dem Kollektiv zugerechnet werden können und (2) diesen Vorgängen und Ereignissen liegen Prozesse der autonomen Selektivität, der sinnhaften Intentionalität und der zielgerichteten Rationalität zu Grunde (vgl. Geser 1990: 403). Um Akteure auf einer Meso- oder Makroebene zu definieren, muss es also möglich sein, „größere Einheiten als Akteure zu behandeln, deren Entscheidungen unter Hinweis auf Faktoren erklärt werden können, die auf der Ebene der größeren Einheit definiert werden“ (Scharpf 2000: 97).

Nach diesen Definitionen können die Kantonsregierungen als komplexe Akteure aufgefasst werden, da sie eigene Zielsetzungen, Normen und Handlungsstrategien entwickeln (und in Regierungsrichtlinien und Positionspapieren veröffentlichen), die über die Ziele der einzelnen Regierungsmitglieder hinausgehen. Je nach Grad der Integration der gemeinsamen Ziele werden komplexe Akteure weiter nach kollektiven und korporativen Akteuren unterschieden.

4.3 Die Regierung als korporativer Akteur

Die Differenzierung zwischen kollektiven und korporativen Akteuren fällt je nach Unterscheidungsmerkmal unterschiedlich aus (vgl. Donges 2008: 52f.). So verwendet Scharpf die Form der Handlungskoordination als Unterscheidungsmerkmal, während Mayntz/Scharpf in Anlehnung an Coleman (1974) die Ressourcenzusammenlegung als entscheidendes Kriterium bestimmen. Beide Definitionen werden im Folgenden diskutiert.

Nach der Definition von Scharpf stellt sich als zentrales Unterscheidungskriterium die Frage, ob die Handlungsressourcen im Besitz einzelner Mitglieder sind oder der Verfügungsgewalt des kollektiven Akteurs unterliegen (vgl.

Scharpf 2000: 101). Nach dieser Definition sind kollektive Akteure von den Präferenzen ihrer Mitglieder abhängig (vgl. Scharpf 2000: 102). Korporative Akteure verfügen hingegen über ein hohes Maß an Unabhängigkeit von den Präferenzen ihrer Mitglieder. Sie sind „top-down"-Organisationen, die von einer Führung hierarchisch kontrolliert werden. Die Mitglieder haben wenige Mitspracherechte, sie können die Führung maximal abwählen oder abberufen (vgl. Scharpf 2000: 105). Korporative Akteure verfügen also über ein hohes Maß an Unabhängigkeit von ihren Mitgliedern und unterscheiden sich dadurch auch von kollektiven Akteuren, die in erster Linie dem Interesse ihrer Mitglieder dienen (vgl. Scharpf 2000: 101). Mayntz/Scharpf nennen ein anderes Unterscheidungskriterium. Sie sprechen von einem kollektiven Akteur, wenn kollektives Handeln angestrebt wird, jedoch keine formale Organisation der Akteure vorhanden ist (vgl. Mayntz/Scharpf 1995: 51). Kollektive Akteure haben also keine Mitgliedschaften, ihre Handlungsorientierungen sind jedoch bewusst gleichgerichtet. Korporative Akteure hingegen sind „handlungsfähige, formal organisierte Personen-Mehrheiten, die über zentralisierte, also nicht mehr über Mitgliedern individuell zustehende Handlungsressourcen verfügen, über deren Einsatz hierarchisch (zum Beispiel in Unternehmen oder Behörden) oder majoritär (zum Beispiel in Parteien oder Verbänden) entschieden werden kann" (Mayntz/Scharpf 1995: 49f.; vgl. auch Mayntz 1997: 180).

Nach der ersten Definition von Scharpf ist die Regierung ein kollektiver Akteur. Sie ist abhängig von den Interessen und Präferenzen der Gruppe, die sie vertreten soll (in diesem Falle die Stimmbürger). Zudem ist die Regierung keine klassische „top-down"-Organisation, die über ihre Arbeitnehmer hierarchisch verfügen kann. Ganz anders sieht dies nach der Definition von Mayntz/Scharpf aus. Dort sind Regierungen keine kollektiven Akteure, da eine formale Organisation vorhanden ist. Regierungen können nach dieser Definition als korporative Akteure angesehen werden, Mayntz/Scharpf nennen die Behörden als Beispiel für einen korporativen Akteur in ihrer Definition. Die Regierung ist eine formal organisierte Personen-Mehrheit, die durch die Wahl durch die Stimmbürger mit zentralisierten Handlungsressourcen ausgestattet ist und über deren Einsatz hierarchisch entschieden werden kann.

Eine ähnliche Definition für korporative Akteure wie von Mayntz/Scharpf stammt von Flam (1990). Sie definiert korporative Akteure als:

> „those organized actors which participate directly in (policy oriented) decision-making, are formal organizations, have a real constitution and a real membership, purport to represent the interests of their membership, but often have been challenged for misrepresenting these interests by both internal and external critics, and, therefore, can be said to also pursue autonomous, member-independent interests" (Flam 1990: 6).

Flam fasst einzelne Departemente von Regierungen als korporative Akteure auf, obwohl diese keine eigentliche Mitgliedschaft im Sinne von Mitgliedschaften in einer Partei oder in einem Verein besitzen. Sie unterscheidet aus diesem Grund zwischen „Complete Corporate Actors“ und „Incomplete Memberless Corporate Actors“ (vgl. Flam 1990: 13ff.). Kriterium für einen „unvollständigen mitgliederlosen korporativen Akteur“ ist die angenommene oder unterstellte Mitgliedschaft. Flam argumentiert, dass korporative Akteure handeln können, *als ob* sie Mitglieder hätten, auch wenn keine formelle Mitgliedschaft vorhanden ist. Je nach Homogenität der Anspruchsgruppen an die Departemente handelt es sich dabei um vollwertige korporative Akteure (zum Beispiel in der Landwirtschaft oder in der Verteidigung) oder um „incomplete memberless corporate actors“ (zum Beispiel das Departement des Äußeren) (vgl. Flam 1990: 14f.). Das Departement für Landwirtschaft sieht sich mit einer spezifischen, klar definierten Anspruchsgruppe konfrontiert, während die „Mitglieder“, d.h. die direkt Betroffenen des Departement des Äußeren sehr heterogen und schwierig zu definieren sind.

So sieht auch die Situation für die Regierungen aus: Sie sind per Definition für die Interessen aller Bürgerinnen und Bürger zuständig und haben in diesem Sinne keine klar definierten Anspruchsgruppen. Trotzdem sind Regierungen nach der Definition von Flam korporative Akteure, nämlich „unvollständige mitgliederlose korporative Akteure“. Im Folgenden werden die Definitionen von Mayntz/Scharpf und Flam weiter verfolgt und damit die Regierung als korporativer Akteur aufgefasst (vgl. auch Korte 2008: 22; Korte/Florack/Grunden 2006: 14; Vanberg 1982: 11; Kriesi 1980: 97; Coleman 1974: 42). Grundlage für diese Definition ist die Ressourcenzusammenlegung, die im folgenden Kapitel weiter ausgeführt werden soll.

4.4 Die Ressourcenzusammenlegung im Staat

Grundidee des Modells der Ressourcenzusammenlegung ist, dass Individuen feststellen, dass sie dieselben Ziele verwirklichen wollen. Aus diesem Grund legen sie ihre Ressourcen zusammen und versuchen, diese Ziele durch kollektives Handeln zu erreichen (vgl. Coleman 1974: 38ff.; Schneider/Werle 1989: 415; Vanberg 1982: 11; Allmendinger/Hinz 2002: 10). Der Begriff der Ressourcen kann materielle sowie immaterielle Güter, aber auch Fertigkeiten und Fähigkeiten bezeichnen (vgl. Vanberg 1982: 10f.). Doch die Mitglieder investieren nur Ressourcen, wenn ihnen „vertraglich“ zugesichert wird, dass sie ihre erwartete Gegenleistung auch erhalten. Das Risiko besteht, dass der korporative Akteur ein Eigeninteresse an der Bestandserhaltung entwickelt und nicht mehr nach den Interessen seiner Mitglieder handelt (vgl. Coleman 1974: 39; Schneider/Werle

1989: 415). Coleman nennt dies das Problem der Organisation: „by giving the corporate body power to act, each member largely loses his power over the direction its actions will take; but withholding this power, through a more restrictive rule, the potential benefits brought by the corporative actor vanish" (Coleman 1974: 40f.).

Laut Coleman gilt das Problem der Organisation auch für den Staat. Die Bürger geben dem Staat die direkte Kontrolle über einen Teil ihrer natürlichen Rechte und finanziellen Ressourcen in Form von Steuern (vgl. Zürn/Leibfried 2005: 5). Im Gegenzug wollen sie Sicherheiten, dass die Regierung ihre Ressourcen auch in ihrem Sinne einsetzt. Mittels „Verträgen" werden Vereinbarungen über die Verwendung der Ressourcen und die Rechte der Mitglieder getroffen (vgl. Vanberg 1982: 37). Die Verträge des korporativen Akteurs Regierung mit den Bürgerinnen und Bürgern sind die jeweiligen Kantonsverfassungen und die Gesetze und Verordnungen, welche die Organisation der Regierung regeln (Verwaltungs- und Organisationsgesetze). Zusätzlich verfügen die Bürger über das Wahl- und Initiativrecht, von dem sie bei Unzufriedenheit mit der Verwendung der Ressourcen Gebrauch machen können (vgl. Coleman 1974: 42).

Die „Verträge" zur Verwendung der Ressourcen schreiben das Recht des korporativen Akteurs fest, über die ihm zugesprochenen Ressourcen zu verfügen und Entscheidungen darüber zu treffen, wie diese Ressourcen eingesetzt werden sollen. Da der Akteur als Kollektiv über die Verwendung der Ressourcen entscheiden muss, benötigt er ein Entscheidungsverfahren, das Kollektiventscheidungen möglich macht (vgl. Vanberg 1982: 176). In den Kantonsregierungen haben sich im Laufe der Zeit ausgeklügelte Aushandlungsmechanismen zur Herstellung von kollektiven Entscheidungen herausgebildet. Neben dem Konkordanz- trägt vor allem das Kollegialitätsprinzip dazu bei, dass Entscheidungen wie Entscheidungen eines Kollektivs behandelt und auch so nach außen vertreten werden müssen (siehe Kapitel 2.4.1).

4.5 Handlungsorientierungen von korporativen Akteuren

Es stellt sich nun die Frage, wie Regierungen, definiert als korporative Akteure im akteurzentrierten Institutionalismus, handeln. Die Regierung als korporativer Akteur wird von Institutionen umgeben. Diese Regelungen definieren ihre materiellen und rechtlichen Handlungsressourcen und beeinflussen ihre Ziele und Werteorientierungen. Zudem werden „korporative Akteure durch institutionelle Regelungen *konstituiert*" (Mayntz/Scharpf 1995: 48/Hervorheb.i.O.). Eine Regierung wird durch das Prinzip der Gewaltentrennung geschaffen, das in der Verfassung festgeschrieben ist. Weitere Gesetzestexte legen ihre Handlungsmöglichkeiten und Grenzen fest. Die Reichweite institutioneller Regelungen ist jedoch nicht umfassend (vgl. Mayntz/Scharpf 1995: 52). Die verbleibenden Handlungsspielräume werden von jedem Akteur nach dessen eigenen Handlungsorientierungen genutzt. Inhaltlich wird zwischen kognitiven und motivationalen Aspekten von Handlungsorientierungen unterschieden (vgl. Mayntz/Scharpf 1995: 53). „Kognitive Orientierungen betreffen die Wahrnehmung der Handlungssituation und ihrer kausalen Struktur, der verfügbaren Handlungsoptionen und erwartbaren Ergebnisse" (Mayntz/Scharpf 1995: 53). Es wird davon ausgegangen, dass die Akteure beobachtbare Tatsachen korrekt wahrnehmen und Kausalitäten annehmen, die den vorherrschenden Theorien des institutionellen Kontexts entsprechen (vgl. Scharpf 2000: 114). Die motivationalen Aspekte werden bei Mayntz/Scharpf als „Antriebsfaktoren für ein sinnhaftes Handeln" definiert (vgl. Mayntz/Scharpf 1995: 54).

Scharpf benutzt für die Bezeichnung der motivationalen Aspekte den Begriff der Präferenzen, den er in vier Komponenten unterteilt: Interessen, Normen, Identitäten und Interaktionsorientierungen (vgl. Scharpf 2000: 116). Das Eigeninteresse eines korporativen Akteurs beschreibt danach „die grundlegende Präferenz von Akteuren für Selbsterhaltung, Autonomie und Wachstum" (Scharpf 2000: 117). Diese Präferenz wird wiederum von der institutionellen Umgebung geprägt, in der der Akteur handelt. Normen beziehen sich auf normative Erwartungen, die an Inhaber bestimmter Positionen gerichtet sind (vgl. Scharpf 2000: 118). Dabei ist es wichtig zu sehen, dass für korporative Akteure nicht nur Verhaltensregeln, sondern auch Ziele normativ festgelegt sind. „Da Organisationen geschaffen und unterhalten werden, um bestimmten Zwecken zu dienen, sind normativ definierte organisatorische Ziele oder Mandate von offensichtlicher Bedeutung" (Scharpf 2000: 118). Diese beiden Dimensionen der Handlungsorientierungen reichen jedoch nicht aus, um klare Handlungsleitlinien vorzugeben. Akteure müssen trotzdem immer wieder zwischen unterschiedlichen Präferenzen entscheiden. In diesem Fall kommt die Dimension der Identität zum Zuge, denn die Herausbildung einer Identität erleichtert die Handlungsorientierung. „Individuelle und korporative Akteure können eigene Interessen und Normen definieren, und – was noch wichtiger ist – sie können spezifische Aspekte des Eigeninteresses selektiv hervorheben sowie spezifische Regeln und normative Ziele unter denen, die generell für Individuen oder Organisationen ihres Typs gelten, besonders betonen" (Scharpf 2000: 119). Durch diesen Vorgang sind korporative Akteure in der Lage, eine eigene Identität herauszubilden, die die Entscheidungen in unklaren oder schwierigen Entscheidungssituationen erleichtern und zudem Unsicherheiten für andere Akteure verringern (vgl. Scharpf 2000: 199/200).

Die vierte und letzte Handlungsorientierung, die Interaktionsorientierung, ist die einzige relationale Dimension der Handlungsorientierung (vgl. Scharpf 2000: Kapitel 4). Interaktionsorientierungen sind „(typisierte) Interpretationen der Beziehung zwischen mehreren Akteuren“ (Mayntz/Scharpf 1995: 57). Für die Politik unterscheidet Scharpf vier verschiedene Interaktionsformen: Einseitiges Handeln, Verhandlung, Mehrheitsentscheidung und hierarchische Steuerung (vgl. Scharpf 2000: 165). Ein Staat funktioniert nach dem Prinzip der hierarchischen Steuerung. Auch wenn die staatliche Macht in der Regel an die Verfassung und an Gesetze gebunden ist, werden Entscheidungen des Staates dem Bürger hierarchisch auferlegt und durch eine überlegene Staatsgewalt durchgesetzt (vgl. Scharpf 2000: 281). In einer Demokratie ist die Regierung den Regierten dabei direkt politisch verantwortlich. Da sie von der Zustimmung der Regierten abhängig ist, wird angenommen, dass sie ihr Handeln am kollektiven Interesse der Gruppe ausrichtet, um weiterhin hierarchisch über die Gruppe entscheiden zu können (vgl. Scharpf 2000: 300). Scharpf diskutiert die Interaktionsbeziehungen in einem Konkordanzmodell wie der Schweiz ausführlich (vgl. Scharpf 2000: 309ff.). Die Konkordanzdemokratie ist auf die Verhandlungslogik angewiesen, um kollektiv verbindliche Entscheidungen zu legitimieren. Wenn alle wichtigen Interessenvertreter an den Verhandlungen beteiligt sind, entspricht die getroffene Entscheidung einem Konsens, der die Interessen und Machtressourcen aller reflektiert (vgl. Scharpf 2000: 310). Nachteile dieser Interaktionsform sind die hohen Transaktionskosten von Verhandlungen mit verschiedenen Parteien und Interessengruppen und die Unmöglichkeit der freiwilligen Umverteilung (vgl. Scharpf 2000: 310). Diese Beschreibung passt sehr gut zu den Ausführungen zur Konkordanz- und Konsensdemokratie in den Kantonen (siehe Kapitel 2.4.1). In dieser Arbeit steht der Akteur Regierung im Mittelpunkt der Untersuchung. Aus diesem Grund wird auf eine weiterführende Diskussion der relationalen Handlungsorientierung verzichtet.

Nun stellt sich die Frage, wie die drei nicht-relationalen Dimensionen der Handlungsorientierungen Interessen, Normen und Identität zusammenwirken. Mayntz/Scharpf haben eine Darstellung entwickelt, die diese drei Dimensionen zueinander in Bezug setzt (siehe Abbildung 2; vgl. Mayntz/Scharpf 1995: 55).

Interessen werden auf einer abstrakten Ebene als funktionelle Imperative objektiv bestimmbar und sind auf ein erfolgreiches Bestehen ausgerichtet. Korporative Akteure haben generell ein Interesse am eigenen Bestehen, an Ressourcen und an Autonomie (vgl. Mayntz/Scharpf 1995: 55). Diese Standardinteressen sind jedoch von Situation zu Situation verschieden. Der einzelne Akteur kann die einzelnen Interessen verschieden gewichten und in eine eigene Rangfolge bringen. „In Form von stabilen Präferenzen werden sie damit zu Elementen einer situationsübergreifenden akteurspezifischen Handlungsorientierung" (Mayntz/Scharpf 1995: 55).

Abbildung 2: Stufen der Handlungsorientierung

	Interessen	Normen
Externe Vorgabe	Funktionelle Imperative *Selektion* ↓	Normative Erwartungen *Selektion* ↓
Dauerhafte Handlungsorientierung	Stabile Präferenzen *Aktivierung* ↓	Internalisierte Normen *Aktivierung* ↓
Situative Handlungsmotive	Situative Handlungsziele (Um-zu-Motive)	Situative Handlungsgründe (Weil-Motive)

Quelle: nach Mayntz/Scharpf 1995: 55

Ähnlich verhält es sich mit der normativen Dimension. Auf der einen Seite sind Normen und Werte für alle Akteure gültig und bleiben so normative Erwartungen von externer Seite. Je nach Situation und Akteur werden diese Normen jedoch verinnerlicht und somit zu stabilen normativen Orientierungen (vgl. Mayntz/Scharpf 1995: 56). Die Identität eines Akteurs umfasst, wie oben schon ausgeführt, mehr als nur die Interessen und Normen. „Als Bezugspunkt des Handelns liegt die Identität insofern quer zu Normen und Interessen und reicht zugleich über sie hinaus" (Mayntz/Scharpf 1995: 57). Diese drei Dimensionen bestimmen letztlich, wie sich ein korporativer Akteur in einer bestimmten Situation verhält und sie bestimmen auch die situativen Handlungsziele und Handlungsgründe.

4.6 Zwischenfazit: Forschungsheuristik

Die Konzeption der Regierung als korporativer Akteur, der von institutionellen Regeln umgeben ist, die das Handeln der Regierungen ermöglichen und gleichzeitig beschränken, erlaubt es nun, eine Heuristik für den empirischen Teil zu formulieren. Die beschriebenen Stufen der Handlungsorientierungen werden dazu auf die Kantonsregierungen angewandt.

Aus Sicht des akteurzentrierten Institutionalismus wird das Handeln der Regierung, wenn sie als korporativer Akteur aufgefasst wird, von Interessen und Normen geprägt. Zum einen sind diese Interessen und Normen von außen gegeben, zum anderen werden diese externen Vorgaben auch von der Regierung selbst aufgenommen und in Form einer dauerhaften Handlungsorientierung ausgeprägt. Als *funktioneller Imperativ*, also als von außen vorgegebene Interessen an Selbsterhaltung, Autonomie und Wachstum einer Regierung, wird hier die Kommunikation definiert (vgl. Abbildung 3).

Abbildung 3: Stufen der Handlungsorientierung der Regierung

	Interessen	Normen
Externe Vorgabe	Kommunikations-anforderungen *Selektion* ↓	Verfassung und Gesetze *Selektion* ↓
Dauerhafte Handlungs-orientierung	Kommunikationsstellen Kommunikationsakteure *Aktivierung* ↓	Leitbilder *Aktivierung* ↓
Situative Handlungs-motive	Zielerreichung u.a. durch Einsatz von Instrumenten	Begründungen für den Einsatz von Instrumenten

Quelle: nach Mayntz/Scharpf 1995: 55, Ergänzungen SB

Wie in Kapitel 1.1.1 gezeigt, spielt die Kommunikation einer Regierung eine zentrale Rolle zur Legitimation ihres öffentlichen Handelns. Sie ist aus demokratietheoretischen Gründen notwendig und wird durch die beiden Entwicklungen der Medialisierung und des Staatswandels noch zusätzlich verstärkt. Zur Durchsetzung der Interessen einer Regierung ist die Kommunikation folglich ein notwendiger und immer wichtiger werdender Bestandteil.

Die *externen normativen Erwartungen* an eine Regierung sind in der Verfassung und in den Gesetzen eines Kantons niedergeschrieben. In der Verfassung werden allgemein die Rolle der Regierung sowie ihre Aufgaben, Rechte und Pflichten festgelegt. Auch die Regierungskommunikation kann in der Verfassung und/oder den Gesetzen festgeschrieben sein. Diese Verpflichtung zur Kommunikation wird zum Teil von der Regierung internalisiert und prägt als dauerhafte Orientierung das Handeln der Regierung. Auf Seiten der Normen finden sich solche *internalisierte Regelungen* in Form von Selbstverpflichtungen und Leitbildern von Regierungen zu ihrer öffentlichen Kommunikation wieder. Die Ansprüche und Werte, die in Leitbildern genannt werden, werden von den übergeordneten Gesetzen beeinflusst.

Des Weiteren führen die externen und internalisierten Normen sowie die Kommunikationsanforderungen zur Ausbildung von *stabilen Präferenzen* einer Regierung. Um den in der Verfassung und den Gesetzen festgeschriebenen Verpflichtungen und der Erwartung zur Kommunikation von außen nachzukommen, muss die Regierung bestimmte Ressourcen einsetzen. Auf der Ebene der stabilen Präferenzen werden für die Analyse zwei Dimensionen unterschieden. Zum einen führt der unterschiedliche Einsatz von finanziellen und personellen Ressourcen auf einer Mesoebene zu einer unterschiedlichen Organisation von Kommunikationsstellen. Je nachdem, wie viele Ressourcen zur Verfügung stehen, haben sich mehr oder weniger ausgebaute Stellen für die Regierungskommunikation ausbilden können. Zum anderen spiegeln sich die externen Erwartungen auch auf der Mikroebene der Akteure. Hier haben sich mehr oder weniger ausdifferenzierte Berufsrollen der Regierungskommunikation herausgebildet.

Der Begriff des Akteurs wird hier in zweifacher Hinsicht verwendet. Zum einen bestimmt er auf einer Mesoebene die Regierung als korporativen Akteur, zum anderen bezeichnet er aber auch die Individuen auf einer Mikroebene. Individuelle und korporative Akteure stehen in einem Inklusionsverhältnis zueinander, denn alle korporativen Akteure haben Individuen als Mitglieder. Das individuelle Verhalten dieser Mitglieder wird hier jedoch nur insofern erhoben, als dass es im Rahmen einer sozialen Rolle der Regierungskommunikation geschieht. Soziale Rollen sind mit Erwartungen verbunden, die auch definieren, welcher sozialen Einheit rollenspezifische Handlungen dienen sollen (vgl. Scharpf 2000: 112). Trotz den Regeln, Normen und dauerhaften Handlungsorientierungen können immer wieder Fälle auftreten, in denen das Handeln von Individuen den Sachverhalt wesentlich mitbestimmt (vgl. Mayntz/Scharpf 1995: 44). Aus diesen Gründen werden neben den Rollen auch die individuellen Merkmale der für die Regierungskommunikation Verantwortlichen mittels einer berufssoziologischen Analyse erfasst und sie zu ihren Rollen und Einschätzungen ihrer Arbeit befragt.

Alle genannten Handlungsorientierungen bestimmen und prägen das Handeln der Regierung in konkreten Situationen und liefern die *situativen Handlungsmotive*. Die situativen Handlungsziele und Handlungsgründe sind per Definition situationsabhängig und daher nicht allgemein zu definieren. Analytisch erfassbar ist jedoch eine bestimmte Dimension dieser Handlungsmotive, nämlich die Instrumente, welche die Regierung in bestimmten Situationen einsetzt, um ein bestimmtes Ziel zu erreichen. Instrumente der Regierungskommunikation werden hier als personelle und finanzielle Ressourcen verstanden, die in bestimmten Situationen geplant eingesetzt werden, um ein erklärtes Ziel zu erreichen. So können situative Handlungsziele unter anderem durch den Einsatz bestimmter Instrumente wie eine Pressekonferenz oder eine Medienmitteilung erreicht werden. Ein solcher Einsatz ist auf der Normebene von den Gesetzen und Regelungen der Regierungskommunikation geprägt und zum Teil sogar in Leitbildern expliziert. In diesem Sinne sind Begründungen für den Einsatz bestimmter Instrumente situative Handlungsgründe.

Aus den verschiedenen Stufen der Handlungsorientierungen lassen sich nun vier Dimensionen für die empirische Untersuchung ableiten. Die externen Kommunikationsanforderungen wurden bereits ausführlich diskutiert (siehe Kapitel 1). Zu dieser Dimension gibt es genügend Quellen und Literatur, als dass sie hier noch einmal untersucht werden muss.

Die erste Dimension der empirischen Untersuchung bilden die Institutionen oder Regelsysteme. Diese Dimension umfasst alle Stufen der Normen (siehe ①, Abbildung 4). Hier werden sowohl die externen normativen Erwartungen, also die Verankerung der Regierungskommunikation auf Ebene der Verfassung und der Gesetze wie auch die internalisierten Normen in Form von Leitbildern und die Begründungen für den Einsatz von Instrumenten untersucht. Ziel der Analyse dieser Dimension ist es, den Umfang der gesetzlichen Verankerung der Regierungskommunikation in den einzelnen Kantonen zu erheben.

Die zweite Dimension fokussiert auf die Organisation der Kommunikation, das heißt auf die Mesoebene der dauerhaften Handlungsorientierungen (siehe ②, Abbildung 4). In dieser Dimension geht es um die Frage, wie die Regierungskommunikation organisiert ist, wer dafür zuständig ist und wie viele Ressourcen eingesetzt werden. Ziel der Analyse in dieser Dimension ist eine Beschreibung der organisationalen Strukturen, die sich für die Regierungskommunikation ausgebildet haben.

Abbildung 4: Stufen der Handlungsorientierung der Regierung – vier Dimensionen

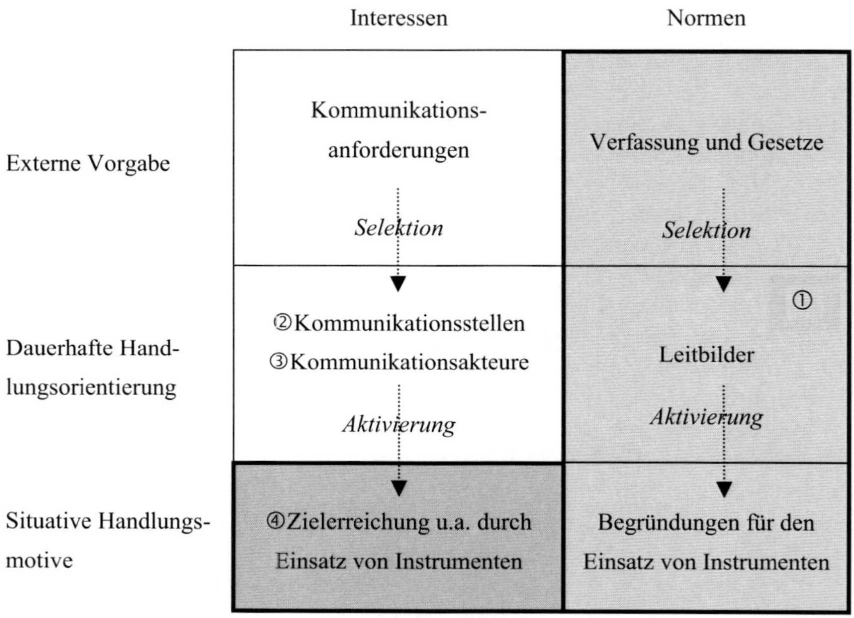

Quelle: nach Mayntz/Scharpf 1995: 55, Ergänzungen SB

Auf einer Mikroebene der dauerhaften Handlungsorientierung geht es vor allem um die einzelnen Akteure, die Regierungskommunikation betreiben. Sie bilden die dritte Analysedimension (siehe ③, Abbildung 4). Es stellt sich hier die Frage, wer diese Akteure sind, welche Tätigkeiten sie ausüben und welches Verständnis sie von Regierungskommunikation haben. Ziel der Analyse der Dimension ist es, die Charakteristika der Akteure der Regierungskommunikation zu erheben.

Aus den dauerhaften Handlungsorientierungen der Interessen und Normen ergeben sich dann die Leitlinien für die Regierung, um in bestimmten Situationen handeln zu können. So ist der Einsatz verschiedener Instrumente der Regierungskommunikation grundlegend davon abhängig, welche Gesetze und Leitbilder einer Regierung für Kommunikation allgemein gelten und wie viele Ressourcen für die Regierungskommunikation zur Verfügung stehen. In dieser vierten Dimension der Untersuchung geht es um die Instrumente, die in bestimmten Situationen eingesetzt werden, um bestimmte Ziele zu erreichen (siehe ④, Abbildung 4). Es stellt sich die Frage, welche Instrumente wie häufig eingesetzt werden und welche Zielgruppen damit angesprochen werden sollen.

Welche externen Anforderungen wahrgenommen werden, wie viele Ressourcen in die Regierungskommunikation gesteckt werden, welche Rollen sich auf der Mikroebene herausgebildet haben und welche Instrumente eingesetzt werden, variiert von Kanton zu Kanton. Hier zeigt sich die Identität des Akteurs Regierung, der spezifische Aspekte der Interessen und Normen selektiv hervorheben und besonders betonen kann. Das Ziel der empirischen Erhebung ist es, die so definierten Untersuchungsdimensionen in den Kantonen zu erfassen, zu vergleichen und zu analysieren.

5 Methode

Die Fragestellung der Arbeit gliedert sich in drei Teile. In einem ersten, deskriptiven Teil wird gefragt, wie die Regierungskommunikation in den vier Dimensionen Regeln, Organisation, Akteure und Instrumente ausgestaltet ist. Nach einer ersten Beschreibung des Untersuchungsgegenstandes folgt in einem zweiten Schritt ein Vergleich der Regierungskommunikation aller 26 Kantone, wobei nach den Unterschieden und Gemeinsamkeiten gefragt wird. Anschließend werden drittens einzelne Hypothesen überprüft, um Gründe für die vorgefundenen Unterschiede und Gemeinsamkeiten zu finden.

Die Deskription des Untersuchungsgegenstandes wird mittels einer qualitativen Dokumentenanalyse und einer schriftlichen Befragung aller Kommunikationsverantwortlichen in den Kantonen umgesetzt. Der Vergleich der Regierungskommunikation der Schweizer Kantone geschieht mittels der Erstellung verschiedener Typologien zu den einzelnen Dimensionen und der Konstruktion einer übergreifenden Typologie. Die Resultate der Typologien werden anschließend mit ausgewählten Hypothesen auf Basis bestehender Daten aus der Politikwissenschaft zu erklären versucht und mittels Korrelationen und Regressionen überprüft. Ausführungen zu den verwendeten Methoden in der Untersuchung sowie die Fallauswahl und das Vorgehen bei den Analysen sind Themen des folgenden Kapitels.

5.1 Die vergleichenden Methoden

Die zentrale Vorgehensweise in dieser Arbeit ist der Vergleich. Die vergleichenden Methoden lassen sich in einem umfassenden sowie in einem engen Sinne verstehen (vgl. Lauth/Winkler 2006: 37; Nohlen 1994b: 507). In einem umfassenden Sinne ist jede Forschung vergleichend, sobald sie zwei oder mehr Objekte zueinander in Beziehung setzt. Von einem Vergleich im engen Sinne wird erst dann gesprochen, wenn das in Beziehung setzen von Objekten der Erklärung von bestimmten Phänomenen dient und einen Beitrag zur Theoriebildung, zur Hypothesenprüfung oder Hypothesenerzeugung leistet (vgl. Lauth/Winkler 2006: 38). Dies wird in dieser Arbeit angestrebt. Theoretisch lässt sich alles vergleichen. Ein gültiger, aussagekräftiger Vergleich steht und fällt jedoch mit der Angemessenheit der Vergleichskriterien (vgl. Abromeit/Stoiber 2006: 20). Diese müssen aus dem Erkenntnisziel abgeleitet werden, für alle Gegenstände des Vergleichs relevant sein und angemessen operationalisiert sein (vgl. Abromeit/Stoiber 2006: 19/20). Eine solche Operationalisierung wurde in Kapitel 4 vorgenommen.

Im Bereich der politischen Kommunikationsforschung werden üblicherweise politische Systeme verglichen. Das können Nationalstaaten, aber auch politische Subsysteme wie die Kantone oder Teile von Subsystemen (lokale Kommunikationsräume) sein (vgl. Pfetsch/Esser 2003: 13; Kleinsteuber 2003: 81). Eine vergleichende politische Kommunikationsforschung liegt laut Pfetsch/Esser immer dann vor,

> „wenn zwischen mindestens zwei politischen Systemen oder Kulturen (oder deren Teilelementen) Vergleiche in bezug auf mindestens einen kommunikationswissenschaftlichen relevanten Untersuchungsgegenstand angestellt und dabei Wechselbeziehungen mit erklärenden Variablen auf der mikroanalytischen Akteursebene, der mesoanalytischen Organisations- und Institutionenebene und der makroanalytischen System- bzw. Kulturebene berücksichtigt werden“ (Pfetsch/Esser 2003: 14).

Hier wird auf die politischen (Sub-)Systeme der Kantone fokussiert und ein Vergleich in Bezug auf die verschiedenen Ausprägungen der Regierungskommunikation angestellt. Die Grundgesamtheit der Untersuchung bilden alle 26 Kantone der Schweiz, somit wird eine Vollerhebung der Regierungskommunikation in den Schweizer Kantonen durchgeführt. Diese ausführliche Bestandsaufnahme macht Sinn, da es keinerlei Vorerhebungen oder Studien zur Regierungskommunikation auf kantonaler Ebene gibt. Da die Kantone zudem durch den gemeinsamen Rahmen der Eidgenossenschaft verbunden sind, müsste eine Auswahl einzelner Kantone gut begründet sein. Die Vollerhebung bietet den Vorteil, dass fundierte Aussagen zu allen Kantonen in allen Regionen gemacht werden können.

Eine Vollerhebung der 26 Kantone ist nach Lauth/Pickel/Pickel eine Erhebung mit mittleren Fallzahlen. Eine solche Analyse zeichnet sich dadurch aus, dass zwar statistische Aussagen noch möglich sind, jedoch nicht in dem Maße wie bei einer Analyse mit hohen Fallzahlen. Aus diesem Grund können bei mittleren Fallzahlen auch qualitative Verfahren zur Anwendung kommen (vgl. Lauth/Pickel/Pickel 2009: 61). Es bietet sich folglich eine Methodenkombination von quantitativen, statistischen und qualitativen Verfahren an, um den Untersuchungsgegenstand angemessen zu beschreiben. Wie diese Kombination im Detail geschieht und welche Methoden der Datenerhebung und der Datenauswertung für die Deskription und den Vergleich des Gegenstandes angewendet werden, sind Themen der folgenden Kapitel.

5.2 Methoden der Datenerhebung

Um die vier Dimensionen der Regeln, der Organisation, der Akteure und der Instrumente der Regierungskommunikation zu erheben, werden zwei Methoden der Datenerhebung eingesetzt: die qualitative Dokumentenanalyse und die schriftliche Befragung. Beide werden in diesem Kapitel vorgestellt. Zudem wird dargelegt, wie die Methoden konkret auf den Untersuchungsgegenstand angewendet werden.

5.2.1 Datenerhebung mittels qualitativer Dokumentenanalyse

Die qualitative Dokumentenanalyse ist sowohl eine Methode der Datenerhebung als auch eine Methode der Datenauswertung (vgl. Lamnek 2005: 480). Aus diesem Grund wird sie hier in beiden Kapiteln besprochen.

Die qualitative Dokumentenanalyse ist eine Sonderform der qualitativen Inhaltsanalyse, wie sie vor allem Mayring geprägt hat (vgl. Mayring 2007). Werden im Zuge einer qualitativen Inhaltsanalyse Dokumente als Untersuchungsgegenstand analysiert, wird von einer qualitativen Dokumentenanalyse gesprochen. Es gelten dieselben Regeln und Anforderungen wie für eine qualitative Inhaltsanalyse. Dokumente, verstanden als schriftliche Texte, halten die Absichten, Einstellungen und Situationsdeutungen ihrer Verfasser fest (vgl. Lamnek 2005: 478). Bei der Analyse von Dokumenten ist jedoch Vorsicht geboten, da jedes Dokument zu einem bestimmten Zweck ausgearbeitet worden ist und dadurch immer ein „Moment der Fiktion (im Sinne von Hergestelltheit)" (Wolff 2004: 503) beinhaltet. Ein Spezialfall von Dokumenten sind amtliche Dokumente, die hier in erster Linie erhoben werden. Sie fungieren als institutionalisierte Spuren. Aus ihnen können Schlussfolgerungen über Aktivitäten, Absichten und Erwägungen ihrer Verfasser gezogen werden (vgl. Wolff 2004: 503).

Die qualitative Inhaltsanalyse ist eine „systematische, intersubjektiv nachvollziehbare Bearbeitung großer Materialmengen" (Mayring/Hurst 2005: 436). Die qualitative Inhaltsanalyse zeichnet sich durch verschiedene Grundprinzipien aus. Erstens wird das untersuchte Material immer innerhalb seines Kontextes diskutiert und interpretiert (vgl. Mayring 2007: 42). Das bedeutet, dass der Untersuchungsgegenstand immer in seinem Kommunikationszusammenhang analysiert wird, in dem er entstanden ist. Zweitens ist das Vorgehen der qualitativen Inhaltsanalyse systematisch und regelgeleitet (vgl. Mayring 2007: 42f.; Gläser/Laudel 2004: 198). Um eine Inhaltsanalyse vorzunehmen, müssen vorher ein Ablaufmodell und Regeln für die Textanalyse festgelegt werden. Dritter Punkt, der die qualitative Inhaltsanalyse kennzeichnet, ist das Kategoriensystem als zentrales Instrument der Analyse (vgl. Mayring 2007: 43). Die Kategorien stellen die Analyseaspekte dar, die im Text untersucht werden sollen. Viertens geschieht die qualitative Inhaltsanalyse immer theoriegeleitet (vgl. Mayring 2007: 45). Die Theorien und der Stand der Forschung müssen bei allen Schritten der Analyse herangezogen werden.

Das systematische Vorgehen bei der qualitativen Inhaltsanalyse ermöglicht es, dass jeder einzelne Untersuchungsschritt dokumentiert wird und die Konsequenzen für die Untersuchung reflektiert werden (vgl. Gläser/Laudel 2004: 199). Ein Mindestmaß an intersubjektiver Reproduzierbarkeit wird durch die ausführliche Darstellung des Forschungsprozesses garantiert, wodurch jeder Interpretationsschritt nachvollzogen werden kann (vgl. Gläser/Laudel 2004: 199f.). Aus diesem Grund wird im Folgenden das eigene Vorgehen bei der Erhebung der Daten detailliert dargelegt.

Die Erhebung mittels qualitativer Dokumentenanalyse zielt auf die Erfassung aller öffentlichen oder auf Nachfrage bei den Staatskanzleien zugänglichen Dokumente zu den Dimensionen Regeln, Organisation, Akteure und Instrumente der Regierungskommunikation in den Kantonen ab. Dazu werden als Erstes die Gesetze sämtlicher Kantone erhoben, die einen Bezug zur Regierung und/oder deren Kommunikation aufweisen.

Es werden alle Kantonsverfassungen, Gesetze und Verordnungen über die Organisation der Regierung sowie alle Gesetze und Verordnungen, die explizit Bezug auf die Regierungskommunikation nehmen (Öffentlichkeits- und Informationsgesetze, Informationsverordnungen), analysiert. Zudem werden Leitbilder zur öffentlichen Kommunikation der Regierung und der Verwaltung in die Analyse mit einbezogen. Neben den gesetzlichen Regelungen geben auch weitere Dokumente Auskunft über die Regierungskommunikation. So werden auch Organigramme der Kantone, Budgets, Geschäftsberichte und Rechenschaftsberichte der Regierung analysiert.

Insgesamt wurden über 320 Dokumente aus allen Kantonen gesammelt. Die Untersuchungseinheit bilden bei den Gesetzen, die das Handeln der Regierung regeln, die Artikel zur Kommunikation. In den Gesetzen zur Kommunikation werden die Artikel zur Regierungskommunikation untersucht. Leitbilder zur Kommunikation der Regierung gehen vollständig in die Untersuchung ein (siehe Tabelle 2).

Die so gesammelten Dokumente werden mittels eines Codierschemas analysiert. Das Codierschema ist aus dem heuristischen Konzept des akteurzentrierten Institutionalismus abgeleitet. Die Vorgehensweise ist damit deduktiv.

Tabelle 2: Übersicht über die Art der erhobenen Dokumente

Verfasser	Art des Dokuments	Untersuchungseinheit
Rechtliche Quelle	Verfassung	Artikel zur Kommunikation
Rechtliche Quelle	Verwaltungs- und Organisationsgesetz der Regierung	Artikel zur Kommunikation
Rechtliche Quelle	Verordnungen zum Verwaltungs- und Organisationsgesetz der Regierung	Artikel zur Kommunikation
Rechtliche Quelle	Öffentlichkeits- und Informationsgesetz	Artikel zur Regierungskommunikation
Rechtliche Quelle	Verordnungen zum Öffentlichkeits- und Informationsgesetz	Artikel zur Regierungskommunikation
Regierung	Leitbild	Gesamter Text
Regierung	Organigramm	Verortung der Kommunikationsstelle
Regierung	Budget	Budgetposten für die Kommunikationsausgaben
Regierung	Rechenschafts- und Geschäftsberichte	Absätze zur Regierungskommunikation

Quelle: eigene Darstellung

Das Codierschema umfasst eine Analyse der gesetzlichen Verankerung der Kommunikation (normative Erwartungen), eine inhaltliche Analyse der genannten Normen (internalisierte Normen), eine Analyse auf der Ebene der Organisation (dauerhafte Handlungsorientierungen) und alles zu den Zielen und den Begründungen für den Einsatz von Instrumenten (situative Handlungsmotive).

5.2.2 Datenerhebung mittels schriftlicher Befragung

Die gesammelten Daten der Dokumentenanalyse erlauben in erster Linie einen ausführlichen Blick in die Regelsysteme, welche die Regierungen prägen. Die weiteren Dimensionen können nicht alleine über eine Dokumentenanalyse erhoben werden. Aus diesem Grund wird zusätzlich eine schriftliche Befragung durchgeführt.

Eine schriftliche Befragung ist dann gegeben, wenn Fragebögen (in der Regel) per Post verschickt werden mit der Bitte, die Fragebögen ausgefüllt zurückzusenden (vgl. Schnell/Hill/Esser 2005: 359; Scholl 2003: 45). Der Vorteil der schriftlichen Befragung liegt vor allem beim geringen Aufwand (keine Interviewer während des Ausfüllens anwesend, keine Interviewerschulung) und den geringen Kosten. Die Fragen müssen jedoch besonders sorgfältig formuliert und ausgewählt werden, da es keine Möglichkeit zur Rückfrage während des Ausfüllens gibt (vgl. Schnell/Hill/Esser 2005: 360; Scholl 2003: 47ff.). In der Literatur wird davon ausgegangen, dass die höchsten Rücklaufquoten bei postalischer Befragung bei homogenen Gruppen erreicht werden können, die den Umgang mit schriftlichen Texten gewohnt sind (vgl. Bortz/Döring 2002: 257). Hilfreich ist zudem, wenn es gelingt, den Befragten zu verdeutlichen, dass die möglichen Resultate der Umfrage in ihrem eigenen Interesse liegen. Der Nachteil einer schriftlichen Befragung ist die unkontrollierte Befragungssituation: Es kann nicht ausgeschlossen werden, dass eine andere Person als die Zielperson den Fragebogen ausgefüllt hat (vgl. Bortz/Döring 2002: 257).

Verschiedene Gegebenheiten dieser Untersuchung vereinfachen eine schriftliche Befragung. Es werden die Staatsschreiber sowie die Kommunikationsverantwortlichen der Kantone befragt. Sie bilden eine vergleichsweise homogene Gruppe, die sich beruflich mit schriftlichen Texten befasst und den Umgang damit gewohnt ist. Zudem hat die Schweizerische Staatsschreiberkonferenz ihr Interesse an der Untersuchung mittels eines Unterstützungsschreibens zum Ausdruck gebracht. Dieses Schreiben wird den Fragebögen zur Erhöhung des Rücklaufs beigelegt. Auch die unkontrollierte Befragungssituation stellt in dieser Untersuchung kaum ein Problem dar. Pro Kanton werden eine bis maximal zehn Personen befragt, davon ist eine der Staatsschreiber. Die Befragten selbst haben oft freiwillig ihren Namen auf den Fragebogen geschrieben oder in einem Begleitbrief dargelegt, wer welchen Fragebogen ausgefüllt hat. Dies hängt sicher damit zusammen, dass die Fragen vor allem auf die Organisation, die Rolle und die Instrumente fokussieren und weniger auf persönliche Meinungen oder Einschätzungen.

Bei schriftlichen Befragungen sind geschlossene Fragen mit Antwortvorgaben offenen Fragen vorzuziehen. Geschlossene Fragen haben eine höhere Objektivität, auch weil die Auswertung einfacher ist als bei offenen Fragen, die zuerst kategorisiert werden müssen (vgl. Bortz/Döring 2002: 254). Dank der Resultate der qualitativen Dokumentenanalyse konnten geschlossene Fragen für den Fragebogen entwickelt werden. Die qualitative Analyse der Dokumente hat zur Bildung von Antwortkategorien für die Fragen des Fragebogens beigetragen.

5.2.2.1 Entwicklung und Pretest des Fragebogens

Mit dem Fragebogen werden drei Ziele verfolgt. Zum einen soll der Fragebogen diejenigen Dimensionen der Dokumentenanalyse komplettieren, die nicht aus den Dokumenten ersichtlich werden (Fragen zur Organisation, zu Ressourcen). Zum Zweiten dient er der Erfassung der Akteure (Fragen zum Berufs- und Tätigkeitsfeld der Akteure, berufssoziologische Angaben) sowie ihrer Einstellungen (Fragen zum Verständnis von Regierungskommunikation und von Demokratie). Drittens gibt der Fragebogen auch Auskunft über die eingesetzten Instrumente, über die Häufigkeit ihres Einsatzes und die Relevanz von verschiedenen Zielgruppen für die Kommunikationsarbeit.

Es werden zwei verschiedene, je ca. zehn Seiten umfassende Fragebögen entwickelt. Der Fragebogen für die Staatsschreiber oder die Leitung der Abteilung für Kommunikation fokussiert auf Fragen zu den Regeln und der Organisation der Regierungskommunikation. So werden Fragen zu den Ressourcen, den Zuständigkeiten, der Koordination der Kommunikation in der Staatskanzlei sowie der Externalisierung gestellt. Im Fragebogen für die Medienbeauftragten und die Mitarbeitenden der Kommunikationsabteilungen liegt der Schwerpunkt auf den Fragen nach den Instrumenten und den Zielgruppen. Die Fragen zum Berufs- und Tätigkeitsfeld sowie zum Verständnis von Regierungskommunikation und von Demokratie werden in beiden Bögen identisch gestellt.

Die Entwicklung der Fragebögen orientiert sich an verschiedenen bestehenden Fragebögen zum Thema Öffentlichkeitsarbeit von Regierung und Verwaltung (vgl. Röttger/Hoffmann/Jarren 2003; Röttger 2000; Hardmeier 2005; Rothmayr 2002; Hoffmann/Steiner/Jarren 2007). Die bestehenden Fragebögen geben Hinweise auf relevante Fragestellungen und mögliche Antwortkategorien. Einzelne Fragenkomplexe werden auf die Forschungsfrage dieser Arbeit angepasst und übernommen. Dies ermöglicht einen Vergleich der erhaltenen Resultate mit den vorhandenen Studien und garantiert die Anschlussfähigkeit der Forschung.

Die Grundgesamtheit der zu befragenden Personen beträgt laut Adressverzeichnissen und eigenen Angaben der Kantone rund 100 Mitarbeitende. Sie umfasst alle Staatsschreiber, Vize-Staatsschreiber (sofern sie mit der Regierungskommunikation beauftragt sind), Leiter von Kommunikationsabteilungen, Medienbeauftragte und Mitarbeitende von Kommunikationsabteilungen und von Staatskanzleien (sofern sie mit der Regierungskommunikation beauftragt sind) in den Kantonen.

Die beiden Fragebögen werden einem Pretest (vgl. Schnell/Hill/Esser 2005: 347ff.) unterzogen. Dabei werden die Fragebögen mit einem ehemaligen Kommunikationsverantwortlichen eines Kantons und ehemaligen und aktuellen Kommunikationsverantwortlichen von Städten durchgeführt, die in ihrer Größe mit bestimmten Kantonen vergleichbar sind (siehe Tabelle 3).

Tabelle 3: Auswahl der Pretest-Kandidaten und vergleichbare Kantone

Pretest-Kandidaten	Einwohner	Vergleichbare Kantone
Leiterin Kommunikation Stadt Zürich	Stadt Zürich: 350.000	LU, TI, VS
Ehemaliger Vize-Staatsschreiber Kanton Basel-Stadt	Kanton Basel-Stadt: 185.000	GR, NE, TG
Ehemaliger Medienbeauftragter Stadt Winterthur	Stadt Winterthur: 100.000	JU, SH, SZ, ZG
Ehemaliger Medienbeauftragter Stadt Schaffhausen	Stadt Schaffhausen: 34.000	AR, GL, OW, NW, UR

Quelle: eigene Darstellung; Quelle der Einwohnerzahlen: vgl. Bundesamt für Statistik (BFS) 2007; Stand: 1.1.2007

Die einzige Gruppe von Kantonen, die nicht durch die Pretests abgedeckt werden konnte, sind Kantone mit einer Bevölkerungszahl über 400.000 (z.B. die Kantone AG, BE, GE, SG, VD und ZH). Die Fragebögen wurden entsprechend den Hinweisen aus den Pretests angepasst, verschiedene Fragen wurden grundlegend überarbeitet, gestrichen oder neu formuliert.

5.2.2.2 Rücklauf und Art der Daten

Die Fragebögen wurden in der Woche vom 16. Juni bis 20. Juni 2008 (KW 25) verschickt. Ein Erinnerungsschreiben erfolgte am 4. August 2008, im September wurden die letzten ausstehenden Kantone per Email angeschrieben. Die Erhebungsphase konnte am 16. September 2008 abgeschlossen werden. Die relativ lange Zeit der Erhebung kann mit verschiedenen Ferienabwesenheiten erklärt werden. Der Fragebogen der Staatsschreiber wurde für alle Kantone ausgefüllt. Den Fragebogen für die Mitarbeitenden haben eine bis fünf Personen pro Kanton ausgefüllt. Dies ergibt folgenden Rücklauf:

Tabelle 4: Rücklauf des Fragebogens

Fragenbogen	Staatsschreiber	Mitarbeitende
Grundgesamtheit	26	78
Rücklauf	18 (+8 Chef der Abteilung)*	40
Rücklauf in Prozent	100%	51,3%

Quelle: eigene Darstellung; *Die Staatsschreiber wurden gebeten, den Fragebogen an den Chef der Abteilung weiterzuleiten, falls sie nicht selbst kommunizieren.

Die getrennten Fragebögen für die Staatsschreiber und die Mitarbeitenden, die einige identische Fragen aufweisen, führen dazu, dass unterschiedliche Fragekomplexe unterschiedliche Grundgesamtheiten aufweisen. Bei der Beschreibung der Regierungskommunikation in den Kantonen stellen die unterschiedlichen Grundgesamtheiten kein Problem dar, es wird immer angegeben, auf welche Grundgesamtheit sich die Daten beziehen. Der Vergleich der Daten erfolgt jedoch fallbezogen pro Kanton. Dazu werden die Daten mit einem N über 26 für den Vergleich mittels einer Clusteranalyse geordnet und in Gruppen aggregiert.

5.3 Methoden der Datenauswertung

Die mittels einer qualitativen Dokumentenanalyse und einer schriftlichen Befragung erhobenen Daten werden nun durch den Einsatz verschiedener Methoden ausgewertet. Zuerst steht hier wieder die Dokumentenanalyse im Fokus, diesmal als Methode der Datenauswertung.

5.3.1 Datenauswertung mittels qualitativer Dokumentenanalyse

Zur qualitativen Inhalts- wie der Dokumentenanalyse gehören auch bestimmte Vorgehen zur Auswertung von Daten. Mayring unterscheidet drei Formen der Datenauswertung bei der qualitativen Inhaltsanalyse: Zusammenfassung, Explikation und Strukturierung (vgl. Mayring 2007: 58). Ziel der Zusammenfassung ist es, den Umfang des Materials zu reduzieren, ohne dass wesentliche Inhalte verloren gehen. Die Explikation zieht zusätzliches Material herbei, um das Verständnis der Texte zu erweitern. Die Strukturierung zielt darauf, eine durch das Kategoriensystem festgelegte Struktur aus den Texten herauszufiltern (vgl. Mayring 2007: 58).

Die qualitative Dokumentenanalyse als Methode der Datenauswertung wird hier für die Analyse der Regelsysteme, also der Institutionen, eingesetzt. Sämtliche Verfassungen, Gesetze, Verordnungen und Leitbilder werden inhaltsanalytisch auf die in ihnen genannten Normen untersucht (für eine ähnliche Inhaltsanalyse von Gesetzen vgl. Geser 1977; Geser 1981: 263). Dabei wird eine Zusammenfassung nach Mayring durchgeführt. Dazu muss vorab ein Selektionskriterium eingeführt werden, das bestimmt, welches Material Ausgangspunkt für die Analyse sein soll (vgl. der Schritt der Extraktion bei Gläser/Laudel 2004: 193f.). Dieses Selektionskriterium ist die Erwähnung von Kommunikation in den untersuchten Verfassungen, Gesetzen und Verordnungen der Kantone. In den Leitbildern werden diejenigen Aussagen analysiert, die unter der Rubrik „Grundsätze", „Ziele der Kommunikation" oder im Vorwort aufgeführt werden. Das allgemeine Vorgehen bei einer Zusammenfassung besteht in der Paraphrasierung und Verallgemeinerung einzelner Textstellen. Paraphrasen, die sich aufeinander beziehen, werden im Anschluss zusammengefasst und durch eine neue Kategorie wiedergegeben (vgl. Mayring 2007: 61; Lamnek 2005: 520ff.). Diese Schritte werden so lange wiederholt, bis ein neues, knappes Kategoriensystem entstanden ist. Wenn das neue Kategoriensystem der Rücküberprüfung am Ausgangsmaterial standhält, ist das Ziel der Zusammenfassung erreicht (vgl. Mayring 2007: 74). Für die vorliegende Untersuchung bedeutet dies, dass alle gefundenen Aussagen zu Normen und Werten, die sich auf die Regierungskommunikation beziehen, isoliert und ähnliche Aussagen zusammengefasst werden. Auf diese Weise entstehen übergeordnete Kategorien von Normen der Regierungskommunikation. Mittels der Zusammenfassung werden so induktiv Kategorien von Normen gewonnen, auf die sich die Regierungen bei ihrer Kommunikation beziehen (siehe Anhang).

5.3.2 Datenauswertung mittels Typenbildung

Eine weitere Methode der Datenauswertung, die in dieser Untersuchung angewendet wird, ist die Typenbildung bzw. die Erstellung von Typologien zum Vergleich der Untersuchungsdimensionen. Die vergleichende Forschung wurde in der Kommunikationswissenschaft lange Zeit vernachlässigt (vgl. Pfetsch/Esser 2003: 9; Kleinsteuber 2003: 78; Gurevitch/Blumler 2003: 371). In den letzten 20 Jahren wurde das Potenzial der vergleichenden Forschung aber erkannt und konnte sich in der Anwendung durchsetzen (vgl. Gurevitch/Blumler 2003: 372). Die Typenbildung und die Typologie als Methode des Vergleichs werden auch in der vergleichenden Politikwissenschaft (vgl. Lauth/Pickel/Pickel 2009; Abromeit/Stoiber 2006; Lauth/Winkler 2006; Kropp/Minkenberg 2005; Aarebrot/Bakka 2003; Kriz/Nohlen/Schultze 1994) und aus einer soziologischen Perspektive (vgl. Kuckartz 2007; Kelle/Kluge 1999; Kluge 1999; Gerhardt 1986; Kuckartz 1995; Bailey 1994) behandelt. Die Definitionen von Typen und Typologien in den verschiedenen Disziplinen sind zwar ähnlich, es konnte sich aber keine Standarddefinition durchsetzen. Verschiedene Autoren halten fest, dass die Typenbildung und die Typologie in Bezug auf ihren Stellenwert in der Forschung zu selten systematisch durchgeführt und reflektiert werden (vgl. Lauth/Pickel/Pickel 2009: 13; Esser 2003: 438; Kelle/Kluge 1999: 11; Kuckartz 1995: 159).

Eine Typologie weist auf die grundlegenden Gemeinsamkeiten und Unterschiede von verschiedenen Fällen hin (vgl. Bailey 1994: 33; Lauth/Pickel/Pickel 2009: 51). Bailey betont, dass „a well-constructed typology can be very effective in bringing order out of chaos“ (Bailey 1994: 33). Typenbildende Verfahren dienen der Beschreibung sozialer Realität, in dem sie eine Strukturierung und eine Informationsreduktion eines Gegenstandsbereiches ermöglichen (vgl. Kelle/Kluge 1999: 9; Aarebrot/Bakka 2003: 72). „Durch die Bildung von Typen und Typologien kann deshalb eine komplexe soziale Realität auf wenige Gruppen bzw. Begriffe reduziert werden, um sie greifbar, und damit begreifbar zu machen“ (Kelle/Kluge 1999: 9; vgl. auch Nohlen 1994a: 495). Die Typenbildung dient der Herausarbeitung von Gemeinsamkeiten (Zusammenfassung ähnlicher Untersuchungsobjekte zu Typen) und ermöglicht einen systematischen Vergleich zwischen Fällen (Kontrastierung der Typen) (vgl. Kluge 1999: 28). Ein Typ wird hier als Kombination spezifischer Merkmale definiert (vgl. Kuckartz 2007: 97). Der Begriff bezeichnet damit die in einer Typologie gebildeten Teil- und Untergruppen, die gemeinsame Eigenschaften aufweisen (vgl. Kluge 1999: 27). Die Differenz zwischen den Typen besteht dann in den unterschiedlichen Ausprägungen der Merkmale (vgl. Kluge 1999: 30). Ziel der Typologie ist eine Typenbildung, in der intern möglichst homogene Gruppen und extern möglichst heterogene Gruppen identifiziert werden (vgl. Kelle/Kluge 1999: 78; Wagschal 1999: 246).

Ein Nachteil der Typenbildung ist, dass die gefundenen Typen manchmal nicht ausschließlich sind oder nicht alle relevanten Merkmale umfassen (vgl. Bailey 1994: 34). Zudem sind die Merkmale oft dichotome Variablen, was eine gewisse Generalisierung der Untersuchungsdimensionen auf zwei Ausprägungen notwendig macht. Lauth weist zudem auf die Probleme der Festlegung von Schwellenwerten für die einzelnen Typen hin (vgl. Lauth 2003: 45ff.).

Um der Fallzahl von 26 Untersuchungseinheiten gerecht zu werden, wird hier auf ein Verfahren der Typenbildung eingegangen, das eine Kombination von qualitativer und quantitativer Methode darstellt. Kuckartz hat eine Methode zur computergestützten Analyse qualitativer Daten entwickelt (vgl. Kuckartz 2007; Kuckartz 1995). Die entwickelte Software wird zwar hier nicht eingesetzt, aber die Vorgehensweise von Kuckartz wird übernommen. Kuckartz zeigt, dass sich die Fähigkeiten der Statistik, Muster in größeren Datenmengen zu erkennen, gewinnbringend für die qualitative Forschung einsetzen lässt (vgl. Kuckartz 2007: 227). „So vorzugehen, verstößt auch nicht gegen Ansprüche einer interpretativen Analyse, denn das statistische Verfahren wird hier lediglich als Hilfsmittel bei einem bestimmten Analyseschritt eingesetzt. Anschließend können und müssen die entdeckten Muster wieder interpretativ gefüllt werden" (Kuckartz 2007: 229; darauf haben schon Horber/Joye 1979 für die Kantone hingewiesen, vgl. Horber/Joye 1979: 217). Wie im Kapitel 5.2 gezeigt wurde, bietet sich eine Kombination von qualitativen und quantitativen Vorgehen für eine Fallzahl von 26 an.

Der erste Schritt zur Typenbildung ist die Definition der Merkmale, welche als relevant für die Typologie erachtet werden (vgl. Kuckartz 2007: 102). Dazu müssen Vergleichsdimensionen erarbeitet werden, anhand derer Ähnlichkeiten und Gemeinsamkeiten zwischen den Fällen erfasst werden können (vgl. Kelle/Kluge 1999: 77). Werden die relevanten Merkmale miteinander kombiniert, entsteht ein „Merkmalsraum" (vgl. Kuckartz 2007: 102). Die verschiedenen Merkmale einer Typologie von der Anzahl n bilden einen n-dimensionalen Merkmalsraum (vgl. Kluge 1999: 93). Dieser Merkmalsraum ist die Basis jeder Typenbildung. Es werden diejenigen Objekte zusammengefasst, die einander in diesem Merkmalsraum ähnlicher sind als andere (vgl. Kelle/Kluge 1999: 78).

Pro Merkmalsraum wird in einem zweiten Schritt je eine Typologie konstruiert. Für die Konstruktion der Typologie wird in dieser Arbeit das Statistikprogramm SPSS eingesetzt. Die bisher qualitativ durchgeführte Analyse wird an dieser Stelle durch die quantitative Analyse der Fälle ergänzt. Die Rolle der Statistik ist hier eine explorative und heuristische, es geht nicht um das Testen von Theorien oder um Signifikanzen (vgl. Kuckartz 1995: 166). Auch zur Abschätzung der empirischen Häufigkeiten in der Grundgesamtheit ist das Vorgehen wegen des qualitativen Ansatzes nicht geeignet (vgl. Kelle/Kluge 1999: 91). Daher ist es umso wichtiger, dass die Resultate der quantitativen Analyse in einem dritten Schritt interpretiert und wieder in den Zusammenhang der qualitativen Daten gebracht werden (vgl. Kelle/Kluge 1999: 90; Kluge 1999: 16). Ziel dieses Schrittes ist es, die Sinnzusammenhänge aufzudecken, die durch die Typologie dargestellt werden. Abschließend werden in einem vierten Schritt die gebildeten Typen möglichst präzise charakterisiert und interpretiert (vgl. Kelle/Kluge 1999: 94; Kluge 1999: 90).

5.3.3 Datenauswertung mittels Clusteranalyse

Für die Konstruktion der Typologien wird die Clusteranalyse verwendet. Das niedrige Skalenniveau der qualitativ gewonnenen Daten und die relativ niedrigen Fallzahlen stellen gewisse Probleme für die statistische Auswertung der Daten dar. Das statistische Verfahren, das hier zur Bildung von Typen eingesetzt wird, ist die Clusteranalyse. Sie eignet sich von den multivariaten Analysemethoden am besten, da sie auch mit dichotomen, nominalskalierten Daten durchgeführt werden kann. Die Clusteranalyse geht zudem nicht von besonderen Annahmen aus und kann auch in nicht-metrischen Daten komplexe Muster identifizieren (vgl. Kuckartz 2007: 228; Kelle/Kluge 1999: 90).

Es existiert eine Vielzahl clusteranalytischer Verfahren. Hier wird eine hierarchische Clusteranalyse angewendet, weil sie sich sowohl für kleine Fallzahlen wie auch für nominalskalierte Daten eignet (vgl. Bühl/Zöfel 2005: 485). Zudem hat die hierarchische Clusteranalyse den Vorteil, dass die Anzahl der Cluster nicht vorher festgelegt werden muss, was dem Ziel der explorativen Analyse entgegen kommt. Bei der hierarchischen Clusteranalyse bildet am Anfang jeder Fall ein Cluster. Im Verlauf der Analyse werden jeweils die nächsten benachbarten Fälle zu einem neuen Cluster zusammengefasst, bis theoretisch nur noch zwei Cluster übrig bleiben (vgl. Bühl/Zöfel 2005: 489; Wagschal 1999: 262). Die Nähe oder Distanz zweier Fälle wird mittels Ähnlichkeits- und Distanzmaße errechnet. Je nach Skalenniveau der Daten werden andere Ähnlichkeits- und Distanzmaße verwendet (vgl. Bühl/Zöfel 2005: 501). Mittels einer Fusionierungsmethode werden die Cluster dann zusammengefügt. Wagschal weist darauf hin, dass die Entscheidung für ein Distanzmaß und eine Fusionierungsmethode oft mehr oder weniger willkürlich getroffen wird (vgl. Wagschal 1999: 248). Verschiedene Clustermethoden können bei denselben Daten zu verschiedenen Lösungen führen. Deswegen ist es wichtig, dass die getroffenen Entscheidungen immer transparent dargelegt und begründet werden. Zudem müssen die Lösungen interpretierbar und im Zusammenhang mit der Theorie auch sinnvoll sein.

In der Untersuchung wurde die quadrierte euklidische Distanz als Distanzmaß verwendet. Als Fusionierungsmethode wurde die Ward-Methode gewählt, da diese zu gleich großen Clustern tendiert (vgl. Wagschal 1999: 276). Die Überprüfung der Clusterbildung mittels der Fusionierungsmethoden „Linkage zwischen den Gruppen“ und „Entferntester Nachbar“ ergab vergleichbare Resultate, genauso wie eine Näherungsmatrix mit dem Ähnlichkeitsmaß „einfache Übereinstimmung“ und der Fusionierungsmethode „Nächstgelegener Nachbar“.

Auch die Anzahl der Cluster ist nicht immer eindeutig bestimmbar, insbesondere dann, wenn die Clusteranalyse zur Exploration genutzt wird und das Ellbogenkriterium nicht eindeutig ausfällt (vgl. Wagschal 1999: 271). Kuckartz plädiert dafür, dass die Anzahl der Cluster vom Grad der erwünschten Differenzierung und der Interpretation der Typologie abhängig gemacht werden sollte (vgl. Kuckartz 2007: 241). Er weist darauf hin, dass auch die statistischen Kriterien in erster Linie Hinweischarakter besitzen und die Anzahl der Cluster nicht deterministisch festlegen (vgl. Kuckartz 2007: 241). Die Entscheidungen über die Anzahl der Cluster basieren in dieser Arbeit auf theoretischen Überlegungen und auf Vergleichen verschiedener Ellbogenkriterien von Clusteranalysen mit anderen Fusionierungsmethoden.

6 Deskription der Regierungskommunikation der Schweizer Kantone

Es werden nun die empirischen Befunde dargestellt, die durch die beschriebenen Methoden erhoben wurden. Die Darstellung orientiert sich an der Fragestellung der Arbeit: In diesem Kapitel werden die Regeln, die Organisation, die Akteure und die Instrumente der Regierungskommunikation in den Schweizer Kantonen ausführlich beschrieben. Damit wird eine Antwort auf die Frage gegeben, wie die Regierungskommunikation in diesen vier Dimensionen ausgestaltet ist. In Kapitel 7 folgt ein vergleichender Teil, in dem verschiedene Typologien zu den jeweiligen Dimensionen konstruiert werden. Die Typologien erlauben eine Antwort auf die Frage nach den Unterschieden und Gemeinsamkeiten zwischen den Kantonen. Zum Schluss wird in Kapitel 8 mittels der Überprüfung der Hypothesen nach Erklärungen für die festgestellten Unterschiede und Gemeinsamkeiten gesucht.

Die Daten basieren sowohl auf den Resultaten der Dokumentenanalyse wie auch auf der Auswertung der Fragebögen. Alle Daten, falls nicht anders angegeben, beziehen sich auf den Stand von September 2008.

6.1 Regeln der Regierungskommunikation

Die Institutionen werden hier definiert als Regelsysteme, die einen korporativen Akteur umgeben (siehe Kapitel 4). Die Regierung ist ein rechtlich verfasster Akteur. Ihre Tätigkeiten und Aufgabengebiete sowie ihre Organisationsform sind in verschiedenen Gesetzen auf verschiedenen Stufen geregelt. In der Schweiz lassen sich drei Gesetzesstufen unterscheiden: die Stufe der Verfassung, die Stufe der Gesetze und die Stufe der Verordnungen. Die Verfassung und die Gesetze sind im Parlament ausgehandelt worden, also weitgehend außerhalb des Einflussbereiches der Regierung entstanden. Diese beiden Dokumenttypen haben die höchste Verbindlichkeit. Verordnungen sind eine Zwischenform: Auf der einen Seite setzen sie das um, was in Verfassung und Gesetzen geregelt ist, auf der anderen Seite werden sie von der Regierung selbst ausgearbeitet, wobei der Regierung je nach Situation sehr viel Spielraum zukommen kann. Am meisten

Spielraum hat die Regierung bei der Formulierung von Leitbildern. Sie sind weder Gesetze noch Verordnungen, sondern Selbstverpflichtungen. Rothmayr sieht die Leitbilder als ein Aspekt der Eigenbestimmtheit von Kommunikationsakteuren (vgl. Rothmayr 2002: 9). Leitbilder sind vor allem für die Legitimation und die Transparenz von öffentlicher Kommunikation von Bedeutung. Sie werden von der Regierung selbst ohne Einbezug des Parlaments oder anderer Akteure ausgearbeitet und weisen aus diesem Grund die niedrigste Verbindlichkeit auf.

Ob und wenn ja in welcher Form und auf welcher Stufe die öffentliche Kommunikation der Regierung geregelt wird, ist Gegenstand des folgenden Kapitels. Die Analyse geschieht auf der Basis der Dokumentenanalyse.

6.1.1 Stufen der Regelungen

In 20 von 26 Kantonen finden sich Artikel zur Regierungskommunikation in der Verfassung, in 17 Kantonen ist die Kommunikation in Gesetzen ein Thema, in 20 Kantonen auf der Verordnungsstufe. Neun Kantone besitzen ein Öffentlichkeits- und Informationsgesetz, weitere neun eine Informationsverordnung. 17 Regierungen haben sich ein Leitbild bezüglich ihrer Kommunikation gegeben (für ähnliche Resultate vgl. Röttger/Hoffmann/Jarren 2003: 159; Rothmayr 2002: 11).

Tabelle 5: Regelungsstufen der Regierungskommunikation der Kantone

Verfassung	Gesetz	Verordnung	Leitbild	Kantone
Ja	Ja	Ja	Ja	AR, FR, GL, NE, UR, VD, ZH
Ja	Ja	Ja	Nein	BE, BL, JU, LU
Ja	Ja	Nein	Ja	AG, BS, SG, SH
Ja	Nein	Ja	Ja	GR, TG, TI
Ja	Nein	Nein	Nein	AI
Nein	Ja	Ja	Ja	SO
Nein	Ja	Ja	Nein	GE, NW, OW, VS
Nein	Nein	Ja	Ja	ZG, SZ

Quelle: eigene Darstellung, N = 26; Stand: Dezember 2007

Die Zahlen allein sagen jedoch noch nicht viel über die Situation in den einzelnen Kantonen aus. Dazu müssen die verschiedenen Kombinationen von Regelungen auf verschiedenen Stufen betrachtet werden (siehe Tabelle 5).

Die Tabelle zeigt, dass die empirisch erkennbaren Regelungstypen der Regierungskommunikation in den Kantonen sehr heterogen sind. Es gibt eine größere Gruppe von Kantonen, die die Regierungskommunikation auf allen vier Stufen geregelt haben (AR, FR, GL, NE, UR, VD, ZH). Weiter gibt es insgesamt zwölf Kantone, die bis auf eine Stufe überall Regelungen zur Regierungskommunikation kennen (AG, BE, BL, BS, GR, JU, LU, SG, SH, SO, TG, TI). Nur in sechs Kantonen gibt es lediglich auf zwei Stufen Regelungen (GE, NW, OW, SZ, VS, ZG) und nur im Kanton Appenzell Innerrhoden besteht lediglich auf Verfassungsstufe eine Regelung der Regierungskommunikation. Es ist auffällig, dass von den neun Kantonen, die über eine Informationsverordnung verfügen (BE, BL, FR, LU, NE, NW, OW, SO, VD), fünf kein Leitbild formuliert haben (BE, BL, LU, NW, OW). Es kann vermutet werden, dass in diesen Kantonen die Verordnung die Rolle des Leitbildes übernimmt. Dasselbe könnte auch in zwei der neun Kantone mit einem Öffentlichkeits- und Informationsgesetz der Fall sein (GE, JU).

Bei der Frage, ob sich Regelungen der Kommunikation auf den einzelnen Gesetzesstufen finden, muss auch der Zeitpunkt beachtet werden, in dem die Verfassungen und Gesetze in Kraft getreten sind. Dabei ist es leider nicht möglich, Aussagen darüber zu treffen, welcher Kanton zuerst die Kommunikation in einem Gesetzestext festgeschrieben hat, weil nur die Dokumente analysiert wurden, die aktuell in Kraft sind. Ein Blick auf die verschiedenen Gesetzestexte zeigt, dass es unter den Verfassungen die ältesten Dokumente gibt. So existieren drei Verfassungen, die seit dem 19. Jahrhundert in Kraft sind (Appenzell Innerrhoden 1872, Genf 1847 und Schwyz 1898). Das Wallis hat eine Verfassung von 1907. Dabei ist interessant zu sehen, dass in einer dieser Verfassungen ein Hinweis auf die Regierungskommunikation zu finden ist. In der Verfassung des Kantons Appenzell Innerrhoden wird angeordnet, dass alle amtlichen Beschlussnahmen, welche von allgemeinem Interesse sind, in angemessener Weise veröffentlicht werden müssen (vgl. Art. 11, Absatz 2). Zehn weitere Verfassungen sind zwischen 1960 und 1989 entstanden, drei in den 1990er Jahren und neun nach dem Jahr 2000. In allen seit den 1990er Jahren entstandenen Verfassungen findet sich ein Artikel zur Regierungskommunikation.

Ein großer Teil der Dokumente, die sich ausschließlich mit Kommunikation befassen, also Informationsgesetze, Informationsverordnungen und Leitbilder, sind nach dem Jahr 2000 erlassen worden. Von den Öffentlichkeits- und Informationsgesetzen ist bekannt, dass der Kanton Bern der erste Kanton war, der ein solches Gesetz 1995 erlassen hat (vgl. Farine-Hitz 2000: 25ff.). Weniger bekannt ist, dass im Kanton Appenzell Ausserrhoden kurz danach (1996) ebenfalls ein solches Gesetz in Kraft trat. Die weiteren sieben Gesetze sind nach 2000 in Kraft getreten (AG, GE, JU, NE, SO, UR, VD).

Von den 17 Leitbildern, die zur Kommunikation der Regierung bestehen, stammen 14 aus dem 21. Jahrhundert. Zwei weitere wurden 1998 bzw. 1999 in Kraft gesetzt, von einem fehlt die Zeitangabe. Die Leitbilder sind also allesamt neueren Datums, keines ist deutlich älter als zehn Jahre. Um einen Eindruck zu bekommen, wann die ersten Leitbilder entstanden sind, wurden die Kommunikationsverantwortlichen im Fragebogen gefragt, in welchem Jahr das erste Leitbild in ihrem Kanton entstanden ist. Verschiedene Angaben weisen darauf hin, dass das Kommunikationsleitbild in einigen wenigen Kantonen seit den 1970er Jahren thematisiert wird (z. B. BL, GR, OW). Neun Kantone geben an, erst seit 2000 oder später ein Leitbild zu besitzen.

Die Auswertungen zeigen, auf welcher Stufe sich Regeln der Regierungskommunikation finden lassen und in welchem Jahr diese Regelungen erlassen worden sind. Grundsätzlich kann festgehalten werden, dass die Kantone ihre Regierungskommunikation regeln. Die Art der Regelung ist jedoch sehr heterogen und von Kanton zu Kanton unterschiedlich. Es geht nun darum zu zeigen, welche Normen auf welchen Stufen genannt werden.

6.1.2 Inhalte der Regelungen

Oft wird in den Verfassungs- und Gesetzesartikeln zur Regierungskommunikation nicht nur geregelt, dass die Regierung kommunizieren soll, sondern es werden auch die Normen genannt, an denen sich eine solche Kommunikation zu orientieren hat. So regelt zum Beispiel der Kanton Graubünden in seiner Verfassung von 2003, Art. 25: „Behörden und Gerichte informieren die Öffentlichkeit *regelmäßig* über ihre Tätigkeit“ (Hervorheb. SB). Der Kanton Appenzell Ausserrhoden hält in seiner Verfassung von 1995, Art. 67 fest: „ Die Behörden des Kantons und der Gemeinden müssen das Volk *frühzeitig und ausreichend* informieren“ (Hervorheb. SB). Solche Normen werden auf unterschiedlichen Stufen unterschiedlich oft genannt.

Auf der Verfassungsstufe finden sich relativ wenige normative Bezüge. Oft wird die Pflicht zur Kommunikation in der Verfassung festgeschrieben und mit ein oder zwei normativen Bezügen versehen (siehe Beispiele oben). Es finden sich in 12 der 20 Verfassungen, in denen Regierungskommunikation festgeschrieben ist, explizite normative Bezüge.

Auf der Stufe der Gesetze existieren im Vergleich zur Verfassungsstufe viele Nennungen von Normen der Regierungskommunikation. Die deutlich höchste

Anzahl an Normen findet sich logischerweise in den Öffentlichkeits- und Informationsgesetzen. In den neun bestehenden Gesetzen finden sich rund 40 Nennungen von Normen. Interessant ist, dass sechs der neun Öffentlichkeitsgesetze exakt dieselben Normen beinhalten (es handelt sich um die Öffentlichkeitsgesetze der Kantone Genf 2001, Jura 2002, Neuenburg 2006, Solothurn 2001, Uri 2006 und Waadt 2002). Beispielhaft wird hier das Öffentlichkeitsgesetz des Kantons Genf zitiert: „Die Information muss exakt, komplett, klar und schnell erfolgen" (vgl. Art. 16, Loi sur l'information du public et l'accès aux documents, Übersetzung SB). Die sechs Gesetze stammen alle aus verschiedenen Jahren. Die Nennung von identischen Normen weist darauf hin, dass sich die Kantone an bestehenden Gesetzen orientieren und darin enthaltene normative Bezüge übernehmen.

Ganz im Gegensatz zur Gesetzesstufe finden sich auf Stufe der Verordnung fast keine Normen. Falls Normen auf Verordnungsstufe genannt werden, dann vor allem in Informationsverordnungen. Auch hier zeigen sich Ähnlichkeiten zwischen den Kantonen. Die Informationsverordnungen der Kantone Luzern aus dem Jahr 1997 und Obwalden von 1992 beziehen sich zu einem großen Teil auf dieselben Normen zur Regierungskommunikation (als Beispiel: „Die Öffentlichkeit wird nach Maßgabe des allgemeinen Interesses über die Tätigkeit des Regierungsrates und der Verwaltung umfassend, offen, aktiv und zeitgerecht informiert", vgl. Art. 1 der Informationsrichtlinien des Kantons Obwalden, 1992).

Im Vergleich zu den anderen drei Stufen finden sich in den Leitbildern drei bis fünf Mal so viele normative Bezüge. Es zeigt sich, dass ein großer Teil der Normen für die Regierungskommunikation in den Leitbildern festgehalten wird. Das ist insofern verständlich, da die Leitbilder ganz konkret Leitlinien für die Umsetzung der Regierungskommunikation beinhalten. Problematisch ist einzig, dass die hohe Anzahl normativer Bezüge in den Leitbildern es unmöglich macht, dass alle diese Bezüge auch auf einer höheren Stufe des Gesetzes festgeschrieben sind. Die Leitbilder beziehen sich nicht ausschließlich auf die genannten Normen in den Verfassungen und Gesetzen, sondern fügen weitere normative Bezüge hinzu.

Um herauszufinden, welche Normen in den Regelsystemen der Schweizer Kantone zu finden sind, werden für den nächsten Schritt alle normativen Bezüge auf allen vier Stufen zusammengefasst und daraus induktiv Kategorien gebildet (siehe Kapitel 5.3.1). Die Kategorisierung führt zu zwei Überkategorien von prozess- bzw. ergebnisorientierten Normen, die zuerst erklärt werden, bevor auf die meist genannten normativen Bezüge eingegangen wird.

6.1.2.1 Prozess- und ergebnisorientierte Normen

Die induktive Kategorienbildung aller normativen Bezüge hat gezeigt, dass zwei übergeordnete Kategorien von Normen unterschieden werden müssen (siehe Anhang). In den Dokumenten finden sich nicht nur Normen, die Auskunft darüber geben, wie die Kommunikation durchgeführt werden soll, sondern es wird auch dargelegt, warum überhaupt kommuniziert werden muss. Dieser grundlegende Unterschied wird mit der Differenzierung in prozess- und ergebnisorientierte Normen erfasst (vgl. Baumgartner/Donges/Vogel 2008: 44). Prozessorientierte Normen beinhalten Aussagen darüber, wie die Regierungskommunikation konkret beschaffen sein soll, also über das *Wie* der Kommunikation (zum Beispiel transparent, kontinuierlich etc.). Ergebnisorientierte Normen nennen Ziele, die mittels der Kommunikation erreicht werden sollen, sie fragen nach dem *Warum* der Kommunikation (zum Beispiel Vertrauen, Legitimation, Responsivität etc.).

Es stellt sich nun die Frage, wie sich die ergebnis- und prozessorientierten Normen über die verschiedenen Stufen der Regelungen verteilen. Von den wenigen Bezügen, die auf Verfassungsstufe vorkommen, sind fast alle prozessorientierte Normen. In den Verfassungen wird also in wenigen Worten festgeschrieben, wie die Regierungskommunikation auszusehen hat. Warum und zu welchem Ziel dies geschehen soll, wird jedoch nicht ausgeführt.

Dieses Ungleichgewicht setzt sich auf Gesetzesstufe fort. Auch hier ist die deutliche Überzahl von prozessorientierten Normen auffällig und es finden sich sehr wenige ergebnisorientierte Normen. Ähnliches gilt interessanterweise auch für die Öffentlichkeits- und Informationsgesetze, wo zwar deutlich mehr normative Bezüge genannt werden, aber nur sechs der 40 Bezüge als ergebnisorientiert einzustufen sind.

In den Verordnungen, die wenig normative Bezüge aufweisen, sind gar keine ergebnisorientierten Normen zu finden, wobei auch die prozessorientierten Normen hier eher selten sind. In den Informationsverordnungen finden sich prozess- und ergebnisorientierte Bezüge in etwa gleich großen Teilen. Im Vergleich zu den Öffentlichkeits- und Informationsgesetzen finden sich fast doppelt so viele Hinweise auf ergebnisorientierte Normen.

Auch in den Leitbildern, in denen grundsätzlich am meisten Normen genannt werden, dominieren die prozessorientierten Normen mit 90 Nennungen. Prozessorientierte normative Bezüge finden sich doppelt so häufig wie ergebnisorientierte Bezüge (48 Nennungen). Trotzdem fällt im Vergleich mit den anderen Regelungsstufen auf, dass in den Leitbildern der mit Abstand größte Anteil an ergebnisorientierten Normen zu finden ist.

Zusammenfassend kann also festgehalten werden, dass die Normen der Regierungskommunikation vor allem prozessorientiert sind. Ergebnisorientierte Normen finden sich erst ab der Stufe der Informationsverordnungen und der Leitbilder in einem erwähnenswerten Ausmaß. Die prozessorientierten Normen dominieren also deutlich, wohingegen die ergebnisorientierten Normen vor allem auf „niedrigen" Regelungsstufen zu finden sind.

6.1.2.2 Meist genannte normative Bezüge

Es stellt sich nun die Frage, welche prozessorientierten und welche ergebnisorientierten Normen in den Gesetzestexten und Leitbildern konkret genannt werden. Die induktive Kategorienbildung hat ergeben, dass zwölf Unterkategorien von prozessorientierten Normen unterschieden werden können. Dazu gehören normative Bezüge wie Kontinuität der Kommunikation, Transparenz, Wahrheit/Richtigkeit, Vollständigkeit, Sachlichkeit, Glaubwürdigkeit, Verhältnismäßigkeit, Einheitlichkeit und Verständlichkeit. Ferner gehören Bezüge dazu, die auf eine aktive Kommunikation verweisen und solche, die auf den Zeitpunkt und die Organisation der Kommunikation abzielen (rechtzeitig, fristgerecht bzw. geplant, koordiniert). Die Kategorie der ergebnisorientierten Normen umfasst neun Unterkategorien. Dazu gehört die Nennung der allgemeinen Pflicht zur Kommunikation, das Prinzip der Legitimation, die Förderung von Vertrauen und Partizipation, die Responsivität, die Ermöglichung der Meinungs- und Willensbildung, die Pflege der Beziehung zu den Medien, die Beeinflussung der Medien sowie die Berücksichtigung regionaler Bedürfnisse.

Auf Verfassungsstufe sind es die prozessorientierten Normen der Verhältnismäßigkeit und der Kontinuität, die am häufigsten genannt werden. Zudem werden hier auch Aussagen in Bezug auf den Zeitpunkt der Kommunikation gemacht. Auf Gesetzesstufe ist es ebenfalls die Norm der Kontinuität, die herausgehoben wird. Ferner finden sich auch Hinweise auf die Sachlichkeit der Kommunikation. Ebenso oft wie die Sachlichkeit findet sich die ergebnisorientierte Norm der Responsivität. In den Öffentlichkeits- und Informationsgesetzen dominieren Aussagen über den Zeitpunkt der Kommunikation, gefolgt von den Normen Vollständigkeit, Verständlichkeit und Sachlichkeit. Auf der Stufe der Informationsverordnungen stechen die prozessorientierte Norm der Transparenz und die ergebnisorientierte Norm der Meinungs- und Willensbildung hervor.

Auf der Stufe der Leitbilder wird unter den prozessorientierten Normen die Transparenz am häufigsten genannt (in zwölf von 17 Leitbildern), gefolgt von der Vollständigkeit (in zehn Leitbildern) und Aussagen zum Zeitpunkt der Kommunikation (ebenfalls in zehn Leitbildern). Die normativen Bezüge der

Kontinuität und der Verständlichkeit finden sich noch in neun von 17 Leitbildern. Am seltensten wird interessanterweise die Norm der Verhältnismäßigkeit genannt, die auf Verfassungsstufe am häufigsten vorkam. Bei den ergebnisorientierten Normen in den Leitbildern dominiert die Kategorie „Vertrauen", die in elf der 17 Leitbilder genannt wird. In neun Leitbildern wird zudem das Ziel der Legitimation und der Partizipation aufgeführt, die durch Kommunikation erreicht werden sollen. Am seltensten finden sich Hinweise auf die Unterkategorien der Beziehungspflege zu und der Beeinflussung von den Medien.

Es zeigt sich, dass keine typischen Normen existieren, die sich nur auf einer Regelungsstufe finden lassen. Es gibt zwar Normen, die auf allen Stufen zu finden sind, zum Beispiel die Kontinuität oder Aussagen zum Zeitpunkt der Kommunikation. Gleichzeitig findet sich die in den Leitbildern am häufigsten genannte Norm der Transparenz auf den anderen Stufen nur sehr selten. Umgekehrt werden die relativ häufigen Hinweise zur Verhältnismäßigkeit der Kommunikation in den Verfassungen in nur zwei Leitbildern aufgenommen. Ähnlich ist es auch bei den ergebnisorientierten Normen. Das in den Leitbildern meist genannte Ziel, mittels Kommunikation Vertrauen für die Regierung fördern zu wollen, wird sonst nur in einer Informationsverordnung genannt. So sieht es auch für die Nennungen von Legitimation und Partizipation aus. Die Nennungen von prozess- und ergebnisorientierten Normen zeigen folglich ein heterogenes Bild. Es kann weder von typischen Normen für eine Stufe noch von normativen Bezügen, die von höheren Stufen abgeleitet werden, die Rede sein. Nur innerhalb der Stufen zeigt sich, dass sich die Kantone bei den Normen in Öffentlichkeits- und Informationsgesetzen und Informationsverordnungen aneinander orientiert haben (siehe Kapitel 6.1.2).

6.1.3 Regelungen für den Einsatz von Instrumenten

Als ein Beispiel von situativen Handlungsmotiven wird hier der Einsatz von bestimmten Instrumenten der Regierungskommunikation erhoben. Es stellt sich die Frage, inwieweit in den beschriebenen allgemeinen Regeln der Regierungskommunikation solche für den situativen Einsatz von Instrumenten zu finden sind. Es zeigt sich, dass in den Regelsystemen von 21 Kantonen der Einsatz von Instrumenten der Regierungskommunikation geregelt ist. Die Aussagen über die Instrumente können induktiv in drei Kategorien eingeteilt werden: erstens finden sich Aussagen zu möglichen Instrumenten, die zum Einsatz kommen können, zweitens gibt es Aussagen über die Zuständigkeiten und den Ablauf für den Einsatz der Instrumente und drittens werden mögliche Zielgruppen, die mittels der Instrumente angesprochen werden können, aufgelistet.

Die Instrumente der Regierungskommunikation, die vor allem in den Leitbildern genannt werden, sind Pressekonferenzen, Medienmitteilungen, Medienbegegnungen, mündliche Auskünfte, amtliche Publikationen, das Internet und die Teilnahme an Radio- und Fernsehsendungen. Am häufigsten werden die beiden Instrumente der Pressekonferenz und der Medienmitteilung aufgeführt (in 19 bzw. 16 Kantonen). 14 Kantone nennen die Medienbegegnung als mögliches Instrument. Nur noch drei Kantone nennen die Teilnahme an Radio- und Fernsehsendungen.

Bei der Frage nach den Zuständigkeiten für den Einsatz dieser Instrumente werden unterschiedliche Stellen benannt. In fünf Kantonen zeichnet sich die Verwaltung für den Einsatz verantwortlich (BL, LU, SZ, TI, UR), in weiteren fünf ist es die Kanzlei bzw. die Kommunikationsabteilung oder der Medienbeauftragte (BS, SO, TG, VD, ZH). In den Kantonen Appenzell Ausserrhoden, Glarus, Graubünden, Neuenburg und Obwalden ist die Verwaltung in Koordination mit der Staatskanzlei zuständig. Eine besondere Rolle hat die für die Regierungskommunikation verantwortliche Stelle bei Pressekonferenzen. Diese können die Departemente zwar eigenständig durchführen, für die Terminkoordination der Pressekonferenzen ist jedoch häufig die Kommunikationsstelle zuständig. So koordiniert die Kommunikationsstelle in zehn Kantonen die Termine für die Pressekonferenzen (BL, FR, GL, LU, NE, OW, SG, SZ, TI, UR).

Bei den möglichen Zielgruppen, die mittels der Instrumente angesprochen werden können, werden die Medien, die Bevölkerung, das Parlament, Kunden/Firmen, die Mitarbeitenden, Verbände und Parteien sowie die Gemeinden, der Bund und andere Kantone genannt. Am häufigsten, nämlich in 14 von 16 Kantonen, werden die Medien als Zielgruppe genannt. Fast genauso oft wird die Bevölkerung bzw. die Öffentlichkeit angesprochen (in 12 von 16 Kantonen). Alle anderen Zielgruppen werden deutlich seltener erwähnt.

Die relativ niedrige Anzahl der jeweils genannten Kantone zeigt, dass sich nicht zu allen Punkten Aussagen zu den Instrumenten, ihrem Einsatz und den Zielgruppen in den Regelsystemen finden. Zudem sind die Aspekte, die Erwähnung finden, unter den Kantonen sehr verschieden. Trotzdem lässt sich nachweisen, dass die nach der in Kapitel 4.6 vorgestellten Heuristik der Handlungsorientierungen übergeordneten externen Vorgaben und dauerhaften Handlungsorientierungen auch in situative Handlungsmotive einfließen. Die Regelsysteme umfassen Anweisungen, welche Instrumente eingesetzt werden können, wer dafür zuständig ist und wer damit angesprochen werden soll. Für eine detailliertere Analyse der Instrumente der Regierungskommunikation sei auf das Kapitel 6.4 verwiesen, das die Resultate der Analyse der Regelsysteme mit den im Fragebogen gemachten Angaben kombiniert und die Ergebnisse dieses Kapitels vertieft.

6.1.4 Zusammenfassung der Resultate zu den Regeln der Regierungskommunikation

Die Resultate in der Dimension der Regeln haben gezeigt, dass die Kommunikation der Regierungen in fast allen Kantonen geregelt wird. Es gibt keinen Kanton, der keine Regeln für die Regierungskommunikation aufgestellt hat. In lediglich sieben Kantonen ist die Regierungskommunikation nur auf einer oder zwei der möglichen vier Stufen geregelt, in allen anderen Kantonen bestehen auf mindestens drei Stufen Regelungen. In 20 der 26 Kantone hat das Thema der Kommunikation Berücksichtigung in der Verfassung gefunden, in 17 Kantonen auf der Stufe der Leitbilder. Die Regelungstypen, also die Kombinationen von Regelungen auf verschiedenen Stufen, sind jedoch sehr heterogen, es existiert fast jede mögliche Kombination von Regelungsstufen. Und auch die Inhalte der Regeln sind sehr unterschiedlich ausgestaltet, da es keine Normen gibt, die nur für eine Gesetzesebene typisch sind. Einzig bei den Normen in den Öffentlichkeits- und Informationsgesetzen zeigt sich eine deutliche Orientierung der Kantone aneinander: In sechs der neun Gesetze finden sich identische normative Bezüge.

Grundsätzlich kann festgehalten werden, dass der größte Teil der Normen auf Ebene der Leitbilder genannt wird. Zudem werden deutlich mehr prozessorientierte Normen genannt, also Normen, die beschreiben, wie die Kommunikation ausgestaltet werden soll. Im Gegensatz dazu wird wenig über das Warum, das heißt über die Ziele der Kommunikation ausgesagt (ergebnisorientierte Normen). Auf Verfassungsstufe werden am häufigsten die Verhältnismäßigkeit und die Kontinuität genannt, auf Gesetzesstufe ist es ebenfalls die Kontinuität. In den Leitbildern dominiert die Norm der Transparenz. Die meist genannte Norm auf Verfassungsebene, die Verhältnismäßigkeit, wird in den Leitbildern am seltensten genannt.

6.2 Organisation der Regierungskommunikation

Die Organisation der Regierungskommunikation wird hier als Teil der stabilen Präferenzen eines Akteurs aufgefasst (siehe Kapitel 4.6). Zusammen mit den Berufsrollen der Akteure auf Mikroebene (siehe nächstes Kapitel) ist die Organisation Resultat von externen Kommunikationsanforderungen sowie internen und externen normativen Anforderungen. In den Kantonen haben sich auf organisationaler Ebene unterschiedliche Formen herausgebildet, wie Regierungskommunikation organisiert werden kann. Diese werden in den folgenden Kapiteln beschrieben.

6.2.1 Allgemeine Verortung und Zuständigkeiten der Regierungskommunikation

Als Erstes wird eine allgemeine Verortung der Regierungskommunikation auf der Mesoebene vorgenommen. Es stellt sich die Frage, wo die Regierungskommunikation im Kanton angesiedelt ist und wer dafür zuständig ist. Empirisch finden sich drei verschiedene Möglichkeiten, an welcher Stelle die Regierungskommunikation im Organigramm eines Kantons zu finden ist (siehe Abbildung 5).

Abbildung 5: Verortung der Regierungskommunikation im Kanton

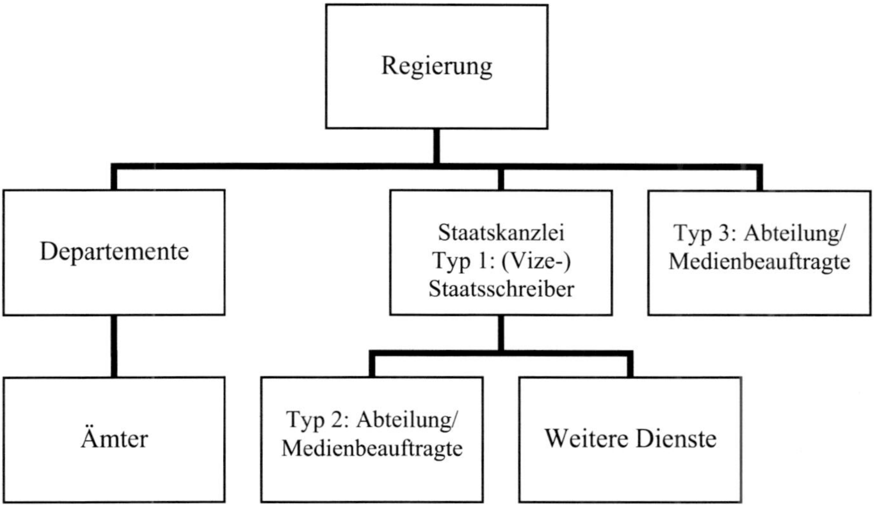

Quelle: eigene Darstellung

In Kantonen des Typs 1 ist der Staatsschreiber oder der Vize-Staatsschreiber in der Staatskanzlei für die Kommunikation der Regierung zuständig. Die Staatskanzlei ist Stabsstelle der Regierung und übernimmt in dieser Funktion auch die kommunikativen Aufgaben für die Regierung. Der zweite Typ zeichnet sich dadurch aus, dass innerhalb der Staatskanzlei eine eigene Stelle gebildet wurde, die sich mit der Regierungskommunikation befasst. Je nach Kanton kann dies ein Medienbeauftragter oder eine ganze Abteilung sein. Diese Stelle ist in der Regel dem Staatsschreiber unterstellt, der die Stelle leitet und beaufsichtigt. In Kantonen des Typs 3 ist für die Kommunikation eine eigene Stelle außerhalb der Staatskanzlei geschaffen worden. Die Regierungskommunikation ist in diesen

Kantonen direkt der Regierung und dort meistens dem Regierungspräsidenten unterstellt. Auch hier findet sich wieder die Differenzierung zwischen Kommunikationsabteilung und Medienbeauftragten.

In 17 von 26 Kantonen findet sich der Typ 2, der mit Abstand am weitesten verbreitet ist. Typ 1 und Typ 3 finden sich in fünf bzw. in vier Kantonen. Ein Vergleich mit den Resultaten der Studie von Surys zeigt, dass die Anzahl derjenigen Kantone zugenommen hat, die über eine eigene Stelle für Kommunikation verfügen (siehe Kapitel 3.3.4). 1988 waren es nur neun Kantone, die über einen Informationsbeauftragten verfügt haben (Typ 2 oder 3), in den restlichen 17 war der Staatsschreiber für die Kommunikation zuständig (Typ 1) (vgl. von Sury 1988: 56).

Eng einher mit der Verortung der Stelle für Regierungskommunikation im Kanton geht die Frage nach der Zuständigkeit. Wie bereits angedeutet wurde, ist je nach Kanton der (Vize-)Staatsschreiber, ein Medienbeauftragter oder eine Kommunikationsabteilung für die Regierungskommunikation zuständig. Folgende Tabelle gibt einen Überblick über die Zuständigkeiten je Kanton.

Tabelle 6: Zuständigkeiten für die Regierungskommunikation

Staatsschreiber	Medienbeauftragte	Abteilung
AI, BL, GL, SH, TI	AR, GR, NW, OW, SO, SZ, UR, ZG	AG, BE, BS, FR, GE, JU, LU, NE, SG, TG, VD, VS, ZH

Quelle: eigene Darstellung, N = 26

Die Übersicht zeigt, dass die meisten Kantone eine eigene Stelle für die Regierungskommunikation gebildet haben. In genau der Hälfte der Kantone besteht eine Abteilung und in acht Kantonen ist ein Medienbeauftragter für die Regierungskommunikation zuständig. Nur in fünf Kantonen kommuniziert der (Vize-) Staatsschreiber im Auftrag der Regierung.

Die Kommunikationsabteilungen umfassen zwischen zwei bis sieben Mitarbeitende, im Durchschnitt arbeiten dort 4.2 Personen. Dieser Wert deckt sich mit den Resultaten der Studie von Röttger/Hoffmann/Jarren, die im Durchschnitt 3.8 Mitarbeitende bei den Staatskanzleien der Kantone zählen (vgl. Röttger/Hoffmann/Jarren 2003: 170). Die Kantone Freiburg, Luzern und Neuenburg besitzen eine Abteilung mit zwei Personen, die restlichen Kantone haben eine größere Abteilung mit mehr als drei Personen. Die größten Abteilungen finden sich in Basel-Stadt und in Genf mit je sieben Mitarbeitenden. Diese Zahlen sagen jedoch noch nichts über den Umfang der Stellen aus. Die Stellenprozente pro Kanton sind Thema des nächsten Kapitels.

6.2.2 Stellenprozente für Regierungskommunikation

Die durchschnittlich 4.2 Personen pro Kanton teilen sich unterschiedlich viele Stellenprozente. Laut eigenen Angaben der Befragten sind im Durchschnitt 217 Stellenprozente pro Kanton für die Regierungskommunikation vorgesehen. Die folgende Tabelle 7 gibt einen Überblick über die Stellenprozente pro Kanton.

Tabelle 7: Stellenprozente für die Regierungskommunikation pro Kanton

Unter 100%	100%	100%-300%	Über 300%
AI, GL, TI	AR, NW, OW, SO, SZ, UR, ZG	FR, NE, JU, TG	AG, BS, GE, VD, VS

Quelle: eigene Darstellung, N = 19; ohne Angaben: BE, BL, GR, LU, SH, SG, ZH

Die Aufteilung der Kantone entspricht erwartungsgemäß weitgehend den Zuständigkeiten: In Kantonen, in denen der Staatsschreiber kommuniziert, sind weniger als 100 Stellenprozente vorhanden. Kantone mit Medienbeauftragten weisen alle eine einzige 100%-Stelle auf, die jeweils der Medienbeauftragte innehat. In Kantonen mit einer Kommunikationsabteilung variieren die Stellenprozente zwischen 170% und 590%.

Neben den Angaben darüber, wie viele Stellenprozente für Regierungskommunikation vorgesehen sind, wurden die Befragten auch gebeten, eine Einschätzung zu geben, wie viel Prozent ihrer täglichen Arbeit sie für Regierungskommunikation aufwenden. Diese Angaben geben einen Hinweis darauf, wie stark eine Spezialisierung auf Kommunikationsaufgaben stattgefunden hat: Betreibt jemand die Kommunikation nebenbei und ist noch stark in andere Aufgaben eingebunden oder gibt es eine Fokussierung der Kommunikationsaufgaben bei wenigen Personen, die allein für die Regierungskommunikation zuständig sind?

Es zeichnet sich ab, dass der geringste Anteil an Personen, die sich in den Kantonen mit Regierungskommunikation befasst, dies zu 100% tut. Im Durchschnitt entfallen 46% der Arbeitszeit auf die Regierungskommunikation. Je nach Position (Staatsschreiber, Leitung der Kommunikationsabteilung, Mitarbeitende) fallen diese Zahlen sehr unterschiedlich aus (vgl. Abbildung 6).

Knapp 95% der befragten Staatsschreiber wenden weniger als 20% ihrer Arbeitszeit für Regierungskommunikation auf. Sie betreiben Kommunikation nur als eine von vielen Aufgaben (ganz ähnliche Zahlen haben Hardmeier/ Rothmayr errechnet, vgl. Rothmayr 2002: 4; Hardmeier 2002: 8).

Abbildung 6: Stellenprozente für Regierungskommunikation nach Position

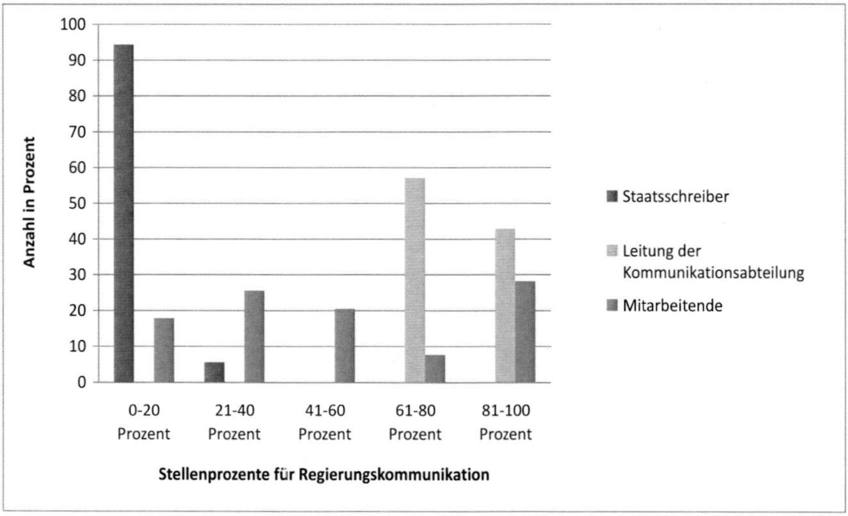

Quelle: eigene Darstellung, N = 64

Ganz anders sieht das Bild bei den Leitenden der Abteilungen aus. Sie sind in der Regel fast ausschließlich mit der öffentlichen Kommunikation der Regierung beschäftigt: Alle Personen in Leitungsfunktion kommunizieren in mehr als 60% ihrer Arbeitszeit für die Regierung, bei 43% der Befragten ist es sogar mehr als 80% der Zeit. Bei den Mitarbeitenden verteilen sich die Zahlen gleichmäßig, bei ihnen finden sich von unter 20% bis über 80% alle Angaben. Hier lässt sich vermuten, dass dies sehr stark von der Art der Stelle und den Aufgaben abhängt, welche die Mitarbeitenden ausführen.

6.2.3 Budget für Regierungskommunikation

Die Erhebung von Zahlen zu den finanziellen Ressourcen für Regierungskommunikation hat sich als schwierig erwiesen. Die Befragten geben generell nicht gerne Auskunft über die Finanzen, zudem wird in den meisten Kantonen Regierungskommunikation nicht als eigener Posten im Budget aufgeführt. Es stellt sich daher die Frage, was als Budget für die Kommunikation gelten soll. Die Befragten wurden gebeten, Ausgaben der Kommunikationsabteilung inklusive Personalaufwand, Publikationen und Medienanlässen anzugeben, ohne die Kosten für einzelne Projekte mit einzuberechnen. Trotz dieser Vorgaben sind die Zahlen nicht immer vergleichbar.

Grundsätzlich bewegen sich die Budgets für Regierungskommunikation zwischen 35.000 Franken im Kanton Zug und 2.2 Mio. Franken im Kanton Bern (vgl. dazu auch Röttger/Hoffmann/Jarren 2003: 171). Die höchsten Budgets für Kommunikation im Jahr 2007 (über 1 Mio. Franken) weisen die Kantone Bern, Basel-Stadt und Wallis auf. Unter den 16 Kantonen, die Angaben über ihr Budget 2007 gemacht haben, zeichnet sich eine Zweiteilung der Kantone ab: neun Kantone haben ein Budget unter 500.000 Franken, sieben Kantone ein Budget über 500.000 Franken im Jahr. Kantone mit einer Abteilung für Kommunikation weisen logischerweise ein höheres Budget auf als Kantone, in denen der Staatsschreiber oder ein Medienbeauftragter kommuniziert. Ausnahme ist hier der Kanton Neuenburg, der eine Kommunikationsabteilung besitzt, aber nach eigenen Angaben nur 90.000 Franken für die Regierungskommunikation zur Verfügung stellt.

Die Befragten wurden auch gebeten, die Budgets der vergangenen Jahre anzugeben, sofern die Zahlen vorhanden waren. Fünf Kantone (GL, GR, SH, UR, ZG) haben lückenlose Angaben zu ihrem Budget der letzten zehn Jahre gemacht. Die Angaben zeigen, dass die Höhe der Budgets für Kommunikation in den letzten zehn Jahren in den meisten Kantonen relativ stabil geblieben ist (zum Beispiel Kanton Zug). Insgesamt zeigt sich aber eine Tendenz zu einem langsamen Anstieg der Ausgaben für Kommunikation. Ausnahme ist der Kanton Graubünden, bei dem sich die Ausgaben in zehn Jahren von 100.000 auf 220.000 Franken mehr als verdoppelt haben. Ähnliches ist auch im Kanton Wallis geschehen. Im Kanton Appenzell Ausserrhoden sind die Ausgaben innerhalb eines Jahres auf das Doppelte angewachsen (von 120.000 im Jahr 2005 auf 260-280.000 Franken in den Jahren 2006 und 2007). Die Ausgaben des Kantons Neuenburg zeigen die offensichtlichsten Schwankungen. So sind die Ausgaben von 20.000 im Jahr 2001 auf 2.000 Franken im Jahr 2003 gesunken, um im Jahr 2004 wieder auf 102.000 Franken zu steigen. Aus den oben genannten Gründen sind aber auch diese Schwankungen mit Vorsicht zu interpretieren.

6.2.4 Interne und externe Koordination der Regierungskommunikation

Neben den Verantwortlichen für die Regierungskommunikation, die häufig innerhalb der Staatskanzlei arbeiten, gibt es in einigen Kantonen auch noch Informationsbeauftragte in den Departementen. Es geht in diesem Kapitel zuerst um die Rolle der Stelle für Kommunikation in Bezug auf die Departemente, um die möglichen Informationsbeauftragten in den Departementen sowie um die Frage, ob es für bestimmte Kommunikationsthemen eigene Arbeitsgruppen im Kanton gibt.

Von den 25 Kantonen, die Angaben zu der Zusammenarbeit der Kanzlei mit den Departementen gemacht haben, geben 18 an, dass es zusätzlich zu ihrer eigenen Abteilung noch Informationsbeauftragte in den Departementen gibt. 16 dieser 18 Kantone haben zudem angegeben, wie der Austausch und die Koordination mit diesen Kommunikationsverantwortlichen vor sich gehen. Dabei scheint die Koordination in erster Linie ad hoc über fast täglichen telefonischen Kontakt oder per Email zu laufen. Zusätzlich zu diesen persönlichen Kontakten nennen mindestens acht Kantone eine regelmäßige, meist mehrmals jährlich oder monatlich stattfindende Konferenz, bei der gemeinsam wichtige departementsübergreifende Themen besprochen werden. Auf die Frage, welche Stellung die Staatskanzlei in Sachen Kommunikation gegenüber den Departementen einnimmt, haben 16 Kantone angegeben, dass die Kanzlei Weisungsbefugnisse gegenüber den Departementen in Sachen Kommunikation hat. In acht Kantonen ist dies nicht der Fall (zwei Kantone haben keine Angaben dazu gemacht). Diese Resultate sind ein Hinweis darauf, dass die Staatskanzlei auch für die Kommunikation der Departemente eine wichtige Rolle spielt. Von den 16 Kantonen, in denen die Staatskanzlei Weisungsbefugnis gegenüber den Departementen hat, geben zehn Kantone an, dass es auch Bestrebungen gibt, alle Kommunikationsangelegenheiten der Kantone bei der Staatskanzlei zu zentralisieren (FR, GE, GL, JU, LU, NE, SG, TI, TG, ZH). Weder eine Weisungsbefugnis noch die Bestrebung, die Kommunikationsangelegenheiten zu zentralisieren, haben weitere sieben Kantone: Appenzell Innerrhoden, Basel Land, Basel Stadt, Schwyz, Uri, Wallis und Zug (zwei Kantone haben keine Angaben dazu gemacht, im Kanton Bern hat die Kanzlei keine Weisungsbefugnis, aber es besteht die Idee zur Zentralisierung aller Aufgaben). Diese Angaben weisen darauf hin, dass die Staatskanzlei als zentrale Stelle für Kommunikation fungiert. Die Staatskanzlei gibt in der Mehrheit der Kantone gegenüber den Departementen Anweisungen in Kommunikationsangelegenheiten. In einigen Kantonen wird sogar darauf hingearbeitet, dass die Kanzlei als einzige Stelle die Kommunikation betreibt und damit zu einer „Expertenstelle" für Kommunikation wird.

Arbeitsgruppen zu Themen der Kommunikation bestehen in 16 Kantonen. Diese Arbeitsgruppen werden oft von der Kommunikationsabteilung geleitet und koordiniert und finden departementsübergreifend statt. Allgemeine Themen sind die Koordination und die Absprache von Kommunikation zwischen den Departementen und die Festlegung von strategischen Aspekten der Kommunikation. Konkret werden immer wieder Themen wie das Internet/Intranet, die Entwicklung eines Corporate Designs oder andere Großprojekte oder Großanlässe genannt. Diese Arbeitsgruppen bestehen in der Regel über einen längeren Zeitraum und treffen sich regelmäßig.

Neben der internen Koordination zwischen der Staatskanzlei und den Departementen müssen sich die Kantone immer wieder mit anderen Kantonen koordinieren. Nach Aussage der Kommunikationsverantwortlichen geschieht diese Absprache meist sporadisch und unregelmäßig. Am häufigsten findet ein Austausch mit den direkten Nachbarkantonen statt, vor allem dann, wenn ein Thema ansteht, dass die gesamte Region betrifft. So koordinieren sich zum Beispiel die Kantone Basel-Land und Basel-Stadt in regelmäßigen Abständen. Zum anderen findet ein institutionalisierter Austausch in Sachen Kommunikation in Form der SIKOV, der Schweizerischen Informations-Konferenz öffentlicher Verwaltungen statt. Dieser Konferenz können alle Kommunikationsverantwortlichen von Bund, Kantonen und Städten beitreten. Die Konferenz organisiert ein bis zwei Mal pro Jahr eine Tagung zur fachlichen Weiterbildung. Zudem gibt es regionale Zusammenschlüsse von Kommunikationsbeauftragten, die sich ebenfalls ungefähr zwei Mal jährlich treffen (z.B. in der Ostschweiz oder der Zentralschweiz).

Genauso wie die Koordination ist auch die Orientierung an anderen Kantonen relativ schwach ausgeprägt. Auf die Frage, ob es einen Kanton gibt, der in Sachen Kommunikation als Vorbild dient, werden nur wenige Kantone genannt (15 Nennungen von nur sechs Kantonen). Mehr als eine Nennung erhalten lediglich die Kantone St. Gallen, Solothurn und Bern. Es zeigt sich, dass in erster Linie Nachbarkantone oder Kantone aus der Region aufgezählt werden. Es scheint, dass ein Überblick über die Arbeit aller Kantone schwierig ist und deshalb am ehesten die eigenen Nachbarn oder die Region beobachtet und als Referenz wahrgenommen wird.

Zusätzlich zu ihrer allgemeinen Einschätzung wurden die Kommunikationsverantwortlichen gebeten, Referenzkantone zu nennen, an denen sie sich bei der Ausarbeitung eines Öffentlichkeits- und Informationsgesetzes orientiert haben. Dafür liegen Angaben von 14 Kantonen vor. Deutlich am häufigsten wird dabei der Kanton Bern genannt (zehn Nennungen). Dies ist insofern keine Überraschung, als der Kanton Bern der erste Kanton war, der ein Öffentlichkeits- und Informationsgesetz eingeführt hat. Am zweithäufigsten wird der Bund und der Kanton Zürich genannt (vier bzw. drei Nennungen). Je zwei Mal wurden die Kantone Aargau, Genf, Solothurn und Waadt genannt. Diese Resultate zeigen, dass die bestehenden Gesetze wahrgenommen werden und als Orientierungspunkte dienen. Dies hat auch die inhaltliche Analyse der Gesetzestexte gezeigt (siehe Kapitel 6.1.2).

Auf der Ebene des Leitbildes zeigt sich ein anderes Bild. Hier zählen lediglich sieben Kantone andere Kantone als Vorbilder auf. Dabei wird der Bund mit drei Nennungen am häufigsten als Benchmark genannt (für das Leitbild des Bundes vgl. Arbeitsgruppe KID 2003). Auf Ebene der Leitbilder scheint die Übersicht schwieriger zu sein, weil es eine enorme Vielfalt an Leitbildern gibt. Auch die inhaltliche Analyse der Leitbilder hat gezeigt, dass hier selten ähnliche Normen genannt werden.

Zusammenfassend kann gesagt werden, dass die interne Koordination von Regierungskommunikation über tägliche Kontakte sowie über institutionalisierte Formen des Austausches stattfindet. Die Staatskanzlei genießt dabei in vielen Kantonen eine Sonderstellung, was die Kommunikation angeht. Während die interne Koordination relativ regelmäßig und langfristig erfolgt, geschieht die Koordination mit anderen Kantonen eher sporadisch und unregelmäßig. Am ehesten tauschen sich Nachbarkantone über bestimmte Themen aus. Zudem scheint die Orientierung an anderen Kantonen in Sachen Kommunikation eher begrenzt. Einzig für die Ausarbeitung eines Öffentlichkeits- und Informationsgesetzes scheinen sich die Kantone an schon bestehenden Gesetzen zu orientieren. Ein Konsens über einen Kanton, der als Vorbild für eine gute Kommunikation gilt, besteht nicht.

6.2.5 Externalisierung von Aufgaben der Regierungskommunikation

Es stellt sich nun die Frage, welche Aufgaben von der Staatskanzlei oder der für Regierungskommunikation zuständigen Stelle erfüllt werden und welche Art von Aufgaben ausgelagert wird. Die Kommunikationsverantwortlichen wurden gefragt, ob einzelne Aufgaben der Regierungskommunikation an externe Dienstleister vergeben werden und wenn ja, ob diese Aufgaben eher technischer, beratender oder strategischer Natur sind. Bei der Externalisierung von Aufgaben zeigt sich eine Zweiteilung der Kantone. 14 Kantone geben an, Aufgaben an externe Dienstleister zu vergeben, zwölf Kantone tun dies nicht. Von den 14 Kantonen, die Aufgaben auswärtig vergeben, externalisieren alle entweder technische oder beratende Aufgaben, strategische Aufgaben werden grundsätzlich nicht an externe Dienstleister gegeben (AG, AR, BL, BS, FR, GE, GL, GR, NE, SH, TG, UR, ZG, ZH). Es leuchtet ein, dass strategische Aufgaben für eine Vergabe an Externe am wenigsten in Frage kommen, da sie die Hauptaufgabe der Regierung sind. Technische oder beratende Aufgaben lassen sich hingegen einfacher auslagern. Die Frage nach der Externalisierung scheint unabhängig von der Organisationsform oder den verfügbaren Ressourcen zu sein. Sowohl Kantone mit hohen als auch mit vergleichsweise niedrigen Budgets vergeben Aufgaben an externe Dienstleister. Ebenfalls scheint es keine Rolle zu spielen, ob die

Kantone über eine Kommunikationsabteilung oder einen Medienbeauftragten verfügen.

6.2.6 Zusammenfassung der Resultate zur Organisation der Regierungskommunikation

Die Resultate zeigen, dass die zuständige Stelle für Regierungskommunikation in der Regel bei der Staatskanzlei angesiedelt ist. In 17 Kantonen zeigt sich innerhalb der Kanzlei ein Informationsbeauftragter oder eine Abteilung für die Regierungskommunikation zuständig. Nur in vier Kantonen ist die Kommunikation direkt der Regierung unterstellt. In fünf Kantonen gibt es keine eigene Stelle für die Kommunikation, hier ist der Staatsschreiber oder der Vize-Staatsschreiber dafür zuständig. Typischerweise erledigen die Staatsschreiber die Kommunikation im Nebenamt mit maximal 20% ihrer Arbeitszeit. Die Medienbeauftragten wenden jeweils 100% ihrer Arbeitszeit für die Information und die Kommunikation auf. Eine Kommunikationsabteilung beschäftigt durchschnittlich 4.2 Personen, die Stellenprozente variieren zwischen 170% und 590%. Die Leitungspersonen der Kommunikationsabteilung investieren typischerweise über 80% ihrer Arbeitszeit in die Regierungskommunikation. Je nach Organisationsform sind auch die Budgets unterschiedlich hoch. In der Tendenz lässt sich eine Zunahme der Ausgaben für Regierungskommunikation in den letzten zehn Jahren feststellen.

Die interne Koordination der Kommunikation zwischen der Staatskanzlei und den Departementen findet über regelmäßige, tägliche Kontakte statt. Dabei nimmt die Kanzlei eine Sonderstellung ein, da sie im Kanton Zentrum und Steuerungsorgan in Sachen Kommunikation ist. Die Koordination mit und die Orientierung an anderen Kantonen findet ganz im Gegensatz zur internen Koordination sehr unregelmäßig und eher selten statt.

6.3 Akteure der Regierungskommunikation

Neben der Organisation des Akteurs Regierung werden hier auch die Akteure auf Mikroebene untersucht, also die Personen, die in den Kantonen für die öffentliche Kommunikation der Regierung zuständig sind. In erster Linie wird die soziale Rolle erhoben, welche die Personen als Verantwortliche für die Regierungskommunikation inne haben. Dazu werden die Tätigkeiten erhoben, welche die Verantwortlichen ausüben und daraus Profile gebildet, die Auskunft darüber geben, in welcher Kombination die Tätigkeiten typischerweise ausgeübt werden.

Zudem werden die Akteure zu ihrem Verständnis von Regierungskommunikation und Demokratie befragt. Trotz den vorgeschriebenen Rollen bestimmen auch individuelle Merkmale der Verantwortlichen, wie sie ihre Rolle ausfüllen. Aus diesem Grund wird mittels einer berufssoziologischen Analyse der berufliche Hintergrund der Verantwortlichen für Kommunikation erfasst und dargestellt. In diesem Kapitel wird jedoch zuerst auf die grundlegende Aufteilung des Samples nach der Position der Befragten, auf ihre Berufsbezeichnungen und ihren Zugang zu Regierungsratssitzungen eingegangen.

6.3.1 Positionen der Befragten

Je nach der Position, welche die Befragten in den Kantonen innehaben, muss angenommen werden, dass die Tätigkeiten und die Einschätzungen des Verständnisses von Regierungskommunikation variieren. Bei den Auswertungen zu den Akteuren der Regierungskommunikation werden drei verschiedene Gruppen unterschieden: die Staatsschreiber, die Leitungspersonen der Kommunikationsabteilungen und die Mitarbeitenden. Die Staatsschreiber haben in der Regierungskommunikation eine Sonderrolle inne: Sie sind Vorsteher der Staatskanzlei und in dieser Funktion oft auch die Vorgesetzten der Kommunikationsverantwortlichen, sie sind jedoch nicht in allen Kantonen aktiv in die alltägliche Presse- und Medienarbeit involviert. Die Staatsschreiber wurden gebeten, den Fragebogen für den Fall, dass sie nicht in die alltägliche Umsetzung der Regierungskommunikation involviert sind, den Leitungspersonen der Abteilungen weiterzugeben.

Tabelle 8: Rolle des Staatsschreibers in der Regierungskommunikation

In Kommunikation involviert	Nicht in Kommunikation involviert
AI, AR, BL, FR, GE, GL, GR, JU, LU, NE, NW, OW, SH, SO, SZ, TI, VD, ZG	AG*, BE*, BS, SG, TG, UR, VS, ZH*

Quelle: eigene Darstellung, N = 26; * Es besteht das Amt eines Regierungssprechers

Wie Tabelle 8 zeigt, sind die Staatsschreiber in acht Kantonen nicht für die Umsetzung der Kommunikationsarbeit zuständig. Die Staatsschreiber sind in diesen Kantonen formal die Vorgesetzten der Kommunikationsabteilung, die Umsetzung der Regierungskommunikation erfüllt jedoch die Leitung der Abteilung zusammen mit den Mitarbeitenden (Ausnahme sind Basel-Stadt und das Wallis). In drei dieser acht Kantone existiert zudem die Funktion des Regierungssprechers, welche die Leitungsperson der Kommunikationsabteilung innehat. Auf

Grund der besonderen Stellung der Leitungspersonen der Kommunikationsabteilungen werden sie in diesen acht Kantonen von den Staatsschreibern getrennt als eigene Gruppe analysiert. Die mit Abstand größte und heterogenste Gruppe von 40 Personen bilden die Mitarbeitenden in den Kommunikationsabteilungen. Dazu werden Medienbeauftragte, stellvertretende Leitungspersonen, wissenschaftliche Mitarbeitende etc. gezählt.

6.3.2 Berufsbezeichnung der Befragten

Neben der Position ist es auch interessant zu sehen, wie die genaue Stellenbezeichnung lautet, welche die Befragten inne haben. Es stellt sich die Frage, ob die Berufsbezeichnung einen expliziten Verweis auf die Kommunikation beinhaltet oder eher allgemeiner Art ist. Die explizite Bezeichnung „Kommunikation" in der Funktionsbeschreibung weist auf eine Rollendifferenzierung zwischen Kommunikationsrollen und allgemeinen Rollen mit Kommunikationsanteil hin.

Von den 64 genannten Berufsbezeichnungen weisen 36 (rund 56%) einen expliziten Kommunikationsbezug auf. Dies ist ein deutlich höherer Anteil als in den Studien von Hardmeier/Rothmayr (26%) oder Röttger/Hoffmann/Jarren (40%) (vgl. Hardmeier 2005: 105; Röttger/Hoffmann/Jarren 2003: 109). Der Anstieg ist ein Hinweis darauf, dass in der Zwischenzeit mehr solche Stellen geschaffen oder umbenannt worden sind. Unter die Berufsbezeichnungen mit Kommunikationsbezug fallen in den Kantonen Leitungsrollen von Kommunikationsabteilungen („Leitung Information und Kommunikation", „Chef du service communication et information de la chancellerie", „Leiterin Kommunikationsdienst des Regierungsrates", „Leiter Informationsdienst") oder Medienbeauftragte („Kommunikationsbeauftragter des Regierungsrats", „Chargée de communication", „Medienbeauftragter", „Informations- und Kommunikationsbeauftragter"). Unter den Berufsbezeichnungen ohne Verweis auf Kommunikation finden sich vor allem die Staatsschreiber (Staatsschreiber, Vize-Staatsschreiber) und die administrativen Funktionen wie „Sekretärin".

6.3.3 Zugang zu Regierungsratssitzungen

Es ist in allen Kantonen üblich, dass der Staatsschreiber an den Sitzungen der Kantonsregierung teilnimmt. In Kantonen, welche die Funktion von Kommunikationsverantwortlichen kennen, stellt sich zusätzlich die Frage, wie der Zugang für diese Beauftragten zu den Sitzungen des Regierungsrates geregelt ist. Hat die Kommunikation in den Kantonen bereits einen so hohen Stellenwert, dass die

Kommunikationsbeauftragten zusätzlich zum Staatsschreiber regelmäßig an Regierungssitzungen teilnehmen dürfen?

Von den 21 Kantonen, die über einen Medienbeauftragten oder eine Kommunikationsabteilung verfügen, geben acht an, dass der Medienbeauftragte oder die Leitungsperson der Kommunikationsabteilung regelmäßig an der Regierungsratssitzung teilnimmt (siehe Tabelle 9).

Tabelle 9: Zugang von Kommunikationsverantwortlichen zu den Regierungssitzungen

Kein Zugang	Bei Kommunikationsbedarf oder in Ausnahmefällen	Regelmäßiger Zugang
FR, GE, GR, OW	AG, LU, NE, NW, SG, SZ, UR,VD, ZG	AR, BE, BS, JU, SO, TG, VS, ZH

Quelle: eigene Darstellung, N = 21; In AI, BL, GL, SH und TI sind die Staatsschreiber für die Regierungskommunikation verantwortlich

Diese acht Kantone stimmen aber nur zum Teil mit den Kantonen überein, in denen die Kommunikationsverantwortlichen eine besonders unabhängige Position haben (Übereinstimmungen: BE, BS, TG, VS, ZH; siehe Tabelle 8). In den Kantonen Aargau, St. Gallen und Uri haben die Kommunikationsverantwortlichen trotz ihrer Sonderposition nur eingeschränkten Zugang zu den Sitzungen des Regierungsrates. In sechs weiteren Kantonen nehmen die Kommunikationsverantwortlichen an den Sitzungen lediglich in Ausnahmefällen und bei Kommunikationsbedarf gemeinsam mit den Staatsschreibern teil, die ebenfalls für die Regierungskommunikation zuständig sind (Kantone LU, NE, NW, SZ, VD, ZG). Keinen Zugang zu den Sitzungen haben die Kommunikationsverantwortlichen in den Kantonen Freiburg, Genf, Graubünden und Obwalden. In diesen Kantonen ist der Staatsschreiber in die Regierungskommunikation involviert. Es kann angenommen werden, dass hier der Staatsschreiber seine Mitarbeitenden über die relevanten Sitzungsinhalte informiert.

6.3.4 Berufssoziologische Analyse der Verantwortlichen für Regierungskommunikation

Üblicherweise würde eine Beschreibung des Samples mittels berufssoziologischer Kriterien am Anfang des Auswertungsteils stehen, um die Grundgesamtheit der Befragten zu charakterisieren. Da hier aber nicht die Befragten im Mittelpunkt stehen, sondern die einzelnen Kantone, folgt die berufssoziologische Analyse erst an dieser Stelle.

6.3.4.1 Geschlecht und Alter

Von den insgesamt 66 Befragten sind knapp 73% Männer. Nur 18 der 66 Befragten sind weiblichen Geschlechts. Dies zeigt sich am offensichtlichsten bei den Staatsschreibern: in der ganzen Schweiz gibt es nur eine Staatsschreiberin, nämlich im Kanton Freiburg (seit 2009 auch im Kanton Basel-Stadt). Unter den leitenden Personen der Kommunikationsabteilungen ist die Verteilung etwas ausgeglichener, hier finden sich drei Frauen und fünf Männer. Eine ähnliche Verteilung von 35% Frauen zu 65% Männern findet sich unter den Mitarbeitenden in den Kantonen.

Das Durchschnittsalter der Befragten liegt bei 46,8 Jahren, wobei der jüngste Befragte 26, der älteste 62 Jahre alt ist. 67% der Befragten sind zwischen 37 und 57 Jahre alt (was im Vergleich zu anderen Studien ein eher hoher Altersdurchschnitt ist, vgl. Röttger/Hoffmann/Jarren 2003: 116). Die Kommunikation für die Regierung scheint also kein typischer Einsteigerberuf zu sein, sondern eher eine Tätigkeit, die im Alter zwischen 40 und 60 Jahren ausgeübt wird. Im Detail zeigt sich, dass vor allem die Staatsschreiber den Altersdurchschnitt erhöhen. Sieben der acht Staatsschreiber, von denen Altersangaben vorliegen, sind über 50 Jahre alt, zwei davon über 60. Bei der Leitung der Kommunikationsabteilungen ist die Hälfte unter 50 Jahre alt, bei den Mitarbeitenden sind 60% unter 50. Unter den Mitarbeitenden finden sich auch die drei jüngsten Befragten unter 30.

6.3.4.2 Ausbildung, Laufbahn und Weiterbildung

Das Bildungsniveau der Befragten ist überdurchschnittlich hoch. Über 53% der leitenden Personen der Kommunikationsabteilung und der Mitarbeitenden haben einen Hochschulabschluss. Nur 9% verfügen über eine Berufslehre als höchste abgeschlossene Schule oder Ausbildung. Das hohe Bildungsniveau zeigt sich vor allem bei der Leitung der Kommunikationsabteilungen: Alle Befragten haben hier ein abgeschlossenes Studium vorzuweisen. Bei den Mitarbeitenden ist diese Zahl mit 48% ebenfalls sehr hoch. Die Arbeit für die Regierung scheint ein Beruf zu sein, der in erster Linie von Akademikern ausgeübt wird. Diese Resultate decken sich mit der Feststellung von Röttger/Hoffmann/Jarren, wonach im Vergleich zu Unternehmen und NGOs die Mitarbeitenden von Behörden den höchsten formalen Bildungsgrad aufweisen (vgl. Röttger/Hoffmann/Jarren 2003: 111).

Es stellt sich nun die Frage, in welchen Bereichen die Befragten vor ihrer aktuellen Stelle tätig waren. 34,6% der Befragten waren vor der aktuellen Stelle schon einmal im Journalismus tätig (bei dieser Frage waren Mehrfachantworten möglich; Röttger/Hoffmann/Jarren haben 39% erhoben, vgl. Röttger/Hoffmann/Jarren 2003: 193). Rund 24% hatte schon eine andere Stelle im Bereich der Regierung und der Verwaltung inne. Knapp 18% der Befragten waren in der Privatwirtschaft tätig.

Auch bei der Frage nach der Weiterbildung zeigt sich eine hohe Bereitschaft zur Bildung. Alle befragten Leitungspersonen von Kommunikationsabteilungen geben an, an Weiterbildungsangeboten teilgenommen zu haben. Bei den Mitarbeitenden sind es noch 80%. Wiederum 100% der Leitungspersonen geben an, an spezifischen Weiterbildungsangeboten zum Thema politische Kommunikation teilgenommen zu haben. Bei den Mitarbeitenden sind dies noch rund 53%. Die Resultate weisen darauf hin, dass vor allem die Leitungspersonen von Kommunikationsabteilungen Kommunikationsexperten sind, die sich alle im Bereich der politischen Kommunikation weitergebildet haben.

6.3.4.3 Dauer auf der Position und Dauer in Regierung und Verwaltung

Im Durchschnitt sind die Befragten seit 8,5 Jahren auf ihrer jetzigen Position. Dabei gibt es eine größere Gruppe, die erst seit wenigen Jahren den derzeitigen Beruf ausübt, eine weitere Gruppe, die seit mehr als zehn Jahren auf der aktuellen Position ist und eine kleine Gruppe, die schon seit mehr als 30 Jahren dieselbe Stelle ausübt. Es zeigt sich, dass vor allem die Staatsschreiber ihre Position besonders lange ausüben. Nur fünf der 18 Staatsschreiber sind vier oder weniger Jahre in diesem Amt, die restlichen 13 üben das Amt seit mehr als zehn Jahren aus. Bei der Leitung der Kommunikationsabteilung zeigt sich ein anderes Bild. Hier übt die Hälfte der Befragten die Position seit weniger als vier Jahren aus. Es gibt keine Leitungsperson in den Kantonen, die länger als 14 Jahre im Amt ist. Dies könnte damit zusammenhängen, dass die Stellen für Kommunikation in den letzten Jahren erst geschaffen wurden. Bei den Mitarbeitenden zeigt sich eine erwartungsgemäße Verteilung: Knapp die Hälfte der Mitarbeitenden hat ihre jetzige Position weniger als vier Jahre inne, am oberen Ende befinden sich 10% der Befragten, die seit mehr als 15 Jahren dieselbe Stelle ausüben.

Die Frage, wie lange die Befragten insgesamt schon für die Regierung oder die Verwaltung tätig sind, wurde nur der Leitung der Kommunikationsabteilung und den Mitarbeitenden gestellt. Aus diesem Grund ist die durchschnittliche

Verweildauer in Regierung und Verwaltung mit 7,5 Jahren auch niedriger als die Dauer der Befragten auf ihrer jetzigen Stelle. Von den Befragten, welche eine Kommunikationsabteilung leiten, sind nur zwei schon mehr als acht Jahre in der Regierung oder Verwaltung tätig. Drei Personen üben seit weniger als drei Jahren eine solche Stelle aus. Hier zeigt sich wieder die oben gemachte Feststellung, dass die leitenden Positionen in der Regierungskommunikation erst seit wenigen Jahren bestehen und offenbar auch in der Tendenz von Personen besetzt werden, die vorher nicht im Dienste des Staates gestanden haben. Bei den Mitarbeitenden zeigt sich eine starke Streuung. Sieben der 40 Befragten sind weniger als ein Jahr bei der Regierung oder der Verwaltung angestellt, vier sind bereits seit mehr als 20 Jahren in diesem Bereich tätig.

6.3.5 Tätigkeiten der Regierungskommunikation

Neben den individuenbezogenen Merkmalen wie Alter, Geschlecht, Ausbildung und Laufbahn der Verantwortlichen für Regierungskommunikation in den Kantonen wurden auch Angaben zu ihren alltäglichen Tätigkeiten erhoben. Die Befragten konnten angeben, ob sie eine Tätigkeit allein, zusammen mit einer anderen Stelle oder gar nicht ausüben. Ziel dieser Analyse ist es, spezifische Rollenprofile herauszuarbeiten, die je nach Stellung (Staatsschreiber, Leitung von Kommunikationsabteilungen, Mitarbeitende) variieren können.

6.3.5.1 Tätigkeiten der Presse- und Medienarbeit

Im Fragebogen wurde eine Unterscheidung zwischen Tätigkeiten der Presse- und Medienarbeit und weiteren Tätigkeiten der Regierungskommunikation vorgenommen. Unter Tätigkeiten der Presse- und Medienarbeit werden alle Aufgaben verstanden, die in der direkten Interaktion mit den Medien anfallen. Dazu gehören das Schreiben, Kontrollieren und Versenden von Medienmitteilungen, die Koordination von Pressekonferenzen, das Beantworten von Anfragen von Journalisten, die Kontaktpflege zu Exponenten des Kantons sowie die Betreuung des Internetauftritts. Unter weitere Tätigkeiten fallen Aufgaben, die innerhalb der Abteilung anfallen: zum Beispiel die Evaluation der Regierungskommunikation, die Schulung und Weiterbildung, die Beratung oder die Koordination von Informationstätigkeiten zwischen der Regierung und der Verwaltung etc. (siehe Kapitel 6.3.5.2). Als Erstes wird hier auf die Tätigkeiten der Presse- und Medienarbeit näher eingegangen.

Alle Befragten wurden gebeten, für jede Tätigkeit der Presse- und Medienarbeit anzugeben, ob sie diese ausüben oder nicht. Über 84% der Befragten geben an, dass es zu ihren Aufgaben gehört, Pressemitteilungen zu kontrollieren. Am zweithäufigsten wird die Aufgabe „Anfragen von Journalisten beantworten" (81%) genannt. Eine weitere Aufgabe, die von rund 80% der Befragten ausgeführt wird, ist die Koordination von Pressekonferenzen (Ort, Termine). Je nach Stellung unterscheiden sich die Tätigkeiten der Presse- und Medienarbeit (siehe Abbildung 7).

Abbildung 7: Tätigkeiten der Presse- und Medienarbeit nach Position

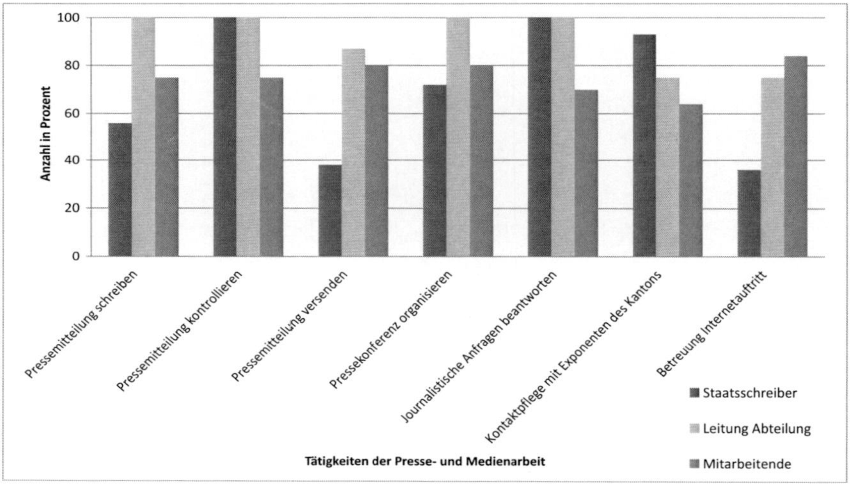

Quelle: eigene Darstellung, N = 60-64

Pressemitteilungen werden in der Regel von der Leitung der Kommunikationsabteilungen oder von Mitarbeitenden geschrieben. Diese Aufgabe ist typisch für die Leitungspersonen, sie üben diese Tätigkeit zu 100% aus. Die Rolle der Staatsschreiber zeichnet sich vor allem dadurch aus, dass sie die Pressemitteilungen zusammen mit der Leitung kontrollieren (beide zu 100%). Das Versenden der Mitteilungen ist Aufgabe der Leitung und der Mitarbeitenden, hier sind die Staatsschreiber fast nicht mehr involviert. Pressekonferenzen werden in der Regel ebenfalls von der Leitung und den Mitarbeitenden organisiert. Staatsschreiber werden oft in die Organisation mit einbezogen, aber nur 30% der Staatsschreiber organisieren die Pressekonferenzen ihres Kantons alleine. Anfragen von Journalisten werden von den Staatsschreibern und der Leitung beantwortet (beide zu 100%), Mitarbeitende geben immerhin noch zu 70% an, diese

Tätigkeit allein oder in Zusammenarbeit mit einer anderen Stelle auszuüben. Bei der Kontaktpflege mit Exponenten des Kantons ist die Hierarchie klarer. Die Kontaktpflege ist eine typische Aufgabe der Staatsschreiber, sie üben diese Tätigkeit zu 93% aus. Diese Tätigkeit wird am seltensten von der Leitung (75%) sowie von den Mitarbeitenden (64%) ausgeführt. Umgekehrt sieht es bei der Betreuung des Internetauftrittes aus. Dies ist eine typische Tätigkeit der Mitarbeitenden mit dem höchsten Wert von 84%. Nur 36% der Staatsschreiber und 75% der Leitungspersonen kümmern sich um den Internetauftritt, dies sind die niedrigsten Werte für diese Gruppen.

6.3.5.2 Weitere Tätigkeiten der Regierungskommunikation

Die Befragten führen jedoch nicht nur Tätigkeiten der Presse- und Medienarbeit aus, genau so wichtig sind auch weitere Tätigkeiten wie die Kommunikation für ein Geschäft der Regierung (von 78,5% der Befragten genannt) und die Koordination zwischen der Regierung und der Verwaltung (von rund 71% der Befragten genannt). Ferner wird die Beratung der Regierung in Sachen Kommunikation von 66% der Befragten genannt (vgl. dazu auch Röttger/Hoffmann/Jarren 2003: 142f.). Wie im letzten Abschnitt geschehen, werden auch hier wieder die Tätigkeiten je nach Stellung analysiert (siehe Abbildung 8).

Abbildung 8: Weitere Tätigkeiten nach Position

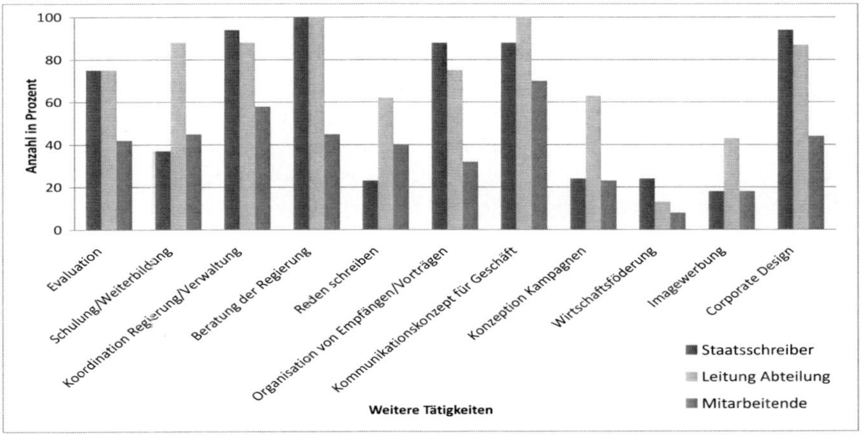

Quelle: eigene Darstellung, N = 62-65

Die Evaluation der Regierungskommunikation ist Aufgabe der Staatsschreiber und der Leitung der Kommunikationsabteilungen, in beiden Gruppen führen 75% der Befragten solche Evaluationen durch. Die Mitarbeitenden sind eher selten in die Evaluation involviert. Die Schulung und Weiterbildung im Bereich der Kommunikation ist Sache der Leitungspersonen (zu 85%). Von den befragten Staatsschreibern und Mitarbeitenden führen nur 37 beziehungsweise 45% Schulungen durch. Die Koordination zwischen Regierung und Verwaltung wird durch alle drei Gruppen häufig durchgeführt. Zahlenmäßig sind vor allem die Staatsschreiber (94%) und die Leitungspersonen (88%) für Koordinationsaufgaben zuständig. Bei den Mitarbeitenden findet sich der zweithöchste Wert von allen weiteren Tätigkeiten, dieser liegt jedoch bei vergleichsweise niedrigen 58%. Bei der Beratung der Regierung in Sachen Kommunikation/Öffentlichkeitsarbeit ist das Bild eindeutiger. Die Beratung ist in erster Linie Sache der Staatsschreiber und der Leitung (beide 100%). Die Tätigkeit „Reden schreiben" gehört allgemein eher selten zu den Aufgaben der Befragten. Meist führen diese Tätigkeit die Leitungspersonen der Kommunikationsabteilungen (zu 62%) durch. Die Organisation und die Durchführung von Empfängen, Ausstellungen, Diskussionen und Vorträgen ist überraschenderweise Sache der Staatsschreiber und der Leitungspersonen. Nur 32% der befragten Mitarbeitenden geben an, diese Tätigkeit durchzuführen. Bei der Gruppe der Staatsschreiber sind dies 88% und bei der Leitung der Abteilung 75%. Die meist genannte Tätigkeit, die Entwicklung eines Kommunikationskonzeptes für ein Geschäft, ist vor allem Aufgabe der Leitung der Kommunikationsabteilung (100%). Über 70% der Staatsschreiber üben diese Tätigkeit zusammen mit einer anderen Stelle aus, nur knapp 18% sind allein dafür verantwortlich. Auch bei den Mitarbeitenden zeigt sich der Stellenwert der Kommunikation für ein Geschäft. Hier findet sich mit 70% der höchste Wert dieser Gruppe. Eher selten werden hingegen Kampagnen für den Regierungsrat durchgeführt (zum Beispiel Gesundheitsförderung o.ä.). Wenn Kampagnen durchgeführt werden, dann ist dies Aufgabe der Leitung der Kommunikationsabteilung (62%). Die Wirtschaftsförderung für den Kanton scheint auch nicht zu den typischen Aufgaben der für die Regierungskommunikation Verantwortlichen zu gehören. Nur ein verschwindend kleiner Teil der Befragten gibt an, dass er Wirtschaftsförderung betreibt. Ähnlich sieht es bei der Imageförderung für den Kanton (zu Themen wie Ökologie, Wohnen im Kanton etc.) aus. Am ehesten wird Imageförderung noch von den Leitungspersonen der Abteilungen durchgeführt (43%). Einen hohen Stellenwert hat hingegen die Entwicklung und Umsetzung eines Corporate Designs, welches ebenfalls Aufgabe der Staatsschreiber und der Leitungspersonen ist. Die Staatsschreiber und die Leitungspersonen üben diese Tätigkeit zu 94% beziehungsweise 87% aus, Mitarbeitende sind eher selten involviert (43%).

Die bisherigen Auswertungen basieren auf vorgegebenen Antwortkategorien. Um den Befragten die Möglichkeit zu geben, diese Tätigkeiten zu gewichten und allenfalls weitere, im Fragebogen nicht genannte Tätigkeiten aufzuführen, wurden sie gebeten, die drei Tätigkeiten zu nennen, die sie am häufigsten ausüben. Die Auswertung dieser Frage hat die vorhandenen Antwortkategorien bestätigt. Knapp 38% der Befragten geben an, dass die Tätigkeit „Pressemitteilungen schreiben" zu den am häufigsten durchgeführten Tätigkeiten gehört. Rund 29% nennen die Beratung der Regierung in Sachen Kommunikation als eine der drei am häufigsten durchgeführten Tätigkeiten. Die Kategorien „Betreuung des Internets" (26%) und „Kontrolle von Pressemitteilungen" (22%) fungieren ebenfalls unter den meist genannten Tätigkeiten.

6.3.6 Tätigkeitsprofile der Presse- und Medienarbeit

Neben den einzelnen Tätigkeiten und der Frage, wie viele der Befragten diese jeweils ausüben, ist es auch interessant zu sehen, welche typischen Kombinationen von Tätigkeiten der Presse- und Medienarbeit bestehen, also wer welches Tätigkeitsprofil ausübt (siehe Tabelle 10). Die Auswertung geschieht hier fallbezogen, das heißt auf die einzelnen Befragten bezogen und nicht mehr im Hinblick auf die einzelnen Variablen. Für eine fallbezogene Analyse eignet sich die Clusteranalyse (siehe Kapitel 5.3.3).

26 der 56 Befragten, von denen die vollständigen Angaben zu den ausgeübten Tätigkeiten der Presse- und Medienarbeit vorliegen, geben an, sämtliche Aufgaben zu übernehmen. Über 80% der Befragten des Clusters schreiben, kontrollieren und versenden Pressemitteilungen, organisieren Pressekonferenzen, antworten auf Journalistenanfragen, pflegen den Kontakt zu Exponenten des Kantons und kümmern sich um den Internetauftritt des Kantons. Diese Allrounder werden hier Kommunikationsspezialisten genannt. Sie haben ein auf die Kommunikation ausgerichtetes Tätigkeitsprofil.

In zwölf Fällen handelt es sich um Befragte, die vor allem den Kontakt nach außen zu den Medien und den Exponenten halten und pflegen. Sie kontrollieren Pressemitteilungen, schreiben oder versenden sie jedoch selten. Auch mit dem Internetauftritt haben sie in der Regel nichts zu tun. Dieses Tätigkeitsprofil entspricht einer typischen Leitungsfunktion, wie sie die Staatsschreiber und die Leitungspersonen der Kommunikationsabteilungen innehaben.

Ein diametral entgegengesetztes Profil weisen weitere elf Fälle auf. Ihre Aufgabe besteht in erster Linie darin, Pressemitteilungen zu schreiben und zu versenden, Pressekonferenzen zu organisieren und das Internet zu betreuen. Sie haben keine bis wenige Kontakte zu den Medien oder zu Exponenten des Kantons. Auch die Kontrolle der Pressemitteilungen liegt außerhalb ihrer Zuständigkeiten. Dieses Tätigkeitsprofil weist auf Mitarbeitende hin, die eher im Hintergrund, ohne direkten Kontakt nach außen arbeiten.

Tabelle 10: Tätigkeitsprofile der Presse- und Medienarbeit

Cluster	Häufig ausgeübte Tätigkeiten (über 80%)	Selten ausgeübte Tätigkeiten (unter 80%)
Kommunikations-spezialisten 26 Fälle	Alle Tätigkeiten	-
Leitungsfunktion 12 Fälle	Pressemitteilung kontrollieren, Journalisten antworten, Kontaktpflege	Pressemitteilung versenden, schreiben, Pressekonferenz organisieren, Internet
Mitarbeitende im Hintergrund 11 Fälle	Pressemitteilungen schreiben, versenden, Pressekonferenz organisieren, Internet	Pressemitteilung kontrollieren, Journalisten antworten, Kontaktpflege
Interne Kommunikation/ Internet 7 Fälle	-	Alle Tätigkeiten

Quelle: eigene Darstellung, N = 56, Distanzmaß: quadratische euklidische Distanz; Fusionierungsmethode: Ward-Methode

Als Letztes gibt es sieben Fälle, die keine der Tätigkeiten der Presse- und Medienarbeit regelmäßig ausüben. Den höchsten Wert erzielt diese Gruppe bei der Betreuung des Internetauftrittes (57% der Gruppe üben diese Tätigkeit aus). Ein genauer Blick auf die Fragebögen der Gruppe zeigt, dass sie häufig vermerkt haben, für die interne Kommunikation via Intranet oder für den Internetauftritt (z.B. Webmaster) zuständig zu sein.

6.3.6.1 Tätigkeitsprofile und formale Position

Interessant ist, dass diese Profile nicht immer mit der formalen Position übereinstimmen. Unter den zwölf Staatsschreibern, von denen Angaben zu ihren Tätigkeiten vorliegen, übt nur knapp über die Hälfte das Tätigkeitsprofil des Staatsschreibers aus. Vier Staatsschreiber fallen in die Gruppe der Kommunikationsspezialisten, nämlich in den Kantonen Basel-Land, Genf, Tessin und Zug. In diesen vier Kantonen ist der Staatsschreiber aktiv in die Regierungskommunikation eingebunden (siehe Kapitel 6.3.1). In Basel-Land und im Tessin ist dieses Resultat wenig überraschend, ist doch dort der Staatsschreiber gleichzeitig allein für die Regierungskommunikation zuständig. In Genf und in Zug gibt es eine Kommunikationsabteilung beziehungsweise einen Medienbeauftragten; hier kann vermutet werden, dass der Staatsschreiber traditionell eine starke Rolle in der Regierungskommunikation einnimmt. Nur in einem Kanton übt der Staatsschreiber das Tätigkeitsprofil des Mitarbeitenden im Hintergrund aus (Kanton Glarus).

Von den acht befragten Leitungspersonen sind vier dem Profil des Kommunikationsspezialisten zuzuordnen. Zwei Profile entsprechen dem Tätigkeitsprofil des Staatsschreibers (Kanton Basel-Stadt und Kanton Bern). Es ist interessant, dass sich in den Kantonen Basel-Stadt und in Bern die Leitungsfunktion der Kommunikationsabteilung an das Tätigkeitsprofil der Staatsschreiber angeglichen hat. In beiden Kantonen ist der Staatsschreiber selbst nicht in die Kommunikation involviert, hier werden alle möglichen Aufgaben des Staatsschreibers in Bezug auf die Regierungskommunikation von der Leitung der Kommunikationsabteilung übernommen (siehe Kapitel 6.3.1). Eine eher passive Rolle in der Kommunikation kommt den Leitungspersonen in den Kantonen Thurgau und Wallis zu: diese beiden Profile der Leitungspersonen entsprechen dem Cluster des Mitarbeitenden im Hintergrund.

6.3.6.2 Tätigkeitsprofile in den Kantonen

Es stellt sich nun die Frage, wie diese Resultate in Aussagen über die Tätigkeitsprofile der Regierungskommunikation in den Kantonen überführt werden können. Es wird hier davon ausgegangen, dass es einen Unterschied macht, ob eine Person Regierungskommunikation neben anderen Aufgaben betreibt oder ob alle Tätigkeiten der Presse- und Medienarbeit von einer Person gesamthaft ausgeführt werden, die sich ganz darauf konzentrieren kann. Aus diesem Grund wird eine Unterscheidung zwischen Kantonen eingeführt, die das Tätigkeitsprofil des

Kommunikationsspezialisten aufweisen und solchen, die kein solches Profil haben (siehe Tabelle 11).

Tabelle 11: Kommunikationsspezialisten in den Kantonen

Kein Kommunikationsspezialist vorhanden	Kommunikationsspezialist vorhanden
AI, BE*, GL, GR, NW, SH, VS	AG, AR, BL, BS, FR, GE, JU, LU, NE, OW, SG, SO, SZ, TG, TI, UR, VD, ZG, ZH

Quelle: eigene Darstellung, N = 26; * In BE liegen Daten von nur einer Person vor

Die Einordnung der Kantone erfolgt ohne die Berücksichtigung der formalen Stellung der Befragten. Es spielt also keine Rolle, ob es ein Mitarbeitender oder ein Staatsschreiber ist, der das Tätigkeitsprofil des Kommunikationsspezialisten innehat.

Die Einordnung zeigt, dass es in der Mehrheit der Kantone mindestens eine Person gibt, die das Profil des Kommunikationsspezialisten ausübt. Nur in den Kantonen Appenzell Innerrhoden, Bern, Glarus, Graubünden, Nidwalden, Schaffhausen und Wallis findet sich kein solches Profil. Diese Resultate zeigen, dass der Stellenwert der Regierungskommunikation in den meisten Schweizer Kantonen so hoch ist, dass sich ein Tätigkeitsprofil des Spezialisten herausbilden konnte. Die Aufgaben der Regierungskommunikation werden als wichtig genug angesehen, dass sie nicht nebenbei, sondern gebündelt bei mindestens einem Spezialisten pro Kanton ausgeführt werden.

6.3.7 Verständnis von Regierungskommunikation

Neben den Tätigkeiten der Regierungskommunikation wurden die Kommunikationsverantwortlichen auch zu den Zielen der Regierungskommunikation, zu ihrem Verständnis von Demokratie und zu ihrem Umgang mit negativen Informationen befragt. Die Antwortkategorien des Fragebogens basieren auf den bestehenden Fragebögen von Hardmeier/Rothmayr und Röttger/Hoffmann/Jarren (vgl. Hardmeier 2005: 101; Röttger/Hoffmann/Jarren 2003: 156ff.). Obwohl gerade bei Fragen nach dem Verständnis von Regierungskommunikation besonders viele sozial erwünschte Antworten zu erwarten sind, lassen sich dennoch feine Unterschiede im Verständnis der Regierungskommunikation ausmachen. Die Resultate sind jedoch mit Vorsicht zu interpretieren, da die Fallzahlen für aussagekräftige Ergebnisse eher niedrig sind.

6.3.7.1 Ziele der Regierungskommunikation

Als Erstes wurden die Befragten nach ihrer Einschätzung zu möglichen Zielen befragt, die mit Regierungskommunikation erreicht werden sollen. Auf einer vierstufigen Skala konnten die Befragten angeben, ob sie bestimmte Ziele „eher unwichtig“, „eher wichtig“, „wichtig“ oder „sehr wichtig“ einstufen. Die einzelnen Ziele werden nach Hardmeier/Rothmayr hinsichtlich Information, Entscheid- und Issuemanagement und Support unterschieden (siehe Kapitel 3.3.5.2). Diese drei Ziele wurden für den Fragebogen operationalisiert und an den Untersuchungsgegenstand der Regierungskommunikation angepasst.

Die Auswertung ergibt den höchsten Wert für das Ziel „die Öffentlichkeit über die Tätigkeit der Regierung informieren“ (MW: 3.88). Zweites wichtiges Ziel ist es, für Transparenz über die Arbeit der Regierung zu sorgen (MW: 3.74), fast ebenso bedeutend ist es, das Vertrauen in die Regierung mittels der Regierungskommunikation zu fördern (MW: 3.71). Als am wenigsten relevant werden die Ziele „Politische Themen in die öffentliche Diskussion einbringen“ und „Das Image der Regierung fördern“ eingestuft (MW: 2.98 bzw. 3.14). Insgesamt zeigt sich, dass in erster Linie Ziele der Information mittels Regierungskommunikation verfolgt werden (das zeigt auch Hardmeier, vgl. Hardmeier 2002: 14). Fast ebenso wichtig werden Ziele des Supports, also die Förderung der Transparenz und des Vertrauens eingestuft. Ziele, die dem Entscheidmanagement dienen, wie zum Beispiel Themen in die öffentliche Diskussion einbringen, werden deutlich weniger wichtig eingestuft. Beim Vergleich zwischen den Einschätzungen der Ziele der Regierungskommunikation der verschiedenen Gruppen zeigen sich einige signifikante Abweichungen (siehe Abbildung 9).

Die Staatsschreiber schätzen grundsätzlich die Ziele als weniger wichtig ein als die Leitung oder die Mitarbeitenden. Die höchsten Werte werden bei den Leitungspersonen erreicht, welche die genannten Ziele insgesamt am wichtigsten einschätzen. Einzige Ausnahme ist das Ziel „die Öffentlichkeit informieren“, das von den Mitarbeitenden wichtiger eingestuft wird als von den Leitungspersonen.

Das umstrittenste Ziel ist „Themen in die öffentliche Diskussion einbringen“. Dieses wird von den Leitungspersonen als relativ wichtig (MW: 3.6), von den anderen beiden Gruppen jedoch als relativ unwichtig eingeschätzt (MW: 2.76 und 2.95). Ferner zeigt sich, dass die Ziele des Entscheidmanagements (Themen einbringen, Ziele erreichen) bei den Leitungspersonen der Kommunikationsabteilungen weniger umstritten sind als bei den anderen beiden Gruppen. Die Leitungspersonen haben also grundsätzlich ein offensiveres Verständnis von Regierungskommunikation als die Staatsschreiber oder die Mitarbeitenden.

Abbildung 9: Ziele der Regierungskommunikation nach Position

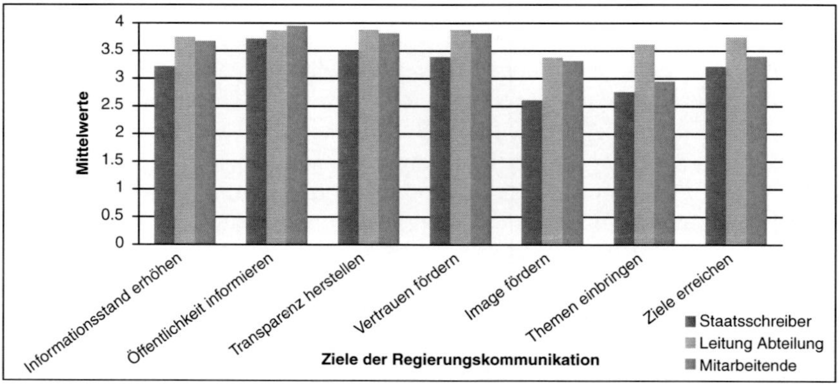

Quelle: eigene Darstellung, N = 65-66; 1 = eher unwichtig, 2 = eher wichtig, 3 = wichtig, 4 = sehr wichtig; Vergleich von mehr als zwei unabhängigen Stichproben mittels eines H-Tests nach Kruskal und Wallis

Ähnlich wie bei den Tätigkeitsprofilen ist es auch beim Verständnis von Regierungskommunikation interessant zu sehen, ob es häufige Kombinationen von Aussagen zum Verständnis gibt und wenn ja, wie diese aussehen. Eine Clusteranalyse zu den Zielen, die mittels Regierungskommunikation erreicht werden können, ergibt eine Einteilung der Befragten in drei Gruppen (siehe Tabelle 12).

Die Clusteranalyse zeigt eine größere Gruppe von Befragten, die allen Zielen, die mit Regierungskommunikation erreicht werden können, zustimmen. Diese Gruppe setzt sich aus sieben der acht Leitungspersonen der Kommunikationsabteilung, aus knapp der Hälfte der Staatsschreiber und aus knapp 60% der Mitarbeitenden zusammen. Eine zweite Gruppe stimmt allen Zielen außer denjenigen zu, bei denen es um das Einbringen und Durchsetzen der Ansichten der Regierung geht. Diese Gruppe schließt also das Entscheidmanagement aus ihrem Verständnis von Regierungskommunikation aus. Diese Befragten stimmen aber durchaus der Idee zu, dass die Regierungskommunikation der Image- und Vertrauensförderung der Regierung dient (Ziele des Supports). Diese Gruppe setzt sich aus Staatsschreibern und Mitarbeitenden zusammen.

Die letzte Gruppe, bestehend aus elf Fällen, hat das engste Verständnis bezüglich der Ziele der Regierungskommunikation. Für diese Befragten sollte Regierungskommunikation weder Image- noch Vertrauensförderung zum Ziel haben. Auch Themen in die öffentliche Diskussion einbringen wird als eher unwichtig erachtet.

Tabelle 12: Verständnisprofile der Ziele der Regierungskommunikation

Cluster	Ziele der Regierungs-kommunikation über 80%	Ziele der Regierungs-kommunikation unter 80%
Alle Ziele 38 Fälle	Alle Ziele	-
Kein Entscheid-management 16 Fälle	Informationsstand der Bevölkerung erhöhen, Öffentlichkeit informieren, Transparenz, Vertrauen, Image fördern	Themen einbringen, Ziele erreichen
Kein Entscheid-management, ohne Vertrauen, aber mit Ziele erreichen 11 Fälle	Informationsstand der Bevölkerung erhöhen, Öffentlichkeit informieren, Transparenz, Ziele erreichen	Vertrauen, Image fördern, Themen einbringen

Quelle: eigene Darstellung, N = 65, Distanzmaß: quadratische euklidische Distanz; Fusionierungsmethode: Ward-Methode

Die Regierungskommunikation dient jedoch durchaus dazu, die Regierung beim Erreichen ihrer politischen Ziele zu unterstützen. Dieses Verständnis setzt sich also aus Zielen der Information, der Transparenz und des Erreichens von Zielen zusammen und ist bei einer Leitungsperson, je fünf Staatsschreibern und fünf Mitarbeitenden zu finden.

6.3.7.2 Verständnis von Demokratie

In Bezug auf die Frage, welche Aspekte einer Demokratie für die Befragten im Vordergrund stehen, konnten verschiedene Aussagen als „nicht zutreffend", „eher nicht zutreffend", „eher zutreffend" oder „zutreffend" charakterisiert werden. Zur Auswahl standen Aussagen, die das partizipative Element der Demokratie hervorheben (Partizipation, Dialog fördern), Aussagen, die eher auf das Entscheidmanagement abzielen (Meinung der Regierung soll wahrgenommen bzw. akzeptiert werden), und Aussagen, die den Ausgleich von Interessen im Fokus haben.

Die Auswertung zeigt, dass vor allem das partizipative Element einer Demokratie als sehr wichtig hervorgehoben wurde („In einer Demokratie muss die Partizipation der Bevölkerung an politischen Entscheiden gefördert werden", MW: 3.88). Auch die Aussage „In einer Demokratie muss die Regierung den politischen Dialog mit der Bevölkerung pflegen" erhielt deutliche Zustimmung (MW: 3.78). Eher verneint wurde die Aussage, wonach die Regierung dafür sorgen muss, dass ihre Meinung von der Bevölkerung akzeptiert wird (MW: 2.62). Die Regierung darf aber nach Meinung der Befragten dafür sorgen, dass ihre Meinung zumindest wahrgenommen wird (MW: 3.49).

Hinsichtlich des Items „Meinung der Regierung wahrnehmen" zeigen sich Abweichungen in der Einschätzung der Befragten je nach der Position, die sie innehaben (siehe Abbildung 10).

Abbildung 10: Verständnis von Demokratie nach Position

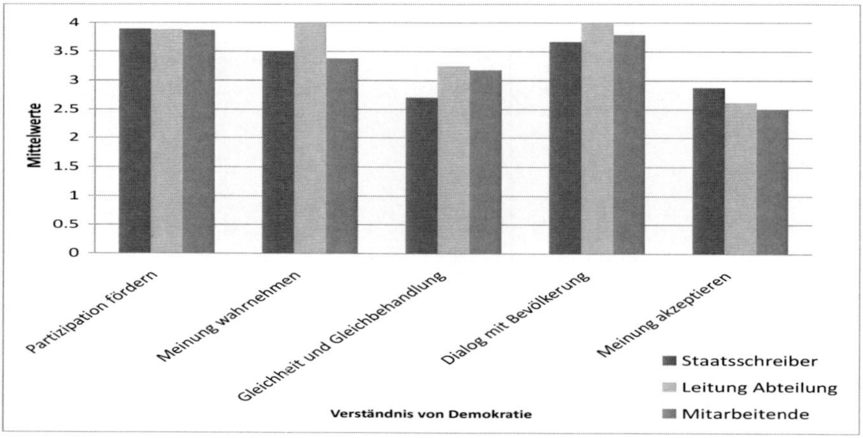

Quelle: eigene Darstellung, N = 63-65; 1 = trifft nicht zu, 2 = trifft eher nicht zu, 3 = trifft eher zu, 4 = trifft zu

Vor allem die Leitungspersonen der Kommunikationsabteilung schätzen diese Aussage ohne Ausnahme als zutreffend ein (MW: 4). Unter den Staatsschreibern und den Mitarbeitenden wird die Aussage uneinheitlicher beantwortet (MW: 3.5 bzw. 3.38). Hier zeigt sich wieder das deutlich offensivere Verständnis von Regierungskommunikation der Leitungspersonen im Gegensatz zu den anderen beiden Gruppen.

Lediglich innerhalb der Gruppe der Abteilungsleitung umstritten ist die Aussage, dass die Regierung für die Akzeptanz ihrer Meinung sorgen darf. Hier ist die Streuung der Einschätzungen besonders hoch (SD: 1.06). Dieses Item zielt ganz klar auf eine Beeinflussung der Meinung der Bevölkerung mittels Regierungskommunikation ab. Es überrascht insofern nicht, dass hier unterschiedliche Meinungen vorherrschen. Trotz des offensichtlich offensiveren Verständnisses von Regierungskommunikation von Leitungspersonen zeigt sich anhand dieses Items, dass es durchaus umstritten ist, wie weit dieses offensive Verständnis gehen soll.

Eine Clusteranalyse der verschiedenen möglichen Verständnisse von Demokratie zeigt eine Teilung der Befragten in zwei Gruppen (siehe Tabelle 13).

Tabelle 13: Verständnisprofile zum Verständnis von Demokratie

Cluster	Verständnis von Demokratie über 80%	Verständnis von Demokratie unter 80%
Dialog und Strategie, kein Ausgleich 37 Fälle	Partizipation fördern, Meinung der Regierung wahrnehmen, Dialog fördern, Meinung akzeptieren	Gleichbehandlung aller Meinungen
Dialog und Ausgleich, keine Strategie 25 Fälle	Partizipation fördern, Gleichbehandlung aller Meinungen, Dialog fördern	Meinung der Regierung wahrnehmen, Meinung akzeptieren

Quelle: eigene Darstellung, N = 62, Distanzmaß: quadratische euklidische Distanz; Fusionierungsmethode: Ward-Methode

Die Clusteranalyse zeigt, dass über die Hälfte der Befragten ein Verständnis von Demokratie hat, das sowohl die Förderung des Dialogs mit der Bevölkerung als auch den strategischen Einsatz von Regierungskommunikation zur Bekanntmachung der Position der Regierung umfasst. Nur logisch erscheint aus dieser Sicht, dass die Gleichbehandlung aller Meinungen nicht im Vordergrund stehen kann. Die zweite Gruppe umfasst diejenigen Befragten, welche die Förderung des Dialogs mit der Bevölkerung und die Gleichbehandlung aller Meinungen für wichtig erachten, während der strategische Einsatz von Regierungskommunikation nicht akzeptiert wird. Die Analyse dieser beiden Gruppen nach der Stellung der Befragten liefert kein klares Bild. Drei Viertel der Staatsschreiber vertreten das Demokratieverständnis der zweiten Gruppe, also ein Verständnis, in dem der strategische Einsatz der Regierungskommunikation erlaubt ist. Die Leitungspersonen der Kommunikationsabteilungen sind sich uneinig: Genau die Hälfte findet sich in der ersten, die andere Hälfte in der zweiten Gruppe. Bei den Mitarbeitenden ist die Aufteilung ebenfalls ausgeglichen; beide Demokratieverständnisse finden sich bei rund der Hälfte der Befragten. Das bisher festgestellte offensivere Verständnis von Regierungskommunikation unter den Leitungspersonen der Kommunikationsabteilungen spiegelt sich in diesen Resultaten nicht wider. Es zeigt sich hier im Detail, dass gerade die Einschätzung, die Regierung dürfe dafür sorgen, dass ihre Meinung von der Bevölkerung akzeptiert wird, sehr umstritten ist.

Bei der Frage nach dem Umgang mit für die Regierung negativen Informationen ist die Deutlichkeit der Antworten nicht überraschend. Der Aussage „Es ist legitim, wenn eine Regierung in ihrer öffentlichen Selbstdarstellung positive Aspekte ihrer Tätigkeit besonders betont" wird in der Regel zugestimmt (MW: 3.41), das Herunterspielen von negativen Aspekten oder das Zurückhalten von Informationen wird von den Befragten nicht akzeptiert (MW: 1.95 bzw. 1.98) (vgl. auch Röttger/Hoffmann/Jarren 2003: 202). Zwischen den verschiedenen Berufsgruppen herrscht hier weitgehend Einigkeit. Einzig die Staatsschreiber divergieren in ihrer Einschätzung, was das Zurückhalten von negativen Informationen angeht (SD: 1.1).

6.3.8 Zusammenfassung der Resultate zu den Akteuren der Regierungskommunikation

Die Akteure können nach ihrer Position im Kanton in drei Gruppen aufgeteilt werden. Es wurde unterschieden zwischen den Staatsschreibern, den Leitungspersonen der Kommunikationsabteilungen und den Mitarbeitenden. Diese Dreiteilung hat sich ergeben, weil in acht Kantonen der Staatsschreiber nicht in die Regierungskommunikation involviert ist und die Aufgabe der Kommunikation vollständig bei den Verantwortlichen der Kommunikationsabteilung liegt. Etwas mehr als die Hälfte der Befragten haben eine Funktionsbezeichnung, die explizit auf die Kommunikation verweist. Der Zugang zu den Regierungssitzungen für die Kommunikationsverantwortlichen wird restriktiv gehandhabt, nur in acht Kantonen ist ein regelmäßiger Zugang erlaubt.

Die berufssoziologische Analyse zeigt ein eindeutiges Bild der Akteure der Regierungskommunikation. Sie sind im Durchschnitt männlich, knapp 47 Jahre alt, besonders gut gebildet und schon seit mindestens acht Jahren auf derselben Position. Diese Charakterisierung trifft vor allem auf die Staatsschreiber zu. Die Leitungspersonen sind im Vergleich zu den Staatsschreibern jünger und es finden sich mehr Frauen darunter. Diese Akteursgruppe verfügt ebenfalls über ein sehr hohes Bildungsniveau, sie hat zudem zahlreiche Weiterbildungen – auch im Bereich der Kommunikation – besucht. Typisch für diese Gruppe ist, dass diese

Befragten noch nicht so lange auf ihrer Position sind wie die Staatsschreiber. Auffällig viele Leitungspersonen der Kommunikationsabteilungen waren vorher im Journalismus tätig. Es zeigt sich hier ganz deutlich die Nähe der für Kommunikation Verantwortlichen in den Kantonen zum Journalismus.

Die Auswertung der Tätigkeiten, welche die verschiedenen Kommunikationsverantwortlichen ausüben, zeigt eine erwartungsgemäße Arbeitsteilung. Die Haupttätigkeiten der Mitarbeitenden sind eher ausführende Tätigkeiten wie das Versenden von Pressemitteilungen, das Organisieren von Pressekonferenzen und das Betreuen des Internetauftritts des Kantons. Dahingegen führen die Leitungspersonen der Abteilungen zusammen mit den Staatsschreibern eher kontrollierende und strategische Arbeiten aus. Sie kontrollieren die Pressemitteilungen, geben den Journalisten Auskunft und halten Kontakt zu den Exponenten des Kantons. Zudem beraten sie die Regierung in Sachen Kommunikation und erstellen Kommunikationskonzepte für bestimmte Geschäfte des Regierungsrates. Die Analyse der Tätigkeitsprofile zeigt, dass es abgrenzbare Profile eines Kommunikationsspezialisten, der Leitungsfunktion, des Mitarbeitenden im Hintergrund und des Mitarbeitenden in der internen Kommunikation/Internet gibt. Die Tätigkeitsprofile entsprechen jedoch nicht in allen Fällen den tatsächlichen beruflichen Stellungen. Das Tätigkeitsprofil des Kommunikationsspezialisten findet sich in der großen Mehrheit der Kantone wieder.

Das Verständnis der Kommunikationsverantwortlichen von Zielen der Regierungskommunikation orientiert sich stark an der Idee, dass die Regierungskommunikation in erster Linie Informationen übermitteln sollte. Neben der Information werden aber auch Ziele des Supports genannt. Deutlich umstrittener sind Ziele des Entscheidmanagements, die am ehesten noch bei den Leitungspersonen der Kommunikationsabteilungen Zustimmung finden. Sie haben in der Regel ein offensiveres Verständnis von Regierungskommunikation als die Staatsschreiber oder die Mitarbeitenden. Der wichtigste Aspekt in einer Demokratie ist laut den Befragten die Förderung der Partizipation und die Pflege des Dialogs mit der Bevölkerung. Anhand der umstrittenen Aussage, dass die Regierung dafür sorgen muss, dass ihre Meinung akzeptiert wird, zeigt sich wiederum das eher offensive Kommunikationsverständnis der Leitungspersonen der Kommunikationsabteilung.

6.4 Instrumente der Regierungskommunikation

Zur Kommunikation mit der Öffentlichkeit kann die Regierung verschiedene Instrumente einsetzen. Die Instrumente werden hier als Formen der Kommunikation verstanden, für die personelle und finanzielle Ressourcen aufgewendet werden und die zu bestimmten Zwecken und nach bestimmten Regeln eingesetzt werden. Je nach den Erfordernissen der Situation führen situative Handlungsziele zum Einsatz von verschiedenen Instrumenten, die mit situativen Handlungsgründen gerechtfertigt werden (siehe Kapitel 4.6). Um die eingesetzten Instrumente der Regierungskommunikation zu beschreiben, wird zuerst auf die Instrumente selbst und auf die Häufigkeit ihres Einsatzes eingegangen. Dabei wird ein Exkurs zum Internet mit den Regeln und der Organisation der elektronischen Kommunikation in den einzelnen Kantonen gemacht. Weiter wird erhoben, welche Zielgruppen durch den Einsatz der Instrumente angesprochen werden sollen. Ein besonderes Instrument der Regierungskommunikation ist die Evaluation. Die Evaluation der eigenen Kommunikationsaktivitäten ist eine Möglichkeit, um den Erfolg der anderen Instrumente zu überwachen und zu überprüfen. Dafür müssen – genau wie für die anderen Instrumente – personelle und finanzielle Ressourcen eingesetzt werden und die Entscheidung, wann und zu welchem Thema eine Evaluation durchgeführt wird, unterliegt situativen Handlungsmotiven.

6.4.1 Häufigkeit der eingesetzten Instrumente

Aus einer breiten Auswahl an möglichen Instrumenten konnten die Leitungspersonen der Kommunikationsabteilungen und die Mitarbeitenden angeben, welche Instrumente sie „selten“, „eher selten“, „eher häufig“ oder „häufig“ einsetzen. Die Abbildung 11 zeigt die Häufigkeiten des Einsatzes der jeweiligen Instrumente.

Am häufigsten wird das Instrument „Internet“ (MW: 3.93) genannt, gefolgt von der Medienmitteilung (MW: 3.82) und der Pressekonferenz (MW: 3.21). Bereits deutlich seltener setzen die Kommunikationsverantwortlichen eine Informationsbroschüre ein (MW: 2.58) oder organisieren Treffen zwischen den Regierungsmitgliedern und der Presse (MW: 2.41). Gleich häufig wie die Medientreffen wird ein elektronischer Newsletter versendet (MW: 2.41). Unter den eher selten eingesetzten Instrumenten wird Sponsoring noch am häufigsten genannt (MW: 1.64), danach folgen Vorträge/Diskussionen, Plakate und Inserate, Direct Mailing, Begegnungen mit der Bevölkerung, Ausstellungen und Radio- oder Fernsehspots.

Interessant zu sehen ist die Dominanz des Internets, das noch vor den klassischen Instrumenten der Medienmitteilung und der Pressekonferenz eingestuft wird. Das Internet wird von allen Befragten am häufigsten eingesetzt. Damit ist jedoch nicht gemeint, dass ein elektronischer Newsletter versendet wird, da die Häufigkeit für den Newsletter deutlich niedriger liegt. Für weiterführende Überlegungen zur Rolle des Internets in der Regierungskommunikation siehe Kapitel 6.4.2.

Abbildung 11: Häufigkeit der eingesetzten Instrumente

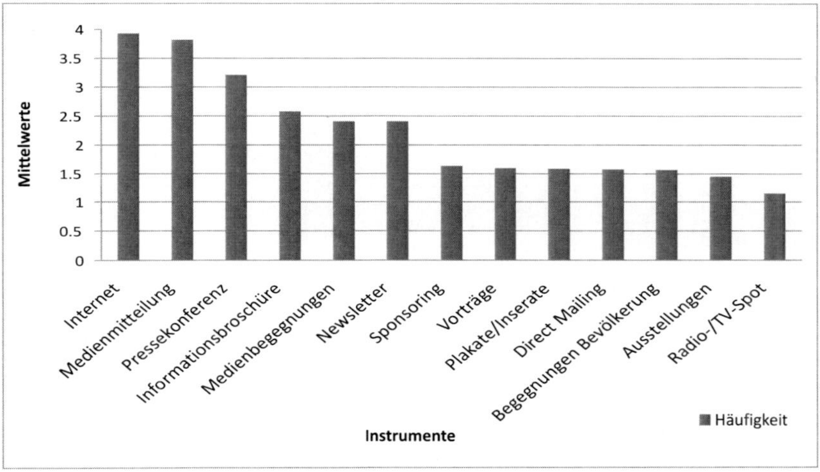

Quelle: eigene Darstellung, N = 13-44, 1 = selten, 2 = eher selten, 3 = eher häufig, 4 = häufig

Erwartungsgemäß werden die beiden Instrumente der Medienmitteilung und der Pressekonferenz sehr häufig eingesetzt. Instrumente außerhalb der klassischen Presse- und Medienarbeit kommen deutlich seltener zum Zug und sind nicht besonders verbreitet (vgl. dazu auch Röttger/Hoffmann/Jarren 2003: 138; Hardmeier 2003: 248). Eine zusätzliche Frage zu den Pressekonferenzen zeigt, dass die große Mehrheit, nämlich 21 Kantone, nach Regierungsratssitzungen unregelmäßig Pressekonferenzen abhält. Nur die Kantone Basel-Stadt, Glarus und Wallis geben an, keine Pressekonferenzen durchzuführen. Der Kanton Genf führt als einziger Kanton regelmäßig Pressekonferenzen nach den Sitzungen der Kantonsregierung durch (von Appenzell Innerrhoden fehlt die Angabe). Diese Antworten zeigen, dass die Pressekonferenz bis zu einem gewissen Grad ein institutionalisiertes Instrument der Regierungskommunikation ist, das jedoch nur unregelmäßig zum Einsatz kommt.

Ein genauerer Blick auf die Resultate zeigt, dass es kaum Unterschiede zwischen den befragten Leitungspersonen der Kommunikationsabteilungen und den Mitarbeitenden gibt. In der Regel sind die angegebenen Häufigkeiten der Leitungspersonen aber höher als diejenigen der Mitarbeitenden. Innerhalb der zwei

Gruppen wird vor allem der Newsletter unterschiedlich häufig eingesetzt. Hier findet sich eine Standardabweichung von 1.5 für die Leitungspersonen und 1.2 für die Mitarbeitenden.

Ein Blick auf die Tabelle der Häufigkeit der eingesetzten Instrumente zeigt deutlich, dass es „klassische“ Instrumente (Mittelwerte über 2) und eher selten eingesetzte, „unkonventionelle“ Instrumente der Regierungskommunikation gibt (Mittelwerte unter 2). Neben dem seltenen Einsatz dieser Instrumente gibt auch nur noch die Hälfte der Befragten überhaupt an, eines dieser Instrumente wie Direct Mailing oder Sponsoring jemals zu benutzen. Nur ein Viertel der Befragten hat angegeben, zumindest selten Radio- und TV-Spots als Instrument der Regierungskommunikation einzusetzen. Interessant ist die Verteilung der Kantone danach, ob sie eher die klassischen Instrumente oder auch seltene Instrumente einsetzen (siehe Tabelle 14).

Tabelle 14: Klassische vs. seltene Instrumente der Regierungskommunikation

Nur klassische Instrumente	Klassische und seltene Instrumente
BE, FR, GE, GR, JU, OW, SH, SZ, TI, VS, ZG	AG, AR, BL, BS, GL, LU, NE, NW, SG, SO, TG, UR, VD, ZH

Quelle: eigene Darstellung, N = 25; ohne Angabe: AI

Die Tabelle zeigt eine ungefähre Zweiteilung der Kantone. Etwas mehr als die Hälfte der Kantone setzen sowohl klassische als auch mindestens ein Instrument der Gruppe der seltenen Instrumente „häufig“ oder „eher häufig“ ein. Die andere Hälfte beschränkt sich auf die klassischen Instrumente der Presse- und Medienarbeit. Von den seltenen Instrumenten werden Sponsoring (in den Kantonen Aargau, Appenzell Ausserrhoden, Basel-Land und Uri), Plakate oder Inserate (in den Kantonen Glarus, Luzern, St. Gallen und Uri) und die direkte Begegnung mit der Bevölkerung (in den Kantonen Basel-Land, Nidwalden, Uri und Waadt) am häufigsten genannt. Ferner werden auch Direct Mailings (von den Kantonen Basel-Stadt, Neuenburg und Zürich), wie auch Vorträge und Ausstellungen (von den Kantonen Luzern, Solothurn, Thurgau und Uri) eingesetzt. Interessanterweise gibt der bevölkerungsmäßig eher kleine Kanton Uri an, am meisten seltene Instrumente häufig einzusetzen. Zudem ist interessant, dass die direkte Begegnung mit der Bevölkerung nicht nur in den kleinen Kantonen Nidwalden und Uri eingesetzt wird, sondern auch in den größeren Kantonen Basel-Land und Waadt. Allgemein erfolgt die Zweiteilung der Kantone ohne ersichtliche Systematik und ist schwierig zu erklären. Dies könnte damit zusammenhängen, dass der Einsatz der Instrumente sehr situationsabhängig ist. Je nach Problemlage im Kanton, je nach aktuellen Themen und Diskussionen können unterschiedliche Instrumente zum Zug kommen.

6.4.2 *Exkurs: Das Internet als Instrument der Regierungskommunikation*

Unter den Befragten herrscht Einigkeit darüber, dass das Internet eine zentrale Rolle neben den klassischen Instrumenten der Presse- und Medienarbeit eingenommen hat. Eine vertiefte Analyse der Organisation, der Regeln und der Zielgruppen der Internetauftritte der Kantonsregierungen zeigt, dass die Befragten das Internet als Teil der Regierungskommunikation wahrnehmen (vgl. Zogg 2008). So sind die Mitarbeitenden der Staatskanzleien, der Kommunikationsabteilungen oder der Medienbeauftragte für den Internetauftritt der Regierung zuständig. Eine eigene Stelle für Online-Kommunikation existiert nur in den Kantonen Bern und St. Gallen, und dort als Unterabteilung der Kommunikationsabteilung. Durchschnittlich sind eine bis vier Personen pro Kanton für die Inhalte des Internetauftritts verantwortlich, am häufigsten sind es eine oder zwei Personen. Der durchschnittliche Beschäftigungsgrad eines Internetsverantwortlichen pro Kanton beträgt 75%. Die finanziellen Ressourcen für den Internetauftritt bewegen sich in einem Rahmen zwischen 20.000 und 200.000 Franken (vgl. Zogg 2008: 75).

Die Berufsbezeichnungen der befragten Internetverantwortlichen lassen sich in drei Typen einteilen: kommunikationsspezifisch, internetspezifisch und administrativ (vgl. Zogg 2008: 69). Nur wenige Personen geben als Berufsbezeichnung eine internetspezifische Bezeichnung wie Webpublisher oder Contentmaster an. Die meisten Verantwortlichen sind gleichzeitig auch für die Regierungskommunikation zuständig und haben deshalb eine kommunikationsspezifische Bezeichnung wie Medienbeauftragte oder Leitung der Kommunikationsabteilung. Ebenfalls eher selten sind administrative Bezeichnungen wie Staatsschreiber oder Mitarbeitende des Sekretariats.

Mit Ausnahme eines Kantons sind alle befragten Verantwortlichen an schriftliche Regeln gebunden. Die Reglementierung für die Online-Kommunikation bzw. den Internetauftritt erfolgt in den wenigsten Fällen auf Gesetzesebene, sondern meist über interne Leitbilder (vgl. Zogg 2008: 65). Dort werden z. B. die Bedingungen, Ziele und Pflichten für einen erfolgreichen Internetauftritt festgehalten oder Zuständigkeiten geregelt. Zusätzlich zu den Leitbildern orientiert man sich auch an Regeln der Corporate Identity bzw. des Corporate Designs oder an journalistischen Regeln.

Die wichtigsten Zielgruppen, die von den meisten Regierungen über das Internet regelmäßig angesprochen werden, sind die Stimmbürger, die Einwohner des Kantons und die regionalen sowie überregionalen Medien. Die Auftritte werden also in erster Linie für die Bürgerinnen und Bürger konzipiert, erst an zweiter Stelle stehen die Medien und die Journalistinnen und Journalisten (vgl. Zogg 2008: 72).

Es zeigt sich, dass das Internet zwar im Gegensatz zu den anderen Instrumenten sehr häufig eingesetzt wird, dass aber auf organisatorischer Ebene die klassische Medienarbeit nach wie vor von großer Bedeutung ist und das Internet eher ergänzend dazu organisiert ist. In keinem Kanton besteht eine eigene Abteilung für den Internetauftritt, die Internet-Verantwortlichen sind in der Regel im Nebenamt für das Internet verantwortlich. Es kann vermutet werden, dass das Internet nicht in erster Linie als Instrument verstanden wird, das punktuell und situativ zur Erreichung eines bestimmten Ziels eingesetzt wird, sondern eher als neuer, zusätzlicher Kanal für die Verbreitung von Informationen.

6.4.3 Zielgruppen der Regierungskommunikation

Die Frage nach den Zielgruppen der Regierungskommunikation zielt auf eine Gewichtung der verschiedenen Anspruchsgruppen der Regierung ab. Die Befragten konnten verschiedene Zielgruppen nach deren Wichtigkeit in ihrer täglichen Arbeit bewerten („unwichtig", „eher unwichtig", „eher wichtig", „wichtig"). Um zu verstehen, wie die Befragten selbst die Zielgruppen wahrnehmen, wird zuerst eine Faktorenanalyse durchgeführt. Die Analyse hat gezeigt, dass die Variable Personal mit keiner anderen Variablen auf einen Faktor lädt, bzw. den Faktor aufspannt. Aus diesem Grund wurde die Variable für die weitere Analyse ausgeschlossen. Das Personal wurde aber grundsätzlich als eine sehr wichtige Zielgruppe der Regierungskommunikation eingeschätzt. Mit einem Mittelwert von 3.49 rangiert das Personal in der Wichtigkeit noch vor den Parlamentsmitgliedern (vgl. Abbildung 13). Es kann vermutet werden, dass sich hier das oben hergeleitete Tätigkeitsprofil der Mitarbeitenden zeigt, die in erster Linie für die interne Kommunikation via Intranet zuständig sind (siehe Kapitel 6.3.6). Das Tätigkeitsprofil zeigt auch, dass diese Mitarbeitenden nicht in die alltägliche Presse- und Medienarbeit involviert sind, sondern ausschließlich für die interne Kommunikation zuständig sind. Daraus lässt sich auch erklären, warum diese Variable zu keinem der Faktoren passt.

Eine Hauptkomponentenanalyse der verbliebenen Variablen mit einer obliquen Rotation hat eine Zweiteilung der Zielgruppen ergeben (siehe Tabelle 15).

Tabelle 15: Faktorenanalyse der Zielgruppen

	Komponenten	
Lokale Radios	1.024	
Lokale Zeitungen	.977	
Radio DRS	.973	
Öffentlichkeit	.895	
Lokales Fernsehen	.879	
Schweizer Fernsehen	.788	
Überregionale Zeitungen	.770	
Sonntagszeitungen	.681	
Online-Medien	.487	
Vertreter Bund		.981
Vertreter Verbände		.913
Firmen		.827
Vertreter Parteien		.817
Vertreter Kantone		.769
Vertreter Gemeinden		.649
Parlamentsmitglieder		.496

Quelle: eigene Darstellung, N = 44[1]

Die Faktorenanalyse zeigt, dass es in der Wahrnehmung der Befragten zwei große Gruppierungen von Zielgruppen gibt. Eine erste Gruppe umfasst alle Medien und die Öffentlichkeit. Diese Einordnung ist insofern verständlich, als dass die Regierung die Öffentlichkeit in erster Linie über die Medien erreicht und informiert (den engen Zusammenhang zwischen Medien und der Öffentlichkeit konstatieren auch Röttger/Hoffmann/Jarren, vgl. Röttger/Hoffmann/Jarren 2003: 152f.). Die zweite Gruppe umfasst die Vertreter aller drei Staatsebenen sowie Vertreter von Verbänden, Firmen, Parteien und die Parlamentsmitglieder. Sie umfasst damit verschiedene intra- sowie interkantonale Arbeitsbeziehungen der Regierung. Von intra- und interkantonalen Ansprechpartnern kann vermutet werden, dass diese in der Regel nicht wie die Öffentlichkeit über die Medien angesprochen werden, sondern direkte Kontakte und institutionalisierte Begegnungen im Rahmen von interkantonalen Konferenzen etc. stattfinden. Damit wird auch auf einen fundamentalen Unterschied zwischen diesen Zielgruppen

[1] Das Kaiser-Meyer-Olkin Kriterium ist .871, die zwei Faktoren erklären 72% der Gesamtvarianz, Cronbachs Alpha liegt bei .949

verwiesen. Die Zielgruppen der Medien und der Öffentlichkeit werden eher mit externer, medial vermittelter Kommunikation angesprochen, die Zielgruppen auf den anderen föderalen Ebenen, die Intermediären und die Wirtschaft, werden eher mit direkter, nicht medial vermittelter Regierungskommunikation angesprochen. In der Folge werden diese beiden Gruppierungen der Zielgruppen getrennt analysiert.

6.4.3.1 Zielgruppen der Medien und der Öffentlichkeit

Als Erstes wird auf die Zielgruppen der Medien und der Öffentlichkeit eingegangen. Die wichtigste Zielgruppe in dieser Gruppierung ist die Öffentlichkeit mit einem sehr hohen Mittelwert von 3.73 (siehe Abbildung 12).

Abbildung 12: Zielgruppen Medien und Öffentlichkeit

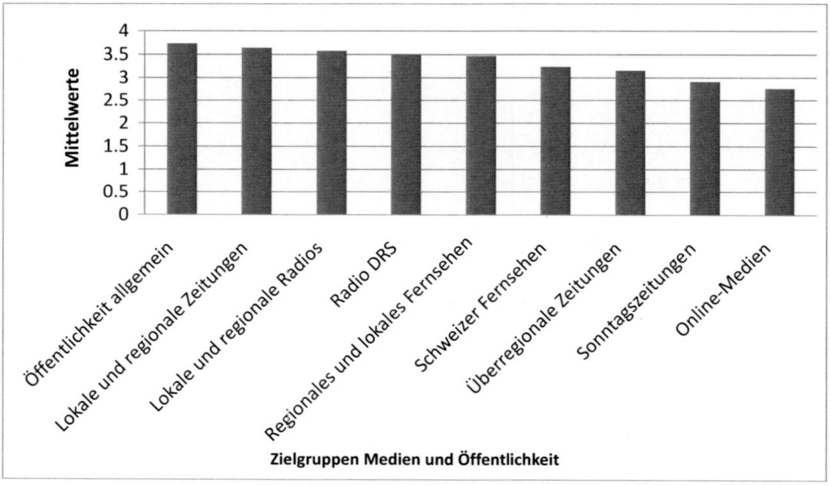

Quelle: eigene Darstellung, N = 45; 1 = unwichtig, 2 = eher unwichtig, 3 = eher wichtig, 4 = wichtig

Dicht gefolgt wird die Öffentlichkeit als Zielgruppe von verschiedenen Medien. Unter den Medien, die von den Kommunikationsverantwortlichen in den Kantonen angesprochen werden, spielen in erster Linie lokale und regionale Zeitungen (MW: 3.64), das Radio (MW für lokale und regionale Radiostationen: 3.58; MW für Radio DRS: 3.51) sowie lokales und regionales Fernsehen (MW: 3.47) eine wichtige Rolle.

Die kantonale Regierungskommunikation spielt sich also wenig überraschend vor allem in den lokalen und regionalen Zeitungen, in den lokalen und regionalen Radiostationen und im Lokalfernsehen ab. Die Einordnung zeigt, dass Radio DRS eine Ausnahme zwischen den lokal verwurzelten Medien darstellt. Hier liegt die Vermutung nahe, dass sich die Kommunikationsverantwortlichen in erster Linie auf die Regionaljournale von Radio DRS beziehen, ähnliche Überlegungen könnten für die lokalen Gefäße des Schweizer Fernsehens gelten.

Deutlich weniger wichtig werden überregionale Zeitungen (MW: 3.16) und Sonntagszeitungen (MW: 2.91) eingeschätzt. Es dürfte schwierig sein, mit kantonalen Anliegen in diesen Zeitungen regelmäßig präsent zu sein. Die unwichtigste Zielgruppe unter den Medien sind die Journalisten in Online-Medien (MW: 2.76). Hier zeigt sich wieder die Doppeldeutigkeit des Internets. Zum einen ist das Internet das am häufigsten eingesetzte Instrument, es werden aber selten Newsletter verschickt oder Journalisten bei Online-Medien angesprochen. Diese Resultate erhärten die oben geäußerte Vermutung, dass das Internet eher als Kanal zur Verbreitung von Nachrichten statt als eigenständiges Medium gesehen wird, das spezifisch angesprochen und benutzt werden kann.

Die Einschätzungen der Wichtigkeit der Zielgruppen der Medien und der Öffentlichkeit variieren nur geringfügig zwischen den befragten Gruppen der Leitungspersonen der Kommunikationsabteilungen und der Mitarbeitenden. Grundsätzlich schätzen die Leitungspersonen die einzelnen Zielgruppen wichtiger ein als die Mitarbeitenden. Einzige Ausnahme sind die Online-Medien, diese schätzen die Mitarbeitenden wichtiger ein als die Leitungspersonen. Gleichzeitig ist die Wichtigkeit der Online-Medien unter den Mitarbeitenden aber auch sehr umstritten (SD: 1.07). Wie gezeigt wurde, ist das Internet eine typische Aufgabe der Presse- und Medienarbeit, für die die Mitarbeitenden zuständig sind (siehe Kapitel 6.3.6). Die Vermutung liegt nahe, dass die für das Internet zuständigen Personen die Online-Medien auch für wichtig einschätzen. Dies könnte auch die hohe Streuung erklären, da das Internet nicht bei allen Mitarbeitenden zum Aufgabengebiet gehört. Ebenfalls umstritten unter den Mitarbeitenden ist der Stellenwert des Schweizer Fernsehens (SD: 1.04). Dies könnte damit zu tun haben, dass im Fragebogen nicht explizit zwischen nationalen Formaten und spezifisch regionalen Gefäßen wie zum Beispiel „Schweiz Aktuell“ unterschieden wurde.

6.4.3.2 Intra- und interkantonale Zielgruppen

Wie mittels einer Faktorenanalyse gezeigt werden konnte, unterscheiden die Befragten zwischen Zielgruppen der Medien und der Öffentlichkeit und Zielgruppen der intra- und interkantonalen Arbeitsbeziehungen. Zu letzteren gehören die Parlamentarier und Parlamentarierinnen, die Vertreter von Gemeinden, anderen Kantonen und dem Bund sowie Vertreter von Parteien, Verbänden und Firmen (siehe Abbildung 13).

Abbildung 13: Intra- und interkantonale Zielgruppen

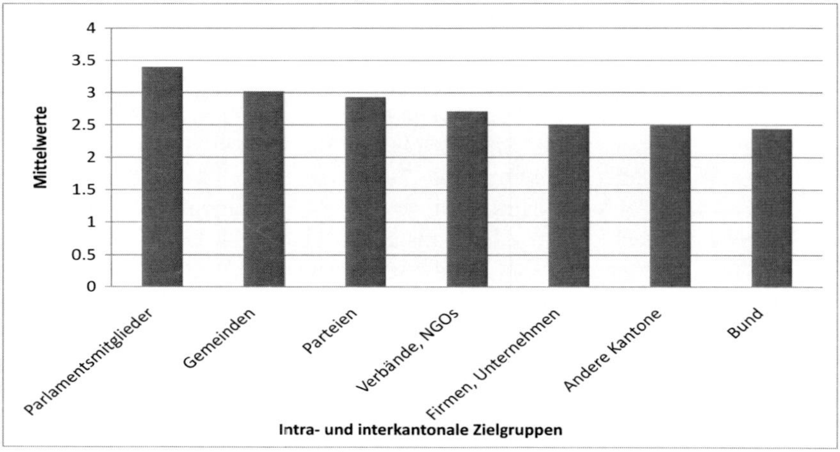

Quelle: eigene Darstellung, N = 44-45; 1 = unwichtig, 2 = eher unwichtig, 3 = eher wichtig, 4 = wichtig

Die wichtigste Zielgruppe der intra- und interkantonalen Zusammenarbeit sind die Parlamentarier (MW: 3.4). Hier zeigt sich die enge Verbindung der Regierung und der Staatskanzlei mit der gesetzgebenden Gewalt. In vielen Aufgabenprofilen der Kanzleien wird explizit erwähnt, dass die Kanzlei als Bindeglied zwischen der Regierung und dem Parlament fungieren soll (vgl. Bochsler et al. 2004: 61; Riesen 2000: 29). Aus dieser Perspektive ist dieses Resultat wenig überraschend. Interessanter ist der hohe Stellenwert der Gemeinden. In der klassischen Dreiteilung eines föderalistischen Staates in Gemeinden, Kantone und Bund spielen die Gemeinden die wichtigste Rolle für die Kantone (MW: 3.02). An zweiter Stelle, aber deutlich abgeschlagen, folgen die anderen Kantone (MW: 2.49) und erst dann folgt der Bund (MW: 2.44). Dieser Wert ist zugleich der niedrigste aller Zielgruppen und eher überraschend, bildet doch der Bund oft den Rahmen und gibt Gesetze für die Arbeit der Kantone vor. Hier kann vermutet werden, dass die Kommunikation mit dem Bund nicht direkt verläuft, sondern eher über Gremien und interkantonale Zusammenschlüsse kommuniziert wird.

Die Gemeinden hingegen sind direkt vom Kanton und seiner Arbeit abhängig, hier scheinen die Kommunikationsbeziehungen intensiver zu sein.

Neben den Parlamentsmitgliedern und den Gemeinden spielen auch intermediäre Akteure wie Parteien und Verbände eine eher wichtige Rolle (MW: 2.93 bzw. 2.71). Sie stehen in der Reihenfolge noch vor Akteuren aus der Wirtschaft. Interessanterweise spielen aber Firmen und Unternehmen eine wichtigere Rolle in der Regierungskommunikation als andere Kantone und der Bund.

Ein Vergleich der Aussagen zwischen den Leitungspersonen der Kommunikationsabteilungen und den Mitarbeitenden zeigt, dass in der Regel die Leitungspersonen wieder eine höhere Einschätzung vorgenommen haben als die Mitarbeitenden (siehe Abbildung 14).

Abbildung 14: Intra- und interkantonale Zielgruppen nach Position

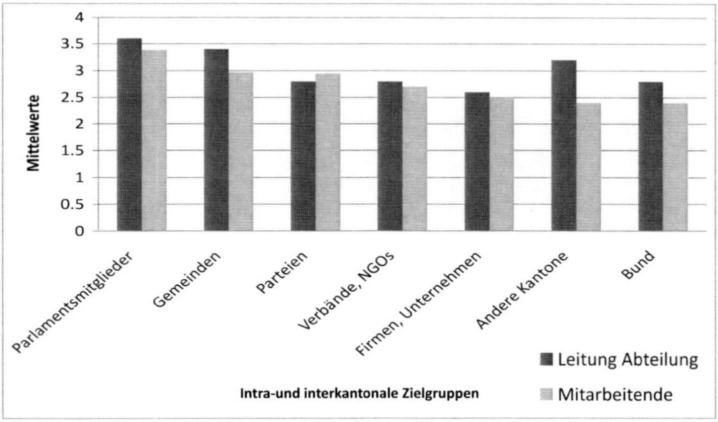

Quelle: eigene Darstellung, N = 44-45; 1 = unwichtig, 2 = eher unwichtig, 3 = eher wichtig, 4 = wichtig

Die Unterschiede sind bei den Zielgruppen der Vertreter von Kantonen, von Gemeinden und vom Bund besonders augenfällig. Diese schätzen die Leitungspersonen deutlich wichtiger ein als die Mitarbeitenden. Dieser Unterschied könnte darauf hinweisen, dass die Leitung der Abteilung mehr Kontakte zu Vertretern von anderen Kantonen, Gemeinden und dem Bund hat als ihre Mitarbeitenden. Es haben deutlich mehr Mitarbeitende an der Befragung teilgenommen als Leitungspersonen. Dieser Umstand könnte erklären, warum die Kantone und der Bund am Ende der Liste der intra- und interkantonalen Zielgruppen stehen: Vermutlich haben diese Zielgruppen einen höheren Stellenwert als hier gezeigt wird, aber eben nur für die Leitungspersonen und für die Staatsschreiber (die diese Frage nicht beantworten mussten).

6.4.3.3 Profile der Zielgruppen

Nach einer Beschreibung der Wichtigkeit der verschiedenen Zielgruppen wird nun darauf fokussiert, welche Kommunikationsverantwortlichen welche Zielgruppen in der Regel ansprechen und welche Profile sich daraus bilden lassen. Eine Clusteranalyse über alle Zielgruppen (Medien und Öffentlichkeit, intra- und interkantonale Arbeitsbeziehungen) ergibt eine Einteilung in vier verschiedene Gruppen (siehe Tabelle 16).

Tabelle 16: Profile der Zielgruppen

Cluster	Zielgruppen über 80%	Zielgruppen unter 80%
Alle Zielgruppen 20 Fälle	Alle Zielgruppen	-
Öffentlichkeit/ Medien und Parlament 12 Fälle	Öffentlichkeit, lokale/regionale Zeitungen, überregionale Zeitungen, SO-Zeitungen, Fernsehen SF, Lokalfernsehen, Radio DRS, Lokalradio, Onlinejournalisten, Parlamentsmitglieder	Parteienvertreter, Verbändevertreter, Vertreter Bund, Vertreter Kantone, Vertreter Gemeinde, Firmen
Lokale Zielgruppen: Öffentlichkeit und lokale Medien 8 Fälle	Öffentlichkeit, lokale/regionale Zeitungen, Lokalfernsehen, Radio DRS, Lokalradio	Überregionale Zeitungen, SO-Zeitungen, Fernsehen SF, Onlinejournalisten, Parlamentsmitglieder, Parteienvertreter, Verbändevertreter, Vertreter Bund, Vertreter Kantone, Vertreter Gemeinde, Firmen
Interne Kommunikation 5 Fälle	-	Alle Zielgruppen

Quelle: eigene Darstellung, N = 45; Distanzmaß: quadratische euklidische Distanz; Fusionierungsmethode: Ward-Methode

Die größte Gruppe der Befragten (20 Personen) befindet alle Zielgruppen für ihre tägliche Arbeit relevant und wichtig. Diese Gruppe macht keinen Unterschied zwischen den oben differenzierten Zielgruppen der Medien und der Öffentlichkeit und den intra- und interkantonalen Zielgruppen. In diesen Fällen wird die eher nach außen gerichtete, medial vermittelte Kommunikation zusammen mit der eher direkten, nicht medial vermittelten Kommunikation von einer Person ausgeführt. In weiteren 12 Fällen spiegelt sich diese Trennung der Zielgruppen wieder. Diese Gruppe spricht in erster Linie die Medien und die Öffentlichkeit mittels Regierungskommunikation an, aber außer dem Parlament keine weiteren Zielgruppen der intra- und interkantonalen Zusammenarbeit. In diesen Fällen werden die Instrumente folglich in erster Linie für die medial vermittelte Kommunikation eingesetzt. Interessant sind weitere acht Fälle. Diese haben ein sehr lokales Verständnis von den Zielgruppen der Regierungskommunikation. Sie sprechen die Öffentlichkeit, alle lokalen Medien sowie das Schweizer Radio DRS an. Die Kommunikation mit weiteren Zielgruppen der intra- und interkantonalen Arbeitsbeziehungen gehört jedoch nicht zu ihren Aufgaben.

Zudem werden in dieser Analyse einmal mehr die fünf Fälle sichtbar, die sich vor allem auf die interne Kommunikation mit den Mitarbeitenden konzentrieren und keinerlei Kontakt zu den Medien oder anderen Zielgruppen haben.

Ein Vergleich der Profile nach Stellung der Befragten macht hier keinen Sinn, da diese Frage den Staatsschreibern nicht gestellt wurde und nur von fünf der acht Leitungspersonen Aussagen vorliegen. Aber es ist möglich, die Kantone nach dem Verständnis der Zielgruppen zu ordnen. Es wird eine Unterscheidung zwischen Kantonen gezogen, die ihre Kommunikationsaufgaben bei einer Person gebündelt haben, das heißt, eine Person alle Zielgruppen anspricht, und solchen Kantonen, in denen bestimmte Personen für bestimmte Zielgruppen zuständig sind. Alle Kantone, in denen mindestens eine befragte Person alle Zielgruppen anspricht (erster Cluster), werden als Kantone mit einer Spezialisierung der Zielgruppenansprache bei einer Person charakterisiert, alle anderen Kantone weisen diese Spezialisierung nicht auf (siehe Tabelle 17).

Tabelle 17: Spezialisierung der Zielgruppenansprache

Keine Spezialisierung der Zielgruppenansprache	Spezialisierung der Zielgruppenansprache
AG, AR, FR, GL, NE, NW, SH, SO, SZ, TG	BE, BL, BS, GE, GR, JU, LU, OW, SG, TI, UR, VD, VS, ZG ZH

Quelle: eigene Darstellung, N = 25; ohne Angabe: AI

Die Einteilung zeigt, dass weit über die Hälfte der Kantone eine Spezialisierung der Zielgruppenansprache aufweist. Nur in zehn Kantonen werden die Zielgruppen von verschiedenen Personen angesprochen, das heißt, es herrscht keine Spezialisierung der Zielgruppenansprache vor. Ähnlich wie bei der Analyse der Häufigkeit der eingesetzten Instrumente ist auch hier keine klare Logik bei der Einteilung der Kantone in die zwei Gruppen ersichtlich. Auch hier liegt die Vermutung nahe, dass der Einsatz der Instrumente stark von der Situation in den Kantonen, von den aktuell diskutierten Themen und den anstehenden Problemen geprägt wird.

6.4.4 Evaluation der Regierungskommunikation

Ein wichtiger Aspekt der Regierungskommunikation ist die Evaluation und die Reflektion über die eigenen Kommunikationstätigkeiten. Dazu müssen personelle und finanzielle Ressourcen eingesetzt werden, weshalb die Evaluation hier unter dem Kapitel der Instrumente der Regierungskommunikation besprochen wird. Grundsätzlich geben 15 Kantone an, sie würden ihre Medienarbeit evaluieren (AG, AR, BE, BL, BS, GL, LU, JU, SG, TG, UR, VD, VS, ZG, ZH), zehn Kantone führen keine Evaluation ihrer Medienarbeit durch (AI, FR, GE, GR, NE, NW, OW, SH, SO, TI), von einem Kanton fehlen die Angaben (SZ).

Von den Methoden, die zur Dokumentation der eigenen Medienarbeit eingesetzt werden, ist der Medienspiegel/Pressespiegel die am weitesten verbreitete (für ähnliche Resultate vgl. Rothmayr 2002: 13). 14 der 15 Kantone beobachten mittels Medienspiegel die Berichterstattung über die eigene Arbeit (AG, BE, BL, BS, GL, LU, JU, SG, TG, UR, VD, VS, ZG, ZH). Die Hälfte der Kantone tut dies täglich, zwei Kantone tun dies wöchentlich, zwei bei wichtigen Ereignissen und ein Kanton setzt einmal pro Quartal einen Medienspiegel ein. Auch von Kantonen, die angeben, dass sie ihre Medienarbeit nicht evaluieren, setzen sechs täglich oder bei wichtigen Ereignissen einen Medienspiegel ein (FR, GE, GR, NE, OW, SO). Damit kommt der Medienspiegel bei 20 Kantonen zum Einsatz, davon wird in neun Kantonen täglich die Berichterstattung beobachtet.

Ein systematisches Medienmonitoring, also eine systematische Beobachtung der täglichen Berichterstattung kommt in neun Kantonen zum Einsatz (AG, AR, BE, GE, LU, OW, UR, VS, ZH). Deutlich seltener werden Meinungsumfragen in der Bevölkerung oder Expertenbefragungen eingesetzt. Nur vier Kantone geben an, selten oder maximal ein bis drei Mal jährlich eine Meinungsumfrage durchzuführen (AG, BS, LU, TG). Sieben Kantone führen Expertenbefragungen durch, auch dies geschieht eher selten, maximal einmal pro Quartal (BL, BS, GL, JU, LU, VD, ZH).

6.4.5 Zusammenfassung der Resultate zu den Instrumenten der Regierungskommunikation

Erwartungsgemäß werden die beiden klassischen Instrumente Pressemitteilung und Pressekonferenz deutlich am häufigsten eingesetzt. Zudem zeigt sich eine klare Zweiteilung in eher häufig und eher selten genutzte Instrumente. Zu den häufig eingesetzten Instrumenten gehören die Informationsbroschüre, Medienbegegnungen und der Newsletter. Instrumente wie Sponsoring, Vorträge, Plakate, Inserate und ähnliche werden eher selten und von wenigen Kantonen eingesetzt.

Bei den Zielgruppen der Regierungskommunikation unterscheiden die Befragten zwischen der Öffentlichkeit und den Medien sowie intra- und interkantonalen Arbeitsbeziehungen. In der ersten Gruppierung wird vor allem der Öffentlichkeit ein hoher Stellenwert zugesprochen, gefolgt von überwiegend lokalen Medien. Unter den intra- und interkantonalen Arbeitsbeziehungen werden die Parlamentarier und die Gemeinden als wichtige Ansprechpartner hervorgehoben. Obwohl insgesamt als eher weniger wichtig eingestuft, spielen die Vertreter von anderen Kantonen und dem Bund für die Leitungspersonen der Kommunikationsabteilungen eine wichtige Rolle. In über der Hälfte der Kantone gibt es mindestens eine Person, welche alle Zielgruppen als wichtig eingestuft hat. In diesen Kantonen liegt eine Spezialisierung der Zielgruppenansprache vor.

In etwa der Hälfte der Kantone wird eine Evaluation oder mindestens eine Beobachtung der Umwelt über einen Medienspiegel durchgeführt. Dies geschieht regelmäßig, zum Teil sogar täglich. Der Rest der Kantone führt eher sporadisch oder bei wichtigen Ereignissen eine Evaluation der Medienarbeit durch. Nur in fünf Kantonen findet überhaupt keine Evaluation oder Beobachtung der eigenen Medienarbeit statt.

7 Vergleich der Regierungskommunikation der Schweizer Kantone

Nach einer ausführlichen Beschreibung der Regierungskommunikation in den Schweizer Kantonen geht es in diesem Kapitel nun darum, systematisch die Unterschiede und Gemeinsamkeiten der Regierungskommunikation in den Kantonen aufzuzeigen. Dies geschieht in erster Linie über die Bildung von Typologien zu den vier Dimensionen der Regeln, der Organisation, der Akteure und der Instrumente nach bestimmten Merkmalen. Der Vergleich besteht in der Diskussion der Zuordnung der einzelnen Kantone zu den verschiedenen Typen pro Dimension und in einer Gegenüberstellung der verschiedenen Typologien über die vier Dimensionen hinweg. Ziel des Kapitels ist es, eine übergreifende Typologie über alle Dimensionen und alle Kantone zu entwickeln, die Auskunft über die Regierungskommunikation der Schweizer Kantone als Ganzes gibt.

7.1 Unterschiede und Gemeinsamkeiten der Regierungskommunikation

Um die Unterschiede und Gemeinsamkeiten der Regierungskommunikation in den Schweizer Kantonen zu untersuchen, wird in diesem Kapitel eine Typologie der Regierungskommunikation pro Untersuchungsdimension erstellt, welche die wichtigsten Merkmale dieser Dimension umfasst und es erlaubt, die Kantone zu bestimmten Typen zusammenzufassen. Die Erstellung der Typologien geschieht mittels Clusteranalysen und der qualitativen Methode der Zusammenfassung nach Mayring (siehe Kapitel 5.3.1 und 5.3.3). Die Clusteranalyse lässt viel Interpretationsspielraum, daher ist es unerlässlich, auch hier eine Mischung von statistischen Verfahren und qualitativer Interpretation anzuwenden.

7.1.1 Typologie der Regelsysteme

In Kapitel 6.1 wurden die verschiedenen Regelungsstufen sowie die Inhalte der Regelungen der Regierungskommunikation dargelegt. Aus den Regelungsstufen lässt sich nun eine Typologie bilden, welche die beiden Merkmalsausprägungen

Anzahl der Regelungsstufen und Vorhandensein einer spezifischen Regelung für Kommunikation umfasst. Die Anzahl der Stufen, auf denen die Regierungskommunikation geregelt ist, ist ein Maß dafür, wie umfassend die Kommunikation in den verschiedenen Gesetzen der Kantone Eingang gefunden hat. Dabei wird eine wichtige Unterscheidung zwischen Gesetzen getroffen, welche die Organisation der Regierung regeln und in denen sich ein Artikel zur Kommunikation findet, und solchen, die sich ausschließlich mit der Kommunikation beschäftigen. Das Vorhandensein eines Dokuments, das ausschließlich die Kommunikation des Kantons regelt (Öffentlichkeits- und Informationsgesetze, Informationsverordnungen, Leitbilder), ist ein Indikator dafür, dass sich ein Kanton intensiv mit dem Thema der Kommunikation auseinander gesetzt hat.

Die Typologie der Regelungsstufen wurde mittels einer qualitativen Zusammenfassung erstellt. Werden die Kantone entlang dieser zwei Merkmale eingeteilt, ergeben sich vier Typen von Regelungen: Kantone, in denen die Kommunikation wenig geregelt ist und keine kommunikationsspezifischen Dokumente vorliegen, Kantone mit einer niedrigen Regelungsdichte, aber kommunikationsspezifischen Dokumenten, Kantone mit kommunikationsspezifischen Dokumenten und einer mittleren Regelungsdichte und Kantone mit einer hohen Regelungsdichte und kommunikationsspezifischen Dokumenten (siehe Tabelle 18).

Tabelle 18: Typologie der Regelungsstufen

Typen	Niedrige Regelung ohne Kommunikation	Niedrige Regelung mit Kommunikation	Mittlere Regelung mit Kommunikation	Hohe Regelung mit Kommunikation
Regelungsstufen	1-2 Stufe(n)	2 Stufen	3 Stufen	4 Stufen
Spezifisches Dokument für Kommunikation	Nein	Ja	Ja	Ja
Kantone	AI, VS	GE, NW, OW, SZ, ZG	AG, BE, BL, BS, GR, JU, LU, SG, SH, SO, TG, TI	AR, FR, GL, NE, UR, VD, ZH

Quelle: eigene Darstellung, N = 26; Stand: Dezember 2007

Die Verteilung der Kantone über die vier Typen zeigt, dass 19 Kantone die Kommunikation auf mindestens drei Stufen geregelt haben. Nur zwei Kantone,

Appenzell Innerrhoden und das Wallis, haben eine niedrige Regelungsdichte und keine Informationsgesetze, Informationsverordnungen oder Leitbilder. Überraschend ist diese Zuordnung nur im Falle des Kantons Wallis, ist doch der Kanton Appenzell Innerrhoden der kleinste Kanton der Schweiz und häufig eine Ausnahme. Die Gruppe des zweiten Typs mit einer niedrigen Regelungsdichte, aber kommunikationsspezifischen Dokumenten umfasst die vier kleineren Innerschweizer Kantone Nidwalden, Obwalden, Schwyz und Zug sowie den Kanton Genf. Diese Kantone weisen trotz einer allgemein niedrigen Regelungsdichte von Kommunikation Dokumente aus, die sich ausschließlich mit Kommunikation befassen. So kennt der Kanton Genf ein Öffentlichkeits- und Informationsgesetz, in den beiden Kantonen Nid- und Obwalden bestehen Informationsverordnungen und Schwyz und Zug haben ein Leitbild erlassen. Die größte Gruppe besteht aus Kantonen, die ihre Kommunikation auf drei Gesetzesstufen geregelt und auch kommunikationsspezifische Dokumente erlassen haben. Die Gruppe umfasst vor allem größere deutschschweizerische Kantone wie den Aargau, Bern, die beiden Basel, Luzern, St. Gallen oder Thurgau, aber auch Graubünden, Schaffhausen, Solothurn sowie das Tessin und den Jura. In all diesen Kantonen bestehen entweder Öffentlichkeits- und Informationsgesetze (AG, BE, JU, SO), Informationsverordnungen (BE, BL, LU) oder Leitbilder (AG, BS, GR, SG, SH, SO, TG, TI). In der Gruppe mit der höchsten Regelungsdichte und kommunikationsspezifischen Dokumenten finden sich die kleineren Kantone Appenzell Ausserrhoden, Glarus und Uri, die welschen Kantone Freiburg, Neuenburg und Waadt, sowie der Kanton Zürich. In allen diesen Kantonen sind Leitbilder zur Regierungskommunikation in Kraft. Zudem bestehen in zwei Kantonen Öffentlichkeits- und Informationsgesetze (AR, VD) und in drei Kantonen Informationsverordnungen (FR, NE, VD).

Die Zuordnung von Kantonen zu den vier Typen der Regelungsstufen zeigt, dass eine niedrige Regelungsdichte von Kommunikation nicht zwingend bedeutet, dass keine kommunikationsspezifischen Dokumente vorhanden sind. So zeigen die fünf Kantone des zweiten Typs, dass die Bedingungen und Leitlinien der Regierungskommunikation durchaus reflektiert wurden, auch wenn sie nicht auf allen möglichen Gesetzesstufen verankert worden sind. Die Einordnung der Kantone in diese Typen zeigt, dass bevölkerungsreiche Kantone in der Tendenz eine höhere Regelungsdichte (mehr als drei Stufen) aufweisen als bevölkerungsarme. Ausnahme nach oben sind die Kantone Appenzell Ausserrhoden, Glarus und Uri, in denen die Kommunikation auf allen vier Stufen Eingang in die Gesetze gefunden hat. Ausnahme nach unten ist das Wallis und der Kanton Genf. Zudem scheint es, dass die welschen Kantone in der Tendenz eine höhere Regelungsdichte aufweisen als deutschschweizerische Kantone. Alle Kantone der französischsprachigen Schweiz außer Genf und Wallis haben die Kommunikation auf mehr als drei Stufen geregelt, die drei großen Kantone Freiburg, Neuenburg und Waadt weisen Regelungen der Kommunikation auf vier Stufen auf.

7.1.2 Typologie der Organisation

In der Dimension der Organisation der Regierungskommunikation werden vier Merkmale mittels einer Clusteranalyse zusammengefasst. Diese Merkmale sind zum einen die Frage nach der Zuständigkeit für die Regierungskommunikation und die hierarchische Anbindung, das heißt die Verortung der Regierungskommunikation im Organigramm des Kantons (siehe Kapitel 6.2.1). Das Merkmal der Zuständigkeit gibt Auskunft darüber, welchen Stellenwert die Regierungskommunikation auf organisationaler Ebene einnimmt: Ist der Staatsschreiber für die Regierungskommunikation im Nebenamt zuständig oder gibt es eine eigene Stelle für Regierungskommunikation oder gar eine eigene Abteilung? Das Merkmal der hierarchischen Anbindung zeigt, welcher Stelle zugehörig die Kommunikation wahrgenommen wird. Zum anderen basiert die Typologie auf den Angaben zu den personellen und finanziellen Ressourcen, die für die Regierungskommunikation zur Verfügung stehen (siehe Kapitel 6.2.2 und 6.2.3). Es kann davon ausgegangen werden, dass je mehr Ressourcen für die Regierungskommunikation bereitgestellt werden (mehr Stellenprozente, mehr Budget), desto wichtiger der Stellenwert ist, den die Regierungskommunikation in diesem Kanton genießt. Die personellen Ressourcen hängen eng mit dem Merkmal der Zuständigkeit zusammen. Es kann vermutet werden, dass auch die finanziellen Ressourcen je nach Zuständigkeit für die Regierungskommunikation entsprechend zunehmen.

Die Typologie wurde mittels einer Clusteranalyse erstellt. Die Analyse zeigt drei empirisch beobachtbare Typen, wie Regierungskommunikation in den Kantonen organisiert wird (siehe Tabelle 19).

Im ersten Typ ist der Staatsschreiber im Nebenamt für die Regierungskommunikation zuständig, die Kommunikation ist bei der Kanzlei verortet, da der Staatsschreiber Leiter der Kanzlei ist. Entsprechend stehen relativ wenig Ressourcen zur Verfügung: Die personellen Ressourcen bewegen sich deutlich unter 100 Stellenprozenten (siehe auch Kapitel 6.2.2) und die finanziellen Ressourcen deutlich unter 500.000 Franken pro Jahr.

Dem zweiten Typ gehören Kantone mit einem Medienbeauftragten an. Die Medienbeauftragten sind in der Regel der Kanzlei unterstellt, nur in den Kantonen Solothurn und Zug sind sie der Regierung direkt unterstellt. Dieser Typ weist 100 Stellenprozente für Regierungskommunikation auf, die der Medienbeauftragte innehat. Das Budget bewegt sich wie beim ersten Typ unter einer halben Million Franken.

Tabelle 19: Typologie der Organisation

Typen	Niedrige Ausdifferenzierung	Mittlere Ausdifferenzierung	Hohe Ausdifferenzierung
Zuständigkeit	Staatsschreiber	Medienbeauftragter	Abteilung
Hierarchische Anbindung	Kanzlei	Kanzlei (außer SO, ZG)	Kanzlei (außer BS, VS)
Personelle Ressourcen (Stellenprozente)	Unter 100%	100%	Über 100%
Finanzielle Ressourcen (Budget 2007 in CHF)*	Unter 500.000	Unter 500.000	Über 500.000 (außer JU, NE)
Kantone	AI, BL, GL, SH, TI	AR, GR, NW, OW, SO, SZ, UR, ZG	AG, BE, BS, FR, GE, JU, LU, NE, SG, TG, VD, VS, ZH

Quelle: eigene Darstellung, N = 26; Distanzmaß: quadratische euklidische Distanz; Fusionierungsmethode: Ward-Methode; * die Einordnung basiert bei den Kantonen AI, BL, FR, SO, SZ, TI und VD mangels Daten auf Schätzungen

Der dritte Typ umfasst alle Kantone, die eine Kommunikationsabteilung haben. Diese Abteilung ist der Staatskanzlei angegliedert, Ausnahme sind hier die Kantone Basel-Stadt und Wallis. Die personellen Ressourcen umfassen mehr als 100 Stellenprozente und auch das Budget übersteigt in diesen Kantonen eine halbe Million Franken.

Die Verteilung der 26 Kantone zu diesen drei Typen zeigt, dass lediglich fünf weder einen Medienbeauftragten noch eine Kommunikationsabteilung haben. In diesen Kantonen sind die zur Verfügung stehenden personellen und finanziellen Ressourcen eher niedrig. Zu diesen Kantonen gehören die kleineren Kantone Appenzell Innerrhoden, Glarus und Schaffhausen. Eher unerwartet gehören aber auch Basel-Land und das Tessin dazu. In die Gruppe mit einer mittleren Ausdifferenzierung von Regierungskommunikation gehören die fünf kleineren Innerschweizer Kantone Obwalden, Nidwalden, Schwyz, Uri und Zug sowie der Kanton Appenzell Ausserrhoden. In diesem Typ finden sich zudem die beiden mittelgroßen Kantone Graubünden und Solothurn. In all diesen Kantonen gibt es einen Medienbeauftragten, der 100 Stellenprozente innehat und über ein Budget von unter 500.000 Franken verfügt. In der Mehrheit der Kantone findet sich der dritte Typ, der sich durch eine Kommunikationsabteilung, mehr als 100 Stellenprozente für die Regierungskommunikation und ein Budget von über einer halben Million Franken auszeichnet. Wenig überraschend finden sich hier die großen deutschschweizerischen Kantone wie Aargau, Bern, Basel-Stadt, Luzern, St. Gallen, Thurgau und Zürich. Interessanterweise gehören zudem alle französischsprachigen Kantone, ungeachtet ihrer Größe, zu diesem Typ: Freiburg, Genf, Jura, Neuenburg, Waadt und das Wallis.

Die Zuordnung der Kantone zu den drei Typen der Organisation von Regierungskommunikation zeigt zwar keine eindeutige Gruppierung, aber doch einige Tendenzen. So finden sich wieder die Innerschweizer Kantone Nidwalden, Obwalden, Schwyz und Zug (hier noch zusammen mit Uri) in einem Cluster (siehe Kapitel 7.1.1). Die beiden Kantone Appenzell sowie Glarus und Schaffhausen haben entweder einen Medienbeauftragten oder der Staatsschreiber ist für die Kommunikation zuständig. Es zeigt sich also, dass die bevölkerungsmäßig kleineren Kantone keine Kommunikationsabteilungen ausgebildet haben, sondern sich auf die beiden Formen des Medienbeauftragten oder des Staatsschreibers im Nebenamt fokussieren. Mittelgroße Kantone, die ebenfalls eine dieser beiden Formen von Organisation aufweisen, sind Basel-Land, das Tessin, Graubünden und Solothurn. Die einzige Ausnahme eines bevölkerungsmäßig kleinen Kantons mit einer Kommunikationsabteilung ist der Kanton Jura. Dies verweist auf eine zweite Tendenz: In allen französischsprachigen Kantonen besteht eine Kommunikationsabteilung, unabhängig von ihrer Größe. Zusätzlich zu den französischsprachigen sind es vor allem die größeren deutschsprachigen Kantone, die eine Kommunikationsabteilung und entsprechende Ressourcen besitzen. Zusammenfassend kann gesagt werden, dass in der Deutschschweiz die Ausdifferenzierung der Organisation der Regierungskommunikation der Größe des Kantons folgt (einzige deutliche Ausnahme ist der Kanton Basel-Land), während die welschen Kantone alle eine hohe Ausdifferenzierung – unabhängig von der Größe – aufweisen.

7.1.3 Typologie der Akteure

In der Dimension der Akteure wird eine Typologie gebildet, welche sich auf die Rollen der einzelnen Akteure bezieht und vier Merkmale umfasst. Das erste

Merkmal gibt Auskunft darüber, ob der Staatsschreiber aktiv an der Regierungskommunikation beteiligt ist oder lediglich als Aufsichtsperson über die für Kommunikation zuständige Stelle wirkt. Dieses Merkmal ist ein Indikator dafür, wie stark sich die Kommunikation ausdifferenziert und vom Posten des Staatsschreibers gelöst hat. Das zweite Merkmal betrifft das Rollenprofil des Kommunikationsspezialisten. Hier stellt sich die Frage, in welchen Kantonen es eine Person gibt, die alle Tätigkeiten der Presse- und Medienarbeit ausübt (siehe Kapitel 6.3.6). Auch dieses Merkmal zielt auf die Ausdifferenzierung der Kommunikation: Inwieweit werden die Aufgaben der Presse- und Medienarbeit als eigenständige Aufgaben wahrgenommen und eine Person dafür angestellt, die diese Aufgaben alle übernimmt? Das dritte Merkmal hängt sehr eng mit dem Tätigkeitsprofil des Kommunikationsspezialisten zusammen. Hier stellt sich die Frage, ob sich die Spezialisierung und Fokussierung aller Kommunikationsaufgaben auf eine Person auch in der Berufsbezeichnung niederschlägt (siehe Kapitel 6.3.2). In welchen Kantonen gibt es eine Berufsbezeichnung, die explizit auf Kommunikation verweist? Das vierte Merkmal der Typologie der Rollen bezieht sich auf den Zugang, den die für die Regierungskommunikation verantwortlichen Personen zu den Regierungsratssitzungen haben. Der Staatsschreiber nimmt routinemäßig in allen Kantonen an den Sitzungen teil und ist deshalb an der Quelle der Informationen. Doch wie verhält es sich mit den anderen für die Regierungskommunikation zuständigen Personen? In welchem Kanton darf auch ein Kommunikationsverantwortlicher regelmäßig an den Regierungssitzungen teilnehmen? Auch hier zielt die Frage wieder darauf ab festzustellen, welchen Stellenwert und welche Ausdifferenzierung die Kommunikation in den Kantonen hat.

Die Clusteranalyse zeigt vier mögliche Ausprägungen der Rollen von Regierungskommunikation in den Kantonen (siehe Tabelle 20).

Der erste Typ zeichnet sich durch die aktive Rolle des Staatsschreibers in der Regierungskommunikation aus. Der Staatsschreiber ist allein für die Kommunikation zuständig, weist aber in der Regel nicht das Profil des Kommunikationsspezialisten auf. Seine Berufsbezeichnung beinhaltet logischerweise keinen Verweis auf die Kommunikation und er hat in seiner Rolle als Staatsschreiber routinemäßigen Zugang zu den Regierungssitzungen.

In Kantonen des zweiten Typs ist der Staatsschreiber zusammen mit den Kommunikationsverantwortlichen in die Regierungskommunikation involviert. In der Regel findet sich in diesem Typ das Rollenprofil des Kommunikationsspezialisten. Die Berufsbezeichnung Kommunikation findet sich in allen Fällen. Die Kommunikationsverantwortlichen haben jedoch keinen regelmäßigen Zugang zu den Regierungssitzungen, ihnen wird nur in Ausnahmefällen oder bei Geschäften mit Kommunikationsbedarf Zugang gewährt.

Tabelle 20: Typologie der Rollen

Typen	Niedrige Ausdifferenzierung	Mittlere Ausdifferenzierung	Mittlere Ausdifferenzierung	Hohe Ausdifferenzierung
Rolle des Staatsschreibers	Aktiv	Aktiv	Aktiv	Passiv
Rollenprofil Kommunikationsspezialist	Nein (außer BL, TI)	Ja (außer GR, NW)	Ja	Ja (außer BE*)
Berufsbezeichnung Kommunikation	Nein	Ja	Ja	Ja
Zugang zu Regierungssitzungen	Nicht relevant	Nein	Ja	Ja (außer SG, UR)
Kantone	AI, BL, GL, SH, TI	FR, GE, GR, LU, NW, OW, SZ, VD, ZG	AR, JU, NE, SO	AG, BE, BS, SG, TG, UR, VS, ZH

Quelle: eigene Darstellung, N = 26; Distanzmaß: quadratische euklidische Distanz; Fusionierungsmethode: Ward-Methode; * Im Kanton Bern liegen nur Angaben von einer Person vor

Der dritte empirisch beobachtbare Typ zeichnet sich ebenfalls durch einen in der Regierungskommunikation aktiven Staatsschreiber aus, der zusammen mit den Kommunikationsverantwortlichen kommuniziert. Es konnten sich in diesen Kantonen sowohl das Rollenprofil des Kommunikationsspezialisten wie auch die Berufsbezeichnung Kommunikation durchsetzen. In Abgrenzung zu Typ 2 haben die für die Regierungskommunikation verantwortlichen Personen regelmäßigen Zugang zu den Sitzungen des Regierungsrats. Der vierte Typ umfasst Kantone, in denen der Staatsschreiber nicht (mehr) in die Regierungskommunikation involviert ist, sondern „nur“ noch formal den Kommunikationsverantwortlichen vorsteht. Wenig überraschend findet sich hier sowohl das Rollenprofil des Kommunikationsspezialisten als auch die Berufsbezeichnung Kommunikation. Die für die Regierungskommunikation Verantwortlichen haben in der Regel routinemäßigen Zugang zu den Regierungssitzungen.

Die Verteilung der Kantone auf diese vier Typen zeigt zuerst eine logische Abspaltung der fünf Kantone, in denen die Staatsschreiber allein für die Regierungskommunikation zuständig sind und die schon in der Typologie der Organisation eine eigene Gruppe gebildet haben (siehe Kapitel 7.1.2). Interessant ist hier, dass die beiden Staatsschreiber der Kantone Basel-Land und Tessin die Rolle des Kommunikationsspezialisten eingenommen haben (siehe Kapitel 6.3.6). Sonst gibt es keinerlei Hinweise auf eine Ausdifferenzierung der Kommunikationsaufgaben. Die zweite Gruppe besteht aus den größeren französischsprachigen Kantonen Freiburg, Genf und Waadt, dem Kanton Graubünden und dem Kanton Luzern. Zudem finden sich hier wieder die vier Innerschweizer Kantone Nidwalden, Obwalden, Schwyz und Zug in derselben Gruppe, wie schon in den beiden Typologien der Regelungsstufen und der Organisation zuvor. Interessant ist vor allem die Mischung der Kantone: größere welsche Kantone mit kleinen deutschschweizerischen Kantonen plus Luzern und Graubünden. Ein Blick auf die dritte Gruppe, welche die Kantone Appenzell Ausserrhoden, Jura, Neuenburg und Solothurn umfasst, kann etwas Klärung bringen. Es zeigt sich, dass in allen französischsprachigen Kantonen (außer im Wallis) der Staatsschreiber in die Regierungskommunikation involviert ist. In den Kantonen Freiburg, Genf und Waadt ist seine Position sogar so stark, dass die Kommunikationsverantwortlichen keinen Zugang zu den Sitzungen des Regierungsrats haben, obwohl es das Rollenprofil des Kommunikationsspezialisten und die Berufsbezeichnung Kommunikation gibt. Diese Konstellation findet sich sonst nur in den kleineren und mittelgroßen Kantonen der Deutschschweiz. In den Kantonen Jura und Neuenburg haben die Kommunikationsverantwortlichen regelmäßigen Zugang zu den Sitzungen der Regierung. Die vierte Gruppe besteht aus den größeren deutschschweizerischen Kantonen Aargau, Bern, Basel-Stadt, St. Gallen, Thurgau und Zürich sowie aus dem Wallis und dem Kanton Uri. Charakteristisch für diese Kantone ist die starke Stellung der Kommunikationsverantwortlichen, die ohne eine aktive Rolle des Staatsschreibers kommunizieren. Sie verfügen über das Rollenprofil des Spezialisten und haben in der Regel Zugang zu den Sitzungen der Regierung. Eine interessante Ausnahme ist hier der Kanton Uri. Obwohl Uri ein bevölkerungsmäßig kleiner Kanton ist, hat sich hier der Staatsschreiber aus der Regierungskommunikation zurückgezogen und die Aufgaben alle an den Medienbeauftragten übergeben. Einzige Einschränkung ist der Zugang zu den Regierungssitzungen: Hier nimmt in der Regel nur der Staatsschreiber teil, der Medienbeauftragte ist nur in Ausnahmefällen zugelassen. Ebenfalls eine Ausnahme ist der Kanton St. Gallen, wo der Zugang für die Kommunikationsverantwortlichen auch limitiert ist.

Ähnlich wie bei der Typologie der Organisation zeigen sich auch hier Unterschiede zwischen den französischsprachigen und den deutschsprachigen Kantonen. Während die französischsprachigen Kantone ungeachtet ihrer Größe einen in die Regierungskommunikation involvierten Staatsschreiber mit spezifischen Rollen für die Kommunikation aufweisen (Ausnahme ist das Wallis), zeichnen sich bei den deutschsprachigen Kantonen wieder spezifische Typen der Rollen für bevölkerungsmäßig kleine bzw. große Kantone ab. Kleinere deutschschweizerische Kantone haben einen in der Regierungskommunikation aktiven Staatsschreiber, der oft von mindestens einer weiteren Person in der Kommunikation unterstützt wird. Außer in den Kantonen ohne weitere Kommunikationsverantwortliche (erster Typ) weisen die meisten Kantone ein Rollenprofil des Kommunikationsspezialisten sowie eine kommunikationsspezifische Berufsbezeichnung auf. Der Zugang zu den Sitzungen des Regierungsrats ist in der Regel beschränkt. In den bevölkerungsmäßig größeren deutschschweizerischen Kantonen ist der Staatsschreiber nicht in die Regierungskommunikation involviert, hier kommunizieren die Kommunikationsverantwortlichen selbst. Sie weisen das Rollenprofil des Kommunikationsspezialisten auf, haben kommunikationsspezifische Berufsbezeichnungen und in der Regel Zugang zu den Sitzungen des Regierungsrates. Einzige Ausnahme in diesem Schema ist der Kanton Uri, der dank der recht autonomen Stellung seines Medienbeauftragten der vierten Gruppe der größeren deutschsprachigen Kantone zugerechnet wird.

7.1.4 Typologie der Instrumente

In der vierten Dimension der Instrumente werden zwei Merkmale zu einer Typologie zusammengefasst. Das erste Merkmal bezieht sich auf den Einsatz von klassischen und seltenen Instrumenten der Regierungskommunikation (siehe Kapitel 6.4.1). Es wird davon ausgegangen, dass dieses Merkmal ein Hinweis auf die zunehmende Ausdifferenzierung der Regierungskommunikation ist. Je höher die Kommunikation in einem Kanton ausdifferenziert ist, desto eher kommen auch selten genutzte Instrumente zum Einsatz. In weniger ausdifferenzierten Kantonen werden in erster Linie die klassischen Instrumente der Presse- und Medienarbeit eingesetzt. Das zweite Merkmal ist die Ansprache der Zielgruppen (siehe Kapitel 6.4.4). Auch hier wird davon ausgegangen, dass in Kantonen mit einer höheren Spezialisierung der Regierungskommunikation eine Person alle Kommunikationsaufgaben übernimmt und somit auch alle Zielgruppen anspricht. In Kantonen ohne eine Spezialisierung der Zielgruppenansprache sind verschiedene Personen für verschiedene Zielgruppen zuständig. Es kann vermutet werden, dass in diesem Fall viele Zielgruppen nebenbei bedient werden, ähnlich wie bei den Staatsschreibern, welche Regierungskommunikation im Nebenamt betreiben (siehe Kapitel 6.2.2).

Eine Clusteranalyse ergibt vier empirisch beobachtbare Typen des Einsatzes von Instrumenten der Regierungskommunikation (siehe Tabelle 21).

Tabelle 21: Typologie der Instrumente der Regierungskommunikation

Typen	Niedrige Spezialisierung	Mittlere Spezialisierung	Mittlere Spezialisierung	Hohe Spezialisierung
Einsatz seltener Instrumente	Nein	Nein	Ja	Ja
Spezialisierung der Zielgruppenansprache	Nein	Ja	Nein	Ja
Kantone	FR, SH, SZ	BE, GE, GR, JU, OW, TI, VS, ZG	AG, AR, GL, NE, NW, SO, TG	BL, BS, LU, SG, UR, VD, ZH

Quelle: eigene Darstellung, N = 25, Distanzmaß: quadratische euklidische Distanz; Fusionierungsmethode: Ward-Methode; ohne Angabe: AI

Der erste Typ umfasst weder einen gelegentlichen Einsatz von seltenen Instrumenten noch eine Spezialisierung in der Ansprache der Zielgruppen bei einer Person. Der zweite Typ zeichnet sich durch eine solche Spezialisierung in der Zielgruppenansprache aus, es kommen jedoch keine seltenen Instrumente zum Einsatz. Der dritte Typ ist die Umkehrung des zweiten Typs: Hier kommen eher seltene Instrumente zum Zug, aber es herrscht keine Spezialisierung der Zielgruppenansprache vor. Der vierte Typ weist die höchste Spezialisierung auf: Hier kommen sowohl seltene Instrumente zum Einsatz und es liegt zudem eine Spezialisierung in der Zielgruppenansprache vor.

Die Verteilung der Kantone auf diese vier Typen ist – mit Ausnahme des ersten Typs – relativ ausgeglichen. Nur drei Kantone weisen eine niedrige Spezialisierung beim Einsatz der Instrumente auf. Es sind dies die beiden bevölkerungsmäßig kleinen Kantone Schaffhausen und Schwyz sowie der größere Kanton Freiburg. Die Kantone mit einer mittleren Spezialisierung sind stark durchmischt. Etwas mehr als ein Drittel sind bevölkerungsmäßig kleinere Kantone wie Appenzell Ausserrhoden, Glarus, Jura, Nid- und Obwalden und Zug. Es finden sich aber auch größere deutschsprachige Kantone wie der Kanton Aargau, Bern oder Thurgau, zwei größere französischsprachige Kantone (Genf, Neuenburg) und mittelgroße Kantone (Graubünden, Tessin, Wallis, Solothurn) in dieser Gruppe wieder. Zur vierten Gruppe gehören mittlere und große Kantone (beide Basel, Luzern, St. Gallen, Waadt und Zürich) sowie als Ausnahme der eher kleine Kanton Uri.

Es zeigt sich, dass bevölkerungsmäßig eher kleinere Kantone eine niedrige oder mittlere Spezialisierung beim Einsatz der Instrumente der Regierungskommunikation aufweisen. Es lässt sich auch hier wieder argumentieren, dass kleine Kantone nicht zu offensiv Kommunikation betreiben können, um die Kooperation mit der Bevölkerung zu erhalten und den Eindruck der Regierung als Autorität zu vermeiden (vgl. Geser 1981: 354; siehe auch Kapitel 2.4.2). Diese Zurückhaltung zeigt sich auch im Einsatz der Instrumente und in der Spezialisierung der Zielgruppenansprache. Abgesehen vom Kanton Uri, der trotz seiner Größe eine hohe Spezialisierung aufweist, gehören nur bevölkerungsmäßig mittlere oder größere Kantone zum vierten Typ. Eine hohe Spezialisierung findet sich also in der Tendenz in eher größeren Kantonen, aber nicht alle größeren Kantone haben eine hohe Spezialisierung, was die Ausnahmen von Aargau, Bern, Genf, Neuenburg und Thurgau zeigen. Die ähnliche Gruppierung der französischsprachigen Kantone, die in anderen Typologien beobachtet werden konnte, ist in der Typologie der Instrumente nicht vorhanden. Hier sind die welschen Kantone über alle Typen hinweg verteilt.

Zusammenfassend kann gesagt werden, dass kleine Kantone in der Tendenz eine niedrige oder mittlere Spezialisierung beim Einsatz der Instrumente aufweisen und dass eine hohe Spezialisierung mit einer Ausnahme nur in großen Kantonen vorkommt.

7.2 Vergleich zwischen den Typologien

Nach der Erstellung und Beschreibung von vier Typologien in den vier Untersuchungsdimensionen wird in diesem Kapitel ein Vergleich der verschiedenen Aufteilungen der Kantone auf die verschiedenen Typen vorgenommen. Welche Kantone werden besonders häufig in denselben Typ gruppiert? Stimmen bestimmte Typen mit Typen einer anderen Dimension besonders häufig überein? Welche Zusammenhänge zwischen den Untersuchungsdimensionen lassen sich sonst erkennen?

Um diesen Vergleich zwischen den Typologien zu ermöglichen, wird zuerst eine Übersicht über die Typenbildung der jeweiligen Dimensionen erstellt. Dazu wird die Einteilung der Kantone zu den jeweiligen Typen übernommen und einander gegenübergestellt. Wie bei allen Typologien beschrieben, wurde angenommen, dass die Merkmale jeweils mehr oder weniger ausdifferenziert sind. Die Darstellung der Typen hat sich bei allen Typologien an folgendem Schema orientiert: In den linken Spalten finden sich die Kantone mit einer niedrigen Ausdifferenzierung, in den rechten Spalten die Kantone mit einer hohen Ausdifferenzierung der Regierungskommunikation. Aus diesem Grund ist es nun für die Übersicht möglich, die einzelnen Typen unter den Labels der niedrigen, mittleren oder hohen Ausdifferenzierung zusammenzufassen (siehe Tabelle 22).

Tabelle 22: Überblick über die vier Typologien und die Zuordnung der Kantone

Typologie	Niedrige Ausdifferenzierung	Mittlere Ausdifferenzierung	Mittlere Ausdifferenzierung	Hohe Ausdifferenzierung
Regeln	AI, VS	GE, NW, OW, SZ, ZG	AG, BE, BL, BS, GR, JU, LU, SG, SH, SO, TG, TI	AR, FR, GL, NE, UR, VD, ZH
Organisation	AI, BL, GL, SH, TI	-	AR, GR, NW, OW, SO, SZ, UR, ZG	AG, BE, BS, FR, GE, JU, LU, NE, SG, TG, VD, VS, ZH
Rollen	AI, BL, GL, SH, TI	FR, GE, GR, LU, NW, OW, SZ, VD, ZG	AR, JU, NE, SO	AG, BE, BS, SG, TG, UR, VS, ZH
Instrumente	FR, SH, SZ	BE, GE, GR, JU, OW, TI, VS, ZG	AG, AR, GL, NE, NW, SO, TG	BL, BS, LU, SG, UR, VD, ZH

Quelle: eigene Darstellung, N = 24-26

Die Typologien weisen mit drei oder vier Typen eine unterschiedliche Anzahl von Typen auf. Für den Überblick wurde eine Anpassung vorgenommen. Bei der Typologie der Regelungsstufen wurde der zweite Typ mit einer niedrigen Regelung, aber spezifischen Dokumenten für die Kommunikation zur Darstellung in der Übersicht als mittlere Ausdifferenzierung aufgefasst. Damit erhält das Merkmal des spezifischen Kommunikationsdokumentes mehr Gewicht.

7.2.1 Vergleich der Typologien Regelungsstufen und Organisation

Der Vergleich zwischen der Verteilung der Kantone auf die verschiedenen Typen innerhalb der Typologien bezüglich der Regelungsstufen und der Organisation zeigt, dass eine hohe Regelungsdichte nicht zwingend mit einer ausgebauten Organisation einhergeht und umgekehrt. Ausnahmen sind auf der einen Seite der Kanton Appenzell Innerrhoden, der eine niedrige Regelungsdichte und eine niedrige organisatorische Ausdifferenzierung aufweist. Auf der anderen Seite gibt es vier Kantone, in denen eine hohe Regelungsdichte mit einer stark ausgebauten Organisation der Regierungskommunikation einhergeht. Dies ist vor allem in französischsprachigen Kantonen der Fall: in Freiburg, Neuenburg und Waadt sowie in Zürich, dem größten Kanton der Schweiz.

Interessant sind die Fälle, in denen sich eine niedrige Regelungsdichte mit einer hohen Ausdifferenzierung der Organisation kombinieren. Dies trifft vor allem auf die beiden Extremfälle des Kantons Glarus und des Kantons Wallis zu. Im Kanton Glarus ist die Regierungskommunikation auf allen vier Stufen der Gesetze geregelt, zuständig für die Kommunikation ist aber der Staatsschreiber. Der umgekehrte Fall findet sich im Kanton Wallis. Hier ist die Kommunikation nur auf zwei Stufen geregelt, es besteht aber eine Kommunikationsabteilung. Diese Fälle zeigen, dass kein direkter Zusammenhang zwischen der Regelung der Regierungskommunikation und dem Ausbau von Kommunikationsabteilungen besteht. Als einzige Tendenz lässt sich feststellen, dass am ehesten die französischsprachigen Kantone neben der hohen Regelungsdichte auch eine hohe Ausdifferenzierung der Organisation aufweisen.

7.2.2 Vergleich der Typologien Organisation und Rollen

Es ist nicht besonders überraschend, dass die beiden Typologien der Organisation und der Rollen der Kommunikationsakteure einige Überschneidungen aufweisen. So ist es kein Zufall, dass die fünf Kantone, in denen der Staatsschreiber für die Regierungskommunikation zuständig ist, auch in der Typologie der Rollen in einem Typ erscheinen. Die Organisationsform des Staatsschreibers als zuständige Person für die Regierungskommunikation spiegelt sich in der aktiven Rolle des Staatsschreibers wieder, der weder die Berufsbezeichnung „Kommunikation" trägt noch das Rollenprofil des Kommunikationsspezialisten aufweist. Der Vergleich zeigt aber auch, dass sich in den Kantonen Basel-Land und Tessin trotz der formalen Zuständigkeiten Rollenprofile des Kommunikationsspezialisten bei den Staatsschreibern oder ihren Mitarbeitenden herausgebildet haben. Diese Fälle zeigen, dass eine niedrige Ausdifferenzierung der Organisation und der Rollen eine Spezialisierung auf die Regierungskommunikation in den Rollenprofilen nicht verhindert.

Der umgekehrte Fall findet sich in den Kantonen Graubünden und Nidwalden. In diesen Kantonen kommuniziert ein Medienbeauftragter, der jedoch nicht das Rollenprofil des Kommunikationsspezialisten aufweist. Es kann vermutet werden, dass hier der Medienbeauftragte sehr eng mit dem Staatsschreiber zusammenarbeitet und sich aus diesem Grund kein Profil des Spezialisten ausbilden konnte. Diese beiden Fälle zeigen, dass eine formale Ausdifferenzierung der Organisation und eine vorhandene Berufsbezeichnung mit Verweis auf die Kommunikation nicht zwingend mit einer Spezialisierung des Rollenprofils einhergehen.

Eine stark ausgebaute Organisation und eine stark ausdifferenzierte Rolle weisen als einzige die sechs großen deutschsprachigen Kantone Aargau, Bern, Basel-Stadt, St. Gallen, Thurgau und Zürich sowie das Wallis auf. Ein genauerer Blick auf die Typologie der Rollen (siehe Kapitel 7.1.3) zeigt, dass in allen Kommunikationsabteilungen mindestens eine Person das Rollenprofil des Kommunikationsspezialisten ausübt. Unterschiede gibt es aber trotzdem unter den Kantonen mit einer Kommunikationsabteilung: Es gibt Kantone, die eine hohe Ausdifferenzierung in der Organisation aufweisen, aber nur eine mittlere Ausdifferenzierung bei der Rolle. Es sind dies interessanterweise alles französischsprachige Kantone (Freiburg, Genf, Jura, Neuenburg und Waadt) sowie Luzern. Diese Kantone unterscheiden sich von den oben genannten sieben Kantonen durch die Rolle des Staatsschreibers und den Zugang zu den Regierungsratssitzungen. In den französischsprachigen Kantonen und in Luzern besteht eine Kommunikationsabteilung, der Staatsschreiber ist aber im Gegensatz zu den großen deutschsprachigen Kantonen weiterhin in der Regierungskommunikation aktiv. Dies erklärt auch, warum die Kommunikationsverantwortlichen in den Kantonen Freiburg, Genf, Luzern und Waadt keinen regelmäßigen Zugang zu den Regierungsratssitzungen haben. Aus diesen Feststellungen lässt sich schließen, dass die Kommunikationsverantwortlichen in den deutschsprachigen Kantonen in Sachen Kommunikation unabhängiger vom Staatsschreiber sind als ihre Berufskollegen in der französischsprachigen Schweiz. Luzern auf der einen und das Wallis auf der anderen Seite bilden Ausnahmen zu dieser Tendenz. Während eine Erklärung für den Kanton Luzern nicht auf der Hand liegt, könnte die Aufteilung der Aufgaben zwischen der Kommunikationsabteilung und dem Staatsschreiber im Kanton Wallis damit zu tun haben, dass die Abteilung nicht der Staatskanzlei, sondern der Regierung direkt unterstellt ist. Dieselbe Trennung findet sich auch im Kanton Basel-Stadt wieder, in der die Regierung ebenfalls direkt die Kommunikationsabteilung beaufsichtigt. Die anderen beiden Kantone Solothurn und Zug, in denen die Regierungskommunikation direkt der Regierung unterstellt ist, weisen trotz der hierarchischen Verortung außerhalb der Staatskanzlei einen in die Regierungskommunikation involvierten Staatsschreiber auf. Im Kanton Solothurn hat der Medienbeauftragte dafür regelmäßigen

Zugang zu den Sitzungen des Regierungsrats. Im Kanton Zug ist dies überraschenderweise nicht der Fall.

Eine weitere Ausnahme ist der Kanton Uri. Dieser weist in der Typologie der Organisation eine mittlere Ausdifferenzierung mit einem Medienbeauftragten auf. In der Typologie der Rollen befindet sich der Kanton Uri jedoch unter den Kantonen mit der höchsten Ausdifferenzierung. Die Begründung liegt darin, dass der Medienbeauftragte des Kantons Uri ohne die Unterstützung des Staatsschreibers für die Regierungskommunikation zuständig ist. Interessanterweise hat er jedoch keinen regelmäßigen Zugang zu den Regierungsratssitzungen.

Es hat sich schon in der Beschreibung der verschiedenen Typen gezeigt, dass bestimmte Innerschweizer Kantone sich in verschiedenen Dimensionen sehr ähnlich sind. Der Vergleich zeigt, dass dies für die Dimensionen der Regeln, der Organisation und der Typologie der Rollen der Akteure für die vier Kantone Nidwalden, Obwalden, Schwyz und Zug der Fall ist. Sie weisen in allen drei Typologien eine mittlere Ausdifferenzierung auf.

7.2.3 Vergleich der Typologien Organisation, Rollen und Instrumente

Wie bereits angedeutet, muss die Interpretation der Typologie der Instrumente mit den anderen Typologien zurückhaltend erfolgen. Der Grund liegt in der theoretischen Herleitung dieser Dimension. Die Instrumente werden als Teil der situativen Handlungsmotive aufgefasst und sind damit per Definition von Situation zu Situation verschieden.

Zum Vergleich der Typologien der Organisation, der Rollen und der Instrumente kann die Vermutung aufgestellt werden, dass eine ausdifferenzierte Organisation und ausdifferenzierte Rollen zu einer höheren Spezialisierung im Einsatz der Instrumente führt. Diese Vermutung aber kann nur in Teilen bestätigt werden. Von den fünf niedrig ausdifferenzierten Kantonen setzt der Kanton Schaffhausen die Instrumente eher zurückhaltend ein, das Tessin und Glarus weisen eine mittlere, der Kanton Basel-Land eine hohe Spezialisierung auf. Genauso geht es mit den Kantonen mit einer Kommunikationsabteilung. Der Kanton Freiburg weist eine niedrige Spezialisierung der Instrumente auf, die Kantone Aargau, Bern, Genf, Jura, Neuenburg, Thurgau und Wallis eine mittlere und die Kantone Basel-Stadt, Luzern, St. Gallen, Waadt und Zürich eine hohe. Die Vermutung lässt sich aber in den Kantonen Basel-Stadt, St. Gallen und Zürich bestätigen, die in allen drei Typologien eine hohe Ausdifferenzierung aufweisen. Auf der anderen Seite gilt sie nur für den Kanton Schaffhausen, der in allen drei Typologien eine niedrige Ausdifferenzierung zeigt. Zudem gibt es bei den Kantonen mit einer mittleren organisatorischen Ausdifferenzierung eine größere

Übereinstimmung. Folgende Kantone weisen in allen drei Typologien eine mittlere Ausprägung auf: Appenzell Ausserrhoden, Graubünden, Nidwalden, Obwalden, Solothurn und Zug. Würde der Kanton Schwyz nicht eine niedrige Spezialisierung im Einsatz der Instrumente zeigen, wären diese vier Innerschweizer Kantone wieder durchgehend in denselben Typen zu finden. Auch hier bildet der Kanton Uri wieder eine Ausnahme: Die ausdifferenzierte Rolle spiegelt sich zwar nicht im Verständnis wider, es zeigt sich aber im Einsatz der Instrumente. Hier gehört der Kanton Uri zur Gruppe der am stärksten spezialisierten Kantone.

7.3 Konstruktion einer übergreifenden Typologie

Der Vergleich der verschiedenen Typologien in den verschiedenen Untersuchungsdimensionen zeigt, dass das Feld der Regierungskommunikation in den Kantonen sehr heterogen ist. Die Zusammenhänge zwischen den Dimensionen können nur in der Tendenz bestätigt werden und es lassen sich keine klaren Gruppen von Kantonen identifizieren, die alle dieselben Ausprägungen aufweisen. Es gibt aber immerhin sechs Kantone, die über alle Typologien hinweg dieselbe Ausdifferenzierung haben: die Kantone Nidwalden, Obwalden, Graubünden, Solothurn und Zug, die durchwegs eine mittlere Ausdifferenzierung aufweisen, und der Kanton Zürich, der eine hohe Ausdifferenzierung zeigt. Der Kanton Appenzell Innerrhoden lässt sich in allen drei Typologien, zu denen Daten vorliegen, dem niedrigsten Ausdifferenzierungstyp zuordnen.

Um einen systematischeren Überblick über die Verteilung der einzelnen Kantone zu bekommen, wird in diesem Kapitel eine übergreifende Typologie erstellt. Diese übergreifende Typologie reduziert die Komplexität, damit gehen aber auch Informationen verloren. Wie oben schon angedeutet, wird die Typologie der Instrumente nicht weiter verfolgt. Grund dafür ist die theoretische Konzeption der Dimension als situative Handlungsmotive. Je nach Einordnung der Kantone zu den verschiedenen Typen werden für die übergreifende Typologie pro Kanton Punkte verteilt. Eine niedrige Ausdifferenzierung entspricht null Ausdifferenzierungsgraden. Eine mittlere Ausdifferenzierung ergibt einen Punkt in der Differenzierung und eine hohe Ausdifferenzierung entspricht zwei Differenzierungsgraden. Die folgende Tabelle gibt die Punkteverteilung wieder (siehe Tabelle 23):

Tabelle 23: Überblick über die drei Dimensionen und die jeweiligen Ausdifferenzierungsgrade

Typologie	Niedrige Ausdifferenzierung	Mittlere Ausdifferenzierung	Mittlere Ausdifferenzierung	Hohe Ausdifferenzierung
Regelungsstufen	AI, VS	GE, NW, OW, SZ, ZG	AG, BE, BL, BS, GR, JU, LU, SG, SH, SO, TG, TI	AR, FR, GL, NE, UR, VD, ZH
Organisation	AI, BL, GL, SH, TI	-	AR, GR, NW, OW, SO, SZ, UR, ZG	AG, BE, BS, FR, GE, JU, LU, NE, SG, TG, VD, VS, ZH
Rollen	AI, BL, GL, SH, TI	FR, GE, GR, LU, NW, OW, SZ, VD, ZG	AR, JU, NE, SO	AG, BE, BS, SG, TG, UR, VS, ZH
Grad der Ausdifferenzierung	o	+	+	++

Quelle: eigene Darstellung, N = 26

Im Maximum sind sechs Punkte möglich. Die einzelnen Dimensionen werden nicht gewichtet: Eine hohe Ausdifferenzierung der Organisation zählt ebenso viel wie eine hohe Regelungsdichte oder eine hohe Ausdifferenzierung der Rolle. Alle Kantone können nun nach Ausdifferenzierungsgraden geordnet aufgelistet werden (siehe Tabelle 24).

Tabelle 24: Übergreifende Typologie der Regierungskommunikation der Kantone

Grade	Kantone	Ausdifferenzierung
0	AI	Niedrig
1	BL, SH, TI	Niedrig
2	GL	Niedrig
3	GR, NW, OW, SO, SZ, ZG	Mittel
4	AR, GE, JU, LU, VS	Mittel
5	AG, BE, BS, FR, NE, SG, TG, UR, VD	Hoch
6	ZH	Hoch

Quelle: eigene Darstellung, N = 26

Mit null Ausdifferenzierungsgraden in den drei Dimensionen der Regeln, der Organisation und der Akteure am geringsten ausdifferenziert ist der Kanton Appenzell Innerrhoden. Dies war zu erwarten, stellt doch Appenzell Innerrhoden mit nur 15.000 Einwohnern in vielerlei Hinsicht eine Ausnahme dar und taucht zum Teil in den politikwissenschaftlichen Typologien gar nicht auf (vgl. zum Beispiel Vatter 2002: 405).

Unter den Kantonen mit nur einem Ausdifferenzierungsgrad sind Basel-Land, Schaffhausen und das Tessin. Im Unterschied zu Appenzell Innerrhoden haben diese Kantone die Regierungskommunikation auf drei Gesetzesstufen geregelt. Der einzige Unterschied zwischen den vier genannten Kantonen und dem Kanton Glarus, der zwei Ausdifferenzierungsgrade aufweist, ist die höhere Regelungsdichte: Die Regierungskommunikation ist in Glarus auf allen vier Stufen geregelt.

Drei Ausdifferenzierungsgrade haben die Kantone Graubünden, Nidwalden, Obwalden, Solothurn, Schwyz und Zug. Alle diese Kantone weisen in allen drei Typologien eine mittlere Ausdifferenzierung auf. Ebenfalls mittlerer Ausdifferenzierung – aber mit vier Punkten – bilden die Kantone Appenzell Ausserrhoden, Genf, Jura, Luzern und Wallis eine Gruppe. Appenzell Ausserrhoden gehört in diese Gruppe, weil der Kanton eine hohe Regelungsdichte aufweist. Genf, Jura und Luzern haben eine hoch ausdifferenzierte Organisation, was sie von den Kantonen der Gruppe mit drei Ausdifferenzierungsgraden unterscheidet. Wallis ist in dieser Hinsicht eine Ausnahme: Hier findet sich zwar keine Regelung der Regierungskommunikation, dafür aber sowohl eine hohe Ausdifferenzierung der Organisation als auch eine hohe Ausdifferenzierung der Rollen.

Eine größere Gruppe von Kantonen erreicht fünf bzw. sechs Ausdifferenzierungsgrade. Aargau, Bern, Basel-Stadt, St. Gallen und Thurgau weisen alle eine mittlere Regelungsdichte, eine hohe Ausdifferenzierung der Organisation und eine hohe Ausdifferenzierung der Rollen auf. In den Kantonen Freiburg, Neuenburg und Waadt fällt eine andere Verteilung ins Auge: Diese drei Kantone haben eine hohe Regelungsdichte, eine stark ausdifferenzierte Organisation, aber nur eine mittlere Rollendifferenzierung. Eine Ausnahme ist einmal mehr der Kanton Uri, der dank einer hohen Regelungsdichte und ausdifferenzierten Rollen zu dieser Gruppe gehört. Die Organisation der Regierungskommunikation im Kanton Uri ist aber nur zu einem mittleren Grad ausdifferenziert.

Der einzige Kanton, der sechs Ausdifferenzierungsgrade hat und damit in jeder Dimension am stärksten ausdifferenziert ist, ist der Kanton Zürich. Ähnlich wie beim Kanton Appenzell Innerrhoden ist dies keine Überraschung, ist der Kanton Zürich doch der einzige Kanton der Schweiz, der deutlich über eine Million Einwohner zählt.

Bei der Verteilung der Kantone über die verschiedenen Ausdifferenzierungsgrade fallen bestimmte Regelmäßigkeiten ins Auge, die schon in der Diskussion der Typologien angesprochen wurden. Zu der Gruppe mit der niedrigsten Ausdifferenzierung gehören drei bevölkerungsmäßig kleine Kantone (Appenzell Innerrhoden, Glarus, Schaffhausen) sowie die beiden mittelgroßen Kantone Basel-Land und Tessin. Typisch für diese Kantone ist, dass eine Regelung der Regierungskommunikation vorhanden ist (außer in Appenzell Innerrhoden), aber bislang weder eine Ausdifferenzierung der Organisation noch der Rollen stattgefunden hat.

Unter den Kantonen mit einer mittleren Ausdifferenzierung der Regierungskommunikation finden sich die bekannten vier Innerschweizer Kantone Nidwalden, Obwalden, Schwyz und Zug, die in allen Dimensionen fast identische Ausprägungen aufweisen. Zudem gehören in diese Gruppe die beiden mittelgroßen Kantone Graubünden und Solothurn. Zu den Kantonen mit mittlerer Ausdifferenzierung gehören zudem auf Grund einer hohen Regelungsdichte bzw. einer ausgebauten Organisation die kleinen Kantone Appenzell Ausserrhoden und der Jura. Der mittelgroße Kanton Wallis ist insofern eine Ausnahme, als dass er der einzige Kanton ist, der zwar eine ausdifferenzierte Organisation und eine ausdifferenzierte Rolle aufweist, in dem aber wenige Regelungen der Kommunikation in Kraft sind. Die Spezifika der großen Kantone Genf und Luzern werden erst im Vergleich mit den Kantonen mit einer hohen Ausdifferenzierung ersichtlich.

Unter den Kantonen mit fünf oder sechs Ausdifferenzierungsgraden sind auffällig viele große deutschsprachige Kantone. Die Kantone Aargau, Bern, Basel-Stadt, St. Gallen und Thurgau weisen alle die gleichen Ausprägungen auf den drei Dimensionen aus. Charakteristisch für diese Kantone ist die mittlere Regelungsdichte, die sie auch von den französischsprachigen Kantonen in dieser Gruppe (Freiburg, Neuenburg und Waadt) unterscheidet. Die französischsprachigen Kantone haben eine höhere Regelungsdichte, dafür aber eine weniger ausdifferenzierte Rollenspezialisierung, da der Staatsschreiber in die Kommunikation involviert ist. Hier liegt auch die Erklärung für die Einordnung der Kantone Genf und Luzern in die mittlere Kategorie der Ausdifferenzierung: Sie weisen neben der mittleren Ausdifferenzierung der Rolle zusätzlich nur eine mittlere Regelungsdichte auf. Interessanterweise findet sich diese Kombination von Ausprägungen auch im Kanton Jura, der sich trotz seiner Größe stark an den anderen französischsprachigen Kantonen und nicht an etwa gleich großen deutschsprachigen Kantonen zu orientieren scheint. Ausnahme unter den deutschsprachigen Kantonen ist der Kanton Luzern, dessen Ausprägungen eher denjenigen der französischsprachigen als den deutschsprachigen Kantonen entsprechen. Der einzig bevölkerungsmäßig kleine Kanton unter den hoch ausdifferenzierten Kantonen ist der Kanton Uri. Uri hat eine einmalige Kombination von Ausprägungen der Dimensionen mit einer mittel ausgebauten Organisation, aber einer hohen Regelungsdichte und einer hohen Ausdifferenzierung der Rolle, die in keinem anderen Kanton in dieser Form vorkommt. Ebenfalls einmalig ist die Ausprägung des Kantons Zürich, der in allen Dimensionen eine hohe Ausdifferenzierung aufweist.

8 Erklärungen für die Unterschiede und Gemeinsamkeiten

Der Vergleich der Typologien und die Konstruktion einer übergreifenden Typologie haben Ansätze für die Interpretation der Ursachen für die unterschiedlichen Ausprägungen der Regierungskommunikation in den Kantonen geliefert. Die bisherigen Interpretationen basierten auf dem Vergleich der untersuchten Dimensionen und nahmen Bezug auf die Bevölkerungszahl in den Kantonen. In diesem Kapitel wird systematisch nach Erklärungen für die festgestellten Unterschiede und Gemeinsamkeiten gesucht. Wie in Kapitel 2.5 dargelegt, wird auf den Einfluss des politischen Systems mit seinen Merkmalen fokussiert. Als Erstes wird die allgemeine Vermutung geprüft, dass ein Zusammenhang zwischen dem politischen System (regierungskonkordant vs. direktdemokratisch) und der Ausgestaltung der Regierungskommunikation besteht. In einem zweiten Schritt werden die aufgestellten Hypothesen mittels Kreuztabellen, Korrelationen und Regressionen überprüft. Dabei interessiert in erster Linie, welche Merkmale des politischen Systems im Detail am meisten Einfluss auf die Ausgestaltung der Regierungskommunikation haben.

8.1 Einfluss des politischen Systems auf die Regierungskommunikation

Die Vermutung über den allgemeinen Einfluss des politischen Systems auf die Ausgestaltung der Regierungskommunikation wird in allen Definitionen des Begriffs Regierungskommunikation betont, ist aber nie systematisch geprüft worden. Die Daten der vergleichenden politikwissenschaftlichen Forschung zu den Kantonen ermöglichen es, einen solchen Einfluss zu prüfen. Aufgrund der Daten kann vermutet werden, dass in Kantonen mit starken direktdemokratischen Elementen eine höhere Regelungsdichte, eine stärker ausgebaute Organisation und stärker ausdifferenzierte Berufsrollen vorliegen müssten als in Kantonen, in denen regierungskonkordante Elemente überwiegen (siehe Kapitel 2.4.2). Diese Vermutung wird hier mittels einer Gegenüberstellung der Kantone der jeweiligen Typen geprüft. Dazu werden die Kantone nach der Typologie von Vatter in solche mit überwiegend regierungskonkordanten und solche mit überwiegend direktdemokratischen Elementen eingeteilt. Entlang dieser Einteilung werden dann die in Kapitel 7 vorgestellten Resultate der Ausprägung der Regierungskommunikation in den untersuchten Dimensionen aufgelistet (siehe Tabelle 25).

Tabelle 25: Zusammenhang zwischen politischem System und Regierungskommunikation

Regierungs-konkordant	„Repräsentativdemokratisch"-konkordant	Formal-partizipativ-demokratisch	Direkt-demokratisch-dezentralisiert	Direkt-demokratisch-zentralisiert
GL, UR, SZ, OW, NW, GR, ZG	TI, SG, LU, VS, NE, SO	AG, TG, SH, JU, BL	ZH, BE, VD, FR	BS, GE
Regierungskonkordantes Grundmuster		Mischtyp	Direktdemokratisches Grundmuster	
		Regelungsdichte		
Hoch: GL, UR, NE (3) Mittel: SZ, OW, NW, GR, ZG, TI, SG, LU, SO (9) Niedrig: VS		Mittel: AG, TG, SH, JU, BL (5)	Hoch: ZH, VD, FR (3) Mittel: BE, BS, GE (3)	
		Organisation		
Hoch: LU, SG, VS, NE (4) Mittel: UR, SZ, OW, NW, GR, ZG, SO (7) Niedrig: GL, TI (2)		Hoch: AG, TG, JU (3) Niedrig: SH, BL (2)	Hoch: ZH, BE, VD, FR, BS, GE (6)	
		Rolle		
Hoch: UR, SG, VS (3) Mittel: SZ, OW, NW, GR, ZG, LU, NE, SO (8) Niedrig: GL, TI (2)		Hoch: AG, TG (2) Mittel: JU Niedrig: SH, BL (2)	Hoch: ZH, BE, BS (3) Mittel: VD, FR, GE (3)	

Quelle: eigene Darstellung, basierend auf der Typologie von Vatter, N = 24, Angaben zu AI und AR fehlen

Die Übersicht zeigt, dass sich die 13 Kantone, die dem regierungskonkordanten Grundmuster zugeordnet werden, bezüglich ihrer Regelungsdichte deutlich unterscheiden. So finden sich sowohl drei Kantone mit einer hohen Regelungsdichte wie auch der einzige Kanton mit einer niedrigen Regelungsdichte in diesem Typ. Der überwiegende Teil der regierungskonkordanten Kantone, nämlich neun

Kantone, weist eine mittlere Regelungsdichte auf. Von den fünf Kantonen des Mischtyps weisen alle eine mittlere Regelungsdichte auf. Der Blick auf die direktdemokratischen Kantone zeigt, dass drei Kantone eine hohe und drei eine mittlere Regelungsdichte aufweisen. Ein direkter Zusammenhang zwischen der Regelungsdichte und der Einteilung der Kantone nach ihren direktdemokratischen und regierungskonkordanten Elementen kann also nicht nachgewiesen werden.

Im Detail lassen sich jedoch Tendenzen erkennen: So wurden in Tabelle 26 die fünf Kantone Genf, Nidwalden, Obwalden, Schwyz und Zug nur aus dem Grund der mittleren Ausdifferenzierung zugeordnet, weil dort ein Dokument besteht, dass ausschließlich die Kommunikation regelt. In diesen Kantonen ist die Regierungskommunikation jedoch nur auf zwei Stufen geregelt. Vier dieser fünf Kantone mit niedriger Regelungsdichte entsprechen dem regierungskonkordanten Grundmuster. Ebenfalls auffällig ist die Tatsache, dass keiner dieser Kantone mit einer niedrigen Regelungsdichte, auch wenn der Begriff – wie gerade geschehen – weit gefasst wird, zu den Kantonen mit direktdemokratischem Grundmuster gehört. Es kann also gesagt werden, dass der häufige Gebrauch direktdemokratischer Elemente mindestens eine mittlere Regelungsdichte mit sich bringt, während eine ausgeprägte Regierungskonkordanz nicht verhindert, dass auf verschiedenen Stufen Regeln zur Regierungskommunikation formuliert werden.

In Bezug auf die Dimension der Organisation der Regierungskommunikation ist zunächst ein ähnliches Bild wie bei der Regelungsdichte festzustellen. Unter den regierungskonkordanten Kantonen finden sich vier Kantone mit einer stark, sieben mit einer mittleren und zwei mit einer schwach ausgebauten Organisation. Unter den Kantonen des Mischtyps finden sich drei mit einer starken und zwei mit einer schwach ausgebauten Organisation. In Kantonen mit direktdemokratischen Elementen ist die Verteilung am klarsten: Hier finden sich nur Kantone mit einer stark ausgebauten Organisation, so dass sich eine deutlichere Tendenz zeigt: Alle Kantone mit direktdemokratischem Muster, seien es zentralisierte oder dezentralisierte, gehören zum Typus mit einer stark ausgebauten Organisation. Es kann auch hier vermutet werden, dass die direktdemokratischen Elemente den Ausbau der Organisation der Regierungskommunikation begünstigen, während die regierungskonkordanten Elemente eine Ausdifferenzierung der Organisation weder begünstigen noch behindern.

In der Dimension der Rollen zeigt sich, dass drei Kantone mit regierungskonkordanten Elementen eine hohe Ausdifferenzierung der Rolle aufweisen, acht Kantone eine mittlere und zwei Kantone eine niedrige Ausdifferenzierung haben. Die Kantone des Mischtyps teilen sich ebenfalls auf alle drei Ausdifferenzierungen auf. Unter den Kantonen mit direktdemokratischen Elementen haben drei Kantone eine stark ausdifferenzierte und drei eine mittel ausdifferenzierte Rolle. Auch hier lässt sich dieselbe Tendenz feststellen: In Kantonen mit direktdemokratischen Elementen ist die Berufsrolle der Kommunikationsverantwortlichen mittel bis hoch ausgeprägt, in den Kantonen mit regierungskonkordanten Elementen ist kein Einfluss auf die Ausdifferenzierung der Rolle sichtbar.

Der ausführliche Vergleich der Ausprägungen der Regierungskommunikation mit der Einordnung der Kantone nach den Merkmalen des politischen Systems zeigt bestimmte Tendenzen. Es stellt sich nun die Frage, ob diese Tendenzen auch auf Aggregatsebene ersichtlich sind. Da sich in allen Dimensionen der Regierungskommunikation ein ähnliches Bild gezeigt hat, müsste diese Tendenz auch in der übergeordneten Typologie ersichtlich sein (siehe Kapitel 7.3). Diese übergreifende Typologie wird mit der Einteilung der Kantone nach Vatter verglichen. Zur Verdeutlichung werden nur die Kantone des ausschließlich regierungskonkordanten Typus markiert, die Kantone des „repäsentativdemokratisch"-konkordanten Typs werden ausgelassen (siehe Tabelle 26).

Tabelle 26: Vergleich der übergreifenden Typologie der Regierungskommunikation mit der Typologie von Vatter

Grade	Kantone	Ausdifferenzierung
0	AI	Niedrig
1	BL, SH, TI	Niedrig
2	GL*	Niedrig
3	GR*, NW*, OW*, SO, SZ*, ZG*	Mittel
4	AR, GE+, JU, LU, VS	Mittel
5	AG, BE+, BS+, FR+, NE, SG, TG, UR*, VD+	Hoch
6	ZH+	Hoch

Quelle: eigene Darstellung, N = 26; + direktdemokratische Kantone; * regierungskonkordante Kantone

Diese Tabelle zeigt die oben festgestellte Tendenz nun deutlicher und bestätigt die Vermutung: Die regierungskonkordanten Kantone weisen im Durchschnitt eine niedrigere Ausdifferenzierung der Regierungskommunikation auf als die direktdemokratischen Kantone. Während die regierungskonkordanten Kantone vor allem eine niedrige und mittlere Ausdifferenzierung aufweisen, ist die Regierungskommunikation in direktdemokratischen Kantonen mittel bis hoch ausgeprägt. Der Kanton Genf fällt in der Gruppe der direktdemokratischen Kantone nach unten ab, weil hier eine verhältnismäßig niedrige Regelungsdichte vorzufinden ist. Die Ausnahme auf der Seite der regierungskonkordanten Kantone ist einmal mehr der Kanton Uri. Uri weist einen hohe Regelungsdichte und eine hohe Rollenspezialisierung auf, aus diesem Grund fällt er, ebenso wie die überwiegend direktdemokratischen Kantone, in die Kategorie der hohen Ausdifferenzierung. Hier zeigt sich einmal mehr, dass sich unter den regierungskonkordanten Kantonen auch Kantone mit einer hohen Ausdifferenzierung der Regierungskommunikation befinden können. Das Merkmal der hohen Regierungskonkordanz behindert eine Ausdifferenzierung der Regierungskommunikation in einzelnen Fällen nicht.

Zusammenfassend kann gesagt werden, dass sich der Zusammenhang zwischen dem politischen System und der Ausprägung der Regierungskommunikation in den Extremfällen der Typologie zeigt. Die Tendenz ist sehr deutlich: Die direktdemokratischen Elemente in den Kantonen begünstigen die Ausdifferenzierung und den Ausbau der Regierungskommunikation, während die regierungskonkordanten Elemente die Ausdifferenzierung der Regierungskommunikation eher schwächen, aber in Einzelfällen nicht behindern.

8.2 Prüfung der Hypothesen

Bei der Überprüfung eines allgemeinen Zusammenhangs zwischen Merkmalen des politischen Systems und der Ausprägung der Regierungskommunikation wurde auf der Seite des politischen Systems mit aggregierten Daten gearbeitet. Dieses Vorgehen erlaubt deshalb auch nur allgemeine Aussagen über den Einfluss des politischen Systems, der im vorhergehenden Kapitel auch belegt werden konnte. In diesem Kapitel geht es nun darum, den Einfluss der einzelnen Merkmale des politischen Systems auf die einzelnen Dimensionen der Regierungskommunikation zu überprüfen. Dazu wurden in Kapitel 2.5 folgende Hypothesen über den Einfluss und dessen Richtung aufgestellt.

- H1: Je höher die Anzahl von Initiativen und Referenden, desto stärker ausdifferenziert ist die Regierungskommunikation in den untersuchten Dimensionen.
- H2: Je leichter der Zugang zu direktdemokratischen Institutionen, desto stärker ausdifferenziert ist die Regierungskommunikation in den untersuchten Dimensionen.
- H3: Je höher die Regierungskonkordanz, desto weniger ausdifferenziert ist die Regierungskommunikation in den untersuchten Dimensionen.
- H4: Je mehr Regierungsmandate zur Verfügung stehen, desto weniger ausdifferenziert ist die Regierungskommunikation in den untersuchten Dimensionen.

- H5: Je niedriger die empirische Wahlerfolgsschwelle, desto weniger ausdifferenziert ist die Regierungskommunikation in den untersuchten Dimensionen
- H6: Je höher die Anzahl der Parteien in einem Kanton, desto weniger ausdifferenziert ist die Regierungskommunikation in den untersuchten Dimensionen.
- H7: Je höher der Zentralismus, desto stärker ausdifferenziert ist die Regierungskommunikation in den untersuchten Dimensionen.
- H8: Je höher der Gemeindebestand, desto stärker ausdifferenziert ist die Regierungskommunikation in den untersuchten Dimensionen.

Zur Überprüfung dieser Hypothesen kommen verschiedene Methoden zur Anwendung. Neben der Auswertung mittels Korrelationen kommen auch Kreuztabellen und Regressionen zum Einsatz, die den Einfluss einzelner unabhängiger Variablen auf die Regierungskommunikation testen sollen. Die Kombination der Methoden ist bei einer relativ niedrigen Fallzahl von 26 nötig, um die Ergebnisse zu validieren. Alle acht unabhängigen Variablen werden dabei jeweils auf ihren Einfluss auf die Dimensionen der Regeln, der Organisation und der Akteure überprüft.

Der Einfluss der Merkmale des politischen Systems auf die Regierungskommunikation ist noch nie systematisch untersucht worden, daher hat diese Untersuchung einen stark explorativen Charakter. Aus diesem Grund sind die Niveaus der Resultate der Korrelationen und Regressionen oft vergleichsweise niedrig. Die Korrelationen werden trotzdem interpretiert, sofern sie signifikant sind. Zudem wird auch auf nicht signifikante Tendenzen in den Daten hingewiesen, die noch ein gewisses Korrelationsniveau aufweisen.

8.2.1 Einfluss des politischen Systems auf die Regeln der Regierungskommunikation

Als Erstes wird der Zusammenhang zwischen den unabhängigen Variablen und der Dimension der Regeln der Regierungskommunikation überprüft. Die Tabelle 27 zeigt, dass die Ausdifferenzierung der Regeln negativ mit der Regierungskonkordanz und positiv mit der Anzahl der Parteien korreliert. Schwache Korrelationen bestehen ferner auch bei den Regierungsmandaten und der empirischen Wahlerfolgsschwelle. Lediglich die Summe aller Initiativen und Referenden, der Zugang zu direktdemokratischen Institutionen sowie der Zentralismus und der Gemeindebestand haben keinerlei Einfluss auf die Ausgestaltung der Regeln der Regierungskommunikation.

Tabelle 27: Einfluss der unabhängigen Variablen auf die Dimension Regeln

Einflussdimension	Unabhängige Variablen	Einfluss auf Regeln
Abstimmungen	Summe aller Initiativen und fakultativen Referenden	-
Abstimmungen	Zugang zu direktdemokratischen Institutionen (Index der direkten Demokratie)	-
Konkordanz	Regierungskonkordanz	-0.399*
Konkordanz	Regierungsmandate	Tendenz
Beziehung Parlament	Empirische Wahlerfolgsschwelle	Tendenz
Beziehung Parlament	Anzahl der Parteien (Parteien-fraktionalisierung)	0.399*
Kräftegleich-gewicht	Zentralismus	-
Kräftegleich-gewicht	Gemeindebestand	-

Quelle: eigene Darstellung, in Zahlen angegeben sind die signifikanten Korrelationen (Spearman's Rho); * = auf einem Niveau von 0,05 signifikant

Von den acht Merkmalen des politischen Systems haben nur zwei einen signifikanten Einfluss auf die Ausgestaltung der Regeln der Regierungskommunikation. Dieser Einfluss geht im Fall der Regierungskonkordanz in die in Hypothese 3 vermutete Richtung: Je höher die Regierungskonkordanz, desto weniger Regeln werden benötigt. Hier bestätigt sich der vermutete Zusammenhang zwischen einer Entscheidungsfindung innerhalb der Regierung und der politischen Elite und einer wenig ausdifferenzierten Regierungskommunikation. Wenn die Regierung selten öffentlich argumentieren und ihre Meinung vertreten muss, braucht sie dazu auch weniger Regeln, wie diese öffentliche Kommunikation auszusehen hat.

Eine zwar nicht signifikante, aber zumindest schwache Tendenz ist auch bei der Anzahl der Regierungsmandate auszumachen: Je mehr Mandate zur Verfügung stehen, desto höher ist die Regelungsdichte. Die Richtung der Hypothese 4 kann also für die Dimension der Regeln nicht bestätigt werden. Es kann vermutet werden, dass mehr Regierungssitze das Regierungshandeln komplizierter machen und deshalb mehr Regeln für die Kommunikation notwendig sind.

Im Fall der Anzahl der Parteien, dem zweiten signifikanten Merkmal, ist der Einfluss umgekehrt als in Hypothese 6 angenommen. Die Überlegung, dass je mehr Parteien es gibt, desto mehr Interessenartikulation über das Parlament läuft, kann nicht bestätigt werden. Vielmehr ist es so, dass je mehr Parteien es in einem Kanton gibt, desto mehr Regeln der Regierungskommunikation sind vorhanden. Dies könnte damit zu tun haben, dass mehr Parteien auch mehr Meinungen bedeuten. Es lässt sich vermuten, dass sich die Regierung in Kantonen mit vielen Parteien Gehör verschaffen und ihre Position bekannt machen muss. Dies ist einfacher für sie, wenn sie Regeln für ihre Kommunikation formuliert hat. Diese Feststellung stimmt wiederum mit der These überein, dass in Kantonen mit direktdemokratischen Elementen die Regeln der Regierungskommunikation stärker ausgebaut sind als in Kantonen mit regierungskonkordanten Elementen, denn ein typisches Merkmal für die direktdemokratischen Kantone ist ihre Parteienvielfalt.

Ein schwacher Zusammenhang findet sich ferner zwischen dem Zugang zum Parlament und der Regelungsdichte. Ein einfacher Zugang zum Parlament (= niedrige Wahlerfolgsschwelle) geht, wie in Hypothese 5 vermutet, mit einer niedrigen Regelungsdichte einher. Die einfache Möglichkeit für Kandidierende, ins Parlament gewählt zu werden, vermag die Regierung vermutlich vom Druck zu entlasten, für ihre Positionen öffentlich zu argumentieren und dafür Regeln zu erlassen.

Zusammenfassend kann in Bezug auf die möglichen Einflussdimensionen gesagt werden, dass vor allem die Beziehungen zum Parlament und die Ausprägung der Konkordanz die Regeln der Regierungskommunikation prägen. Die Einflussrichtungen weisen darauf hin, dass eine hohe Anzahl der Akteure in einem politischen System mit einer stärkeren Reglementierung der Regierungskommunikation einhergeht. So bewirken viele Parteien in einem Kanton, aber auch – wenn auch in etwas schwächerem Maß –mehr Regierungsmandate, dass die Regelungsdichte steigt. Zudem konnten die Zusammenhänge zwischen einer hohen Regierungskonkordanz und einer niedrigen Wahlerfolgsschwelle mit einer niedrigen Regelungsdichte belegt werden.

8.2.2 Einfluss des politischen Systems auf die Organisation der Regierungskommunikation

In einem zweiten Schritt wird nun der Zusammenhang zwischen den unabhängigen Variablen und der Dimension der Organisation der Regierungskommunikation überprüft. Tabelle 28 gibt einen Überblick über die Einflüsse. Ein signifikanter Zusammenhang besteht zwischen dem Zugang zu direktdemokratischen

Institutionen, der Wahlerfolgsschwelle und dem Gemeindebestand auf der einen und der Organisation der Regierungskommunikation auf der anderen Seite. Die Anzahl der Parteien haben einen schwachen Einfluss. Gar keinen Einfluss auf die Organisation der Regierungskommunikation haben die Summe der eingereichten Initiativen und Referenden, die Regierungskonkordanz, die Regierungsmandate und der Zentralismus.

Tabelle 28: Einfluss der unabhängigen Variablen auf die Dimension Organisation

Einfluss-dimension	Unabhängige Variablen	Einfluss auf Organisation
Abstimmungen	Summe aller Initiativen und fakultativen Referenden	-
Abstimmungen	Zugang zu direktdemokratischen Institutionen (Index der direkten Demokratie)	-0.641**
Konkordanz	Regierungskonkordanz	-
Konkordanz	Regierungsmandate	-
Beziehung Parlament	Empirische Wahlerfolgsschwelle	-0,425*
Beziehung Parlament	Anzahl der Parteien (Parteien-fraktionalisierung)	Tendenz
Kräftegleich-gewicht	Zentralismus	-
Kräftegleich-gewicht	Gemeindebestand	0,392*

Quelle: eigene Darstellung, in Zahlen angegeben sind die signifikanten Korrelationen (Spearman's Rho); * = auf einem Niveau von 0,05 signifikant; ** = auf einem Niveau von 0,01 signifikant

Drei Merkmale des politischen Systems haben einen signifikanten Einfluss auf die Art und Weise, wie die Regierungskommunikation organisiert ist. Am deutlichsten ist der Einfluss des Indexes der direkten Demokratie. Dieser Einfluss hat jedoch die entgegengesetzte Richtung wie in Hypothese 2 vermutet: Je leichter der Zugang zu direktdemokratischen Institutionen ist, desto schwächer ist die Organisation der Regierungskommunikation ausgeprägt. Es kann vermutet werden, dass die Regierung ihre Kommunikation nicht nur ausbaut, nur weil die

Einreichung von Initiativen und fakultativen Referenden leicht ist. Es ist eher das Gegenteil der Fall: Wenn es für die Bürgerinnen und Bürger theoretisch einfach ist, ihre Meinung über die Instrumente der direkten Demokratie einzubringen, ist die Organisation der Regierungskommunikation eher schwach ausdifferenziert. Hier zeigt sich eine interessante Differenzierung der These, dass die Elemente der direkten Demokratie zu einer ausdifferenzierteren Regierungskommunikation führen. Der Index der direkten Demokratie gibt an, wie einfach oder schwierig der Zugang zu direktdemokratischen Institutionen ist. Der Index sagt jedoch nichts über die tatsächliche Nutzung dieser Möglichkeiten aus, dafür gibt es das Merkmal der eingereichten Initiativen und Referenden. Ein hoher Index der direkten Demokratie findet sich denn auch überwiegend in Kantonen des regierungskonkordanten Typs. Es sind also in erster Linie kleinere, ländlich geprägte Kantone mit hoher Regierungskonkordanz, in denen der Zugang zu den direktdemokratischen Mitteln einfach ist, jedoch vergleichsweise selten genutzt wird. Damit lässt sich erklären, warum ein hoher Index signifikant mit einer niedrig ausdifferenzierten Organisation korreliert. Ein hoher Index der direkten Demokratie ist ein typisches Merkmal von regierungskonkordanten Kantonen, die eine schwach ausgebaute Regierungskommunikation aufweisen. Es scheint, dass schon allein die Möglichkeit, auf relativ einfachem Wege Initiativen und Referenden einreichen zu können, damit einhergeht, dass die Regierungskommunikation schwach ausgebaut ist. Die tatsächliche Nutzung dieser direktdemokratischen Institutionen hat hingegen überhaupt keinen Einfluss auf die Organisation der Regierungskommunikation.

Das zweite signifikante Merkmal ist die empirische Wahlerfolgsschwelle. Dieser Einfluss verläuft entgegen der in Hypothese 5 angestellten Vermutung: Je niedriger die Wahlerfolgsschwelle liegt, desto stärker ausdifferenziert ist die Regierungskommunikation. Je einfacher es also ist, ins Parlament gewählt zu werden, desto eher findet sich in diesem Kanton eine stark ausgebaute Regierungskommunikation. Es zeigt sich, dass ein einfacher Zugang zum Parlament nicht bedeutet, dass die Regierung weniger kommunizieren muss, weil mehr Interessenartikulation über den Weg des Parlaments geschieht. Was bei der Dimension der Regeln noch gültig war, nämlich, dass eine niedrige Wahlerfolgsschwelle mit einer niedrigen Regelungsdichte einhergeht, trifft in der Dimension der Organisation nicht mehr zu. Die Überlegung, die als Basis für die Bildung der Hypothesen 5 und 6 gedient hat, nämlich, dass ein einfacher Zugang zum Parlament und eine hohe Anzahl von Parteien die Regierung entlasten, muss für die Dimension der Organisation klar widerlegt werden. Denn auch in der Dimension der Organisation zeigt sich die Tendenz, dass eine hohe Anzahl von Parteien mit einer stark ausdifferenzierten Organisation der Regierungskommunikation korreliert. Eine niedrigere Wahlerfolgsschwelle und eine hohe Anzahl von Parteien sind folglich ein Indiz für eine stark ausdifferenzierte Regierungskommunikation. Dies lässt sich in der Tendenz auch mit der Typologie von Vatter bestätigen: Die Kantone mit direktdemokratischen Elementen weisen alle viele Parteien und einige auch eine niedrige Wahlerfolgsschwelle auf. Typisch für die regierungskonkordanten Kantone sind eine niedrige Anzahl von Parteien und eine hohe Wahlerfolgsschwelle.

Das dritte signifikante Einflussmerkmal auf die Dimension der Organisation ist der Gemeindebestand. Die Hypothese 8 lässt sich bestätigen: Je höher die Anzahl der Gemeinden in einem Kanton, desto stärker ausgebaut ist die Regierungskommunikation. Was bereits angedeutet wurde, zeigt sich in der Dimension der Organisation sehr deutlich: Der Aufwand an Kommunikation steigt, je mehr Akteure angesprochen werden müssen. Diejenigen Kantone, die mit vielen Gemeinden kommunizieren müssen, haben eine stärker ausgebaute Organisation der Regierungskommunikation als Kantone mit weniger Gemeinden.

Zusammenfassend kann gesagt werden, dass die signifikanten Einflüsse der Variablen des politischen Systems auf die Regierungskommunikation in der Dimension der Organisation zahlreicher sind als in der Dimension der Regeln. Die Organisation der Regierungskommunikation wird in erster Linie vom Index der direkten Demokratie, von der empirischen Wahlerfolgsschwelle und dem Gemeindebestand geprägt. Wie auch bei der Dimension der Regeln lässt sich wieder ein deutlicher Einfluss der Beziehungen der Regierung zum Parlament feststellen. Die Einflussdimensionen der Konkordanz haben nur Einfluss auf die Regeln, jedoch nicht auf die Organisation. Die Organisation der Regierungskommunikation wird aber von einzelnen Merkmalen der Abstimmungen und des Kräftegleichgewichts geprägt. So beeinflussen vor allem der leichte Zugang zu direktdemokratischen Institutionen und der Gemeindebestand die Ausdifferenzierung der Regierungskommunikation.

8.2.3 Einfluss des politischen Systems auf die Akteure

Der dritte Schritt besteht in der Analyse des Zusammenhangs der Variablen des politischen Systems und der Dimension der Akteure der Regierungskommunikation. Wie die Tabelle 29 zeigt, bestehen in dieser Dimension keine signifikanten Einflüsse, es können lediglich Tendenzen festgestellt werden.

In Kapitel 7.2.2 wurde darauf hingewiesen, dass die Ausprägungen in den Dimensionen der Organisation und der Akteure einige Ähnlichkeiten aufweisen. Dies spiegelt sich nun auch im Einfluss auf die Ausdifferenzierung der Akteursrollen wider. Wie in der Dimension der Organisation spielen auch hier die Merkmale der direkten Demokratie und des Gemeindebestandes eine Rolle.

Tabelle 29: Einfluss der unabhängigen Variablen auf die Dimension Akteure

Einflussdimension	Unabhängige Variablen	Einfluss auf Akteure
Abstimmungen	Summe aller Initiativen und fakultativen Referenden	-
Abstimmungen	Zugang zu direktdemokratischen Institutionen (Index der direkten Demokratie)	Tendenz
Konkordanz	Regierungskonkordanz	-
Konkordanz	Regierungsmandate	Tendenz
Beziehung Parlament	Empirische Wahlerfolgsschwelle	-
Beziehung Parlament	Anzahl der Parteien (Parteienfraktionalisierung)	-
Kräftegleichgewicht	Zentralismus	-
Kräftegleichgewicht	Gemeindebestand	Tendenz

Quelle: eigene Darstellung

Die Einflusstendenz des Indexes der direkten Demokratie weist in dieselbe Richtung wie bei der Organisation: Je leichter der Zugang zu direktdemokratischen Institutionen ist, desto weniger ausgeprägt sind die Rollen der Regierungskommunikation. Auch beim Gemeindebestand weisen die Daten in die gleiche Richtung. Auch hier gilt: Je mehr Gemeinden ein Kanton hat, desto stärker ausdifferenziert sind die Kommunikationsrollen. Anders als bei der Organisation der Regierungskommunikation haben in der Dimension der Akteure die Regierungsmandate einen schwachen Einfluss. Hier lässt sich dieselbe Einflussrichtung wie bei den Regeln ausmachen: Je mehr Regierungsmandate vorhanden sind, desto eher sind die Rollen der Kommunikationsverantwortlichen ausdifferenziert. Hier scheint wieder die Feststellung zum Tragen zu kommen, dass mit der Anzahl der Akteure in einem Kanton auch der Aufwand für die Regierungskommunikation steigt.

Dass die meisten der vermuteten Zusammenhänge zwischen dem politischen System und der Dimension der Akteure zu schwach ausgeprägt waren, um signifikant zu werden, ist durchaus plausibel. Dies wird schon beim Versuch ersichtlich, auf theoretischer Ebene Begründungen für Zusammenhänge zwischen Merkmalen des politischen Systems auf der Makroebene und Ausprägungen der Akteure auf der Mikroebene zu finden. Einzig im Fall des Gemeindebestandes ist es möglich, in Bezug auf die höheren Bevölkerungszahlen zu argumentieren, dass mehr Bevölkerung auch mehr Akteure bedeuten und deswegen auch ausdifferenziertere Rollen zustande kommen. Ähnlich lässt sich auch bei den Regierungsmandaten argumentieren. Bei allen anderen Merkmalen wird dies jedoch schwierig.

Ein Blick auf das in Kapitel 4 hergeleitete theoretische Modell der Regierungskommunikation liefert ebenfalls Erklärungen für die wenigen Signifikanzen. So deuten die Pfeile eine Einflussrichtung der externen Vorgaben auf die dauerhaften Handlungsorientierungen an. Diese wirken in erster Linie auf die Organisationsebene, welche dann Auswirkungen auf die einzelnen Akteure hat. Die Akteure können die Organisation in einem zweiten Schritt durchaus mit prägen, was die ähnlichen Resultate im Vergleich der Dimensionen erklärt. Ein direkter Einfluss des politischen Systems auf die Akteursebene ist jedoch nicht anzunehmen. Da diese Untersuchung einen explorativen Charakter hat, wurden die Zusammenhänge aber dennoch überprüft.

8.3 Auswertung der Hypothesen

Die Überprüfung der einzelnen Hypothesen ist in den vorangegangenen Kapiteln zwar bei signifikanten Ergebnissen immer wieder angesprochen, aber nie systematisch durchgeführt worden. Dies wird in diesem Kapitel geschehen. Wie die Daten zeigen, haben nicht alle untersuchten Merkmale des politischen Systems einen Einfluss auf die Ausgestaltung der Regierungskommunikation. Damit konnten nicht alle Hypothesen bestätigt oder widerlegt werden. Die Tabelle 30 gibt einen Überblick über die Auswertung der Hypothesen.

Das Kriterium, wie viele Initiativen und Referenden in einem Kanton eingereicht wurden, hat auf keine der drei Dimensionen eine Auswirkung. Dies relativiert die These, wonach der häufige Gebrauch der direktdemokratischen Institutionen zu einer ausdifferenzierten Regierungskommunikation führt. Der einfache oder schwierige Zugang zu den direktdemokratischen Institutionen spielt eine viel größere Rolle als der eigentliche Gebrauch dieser Rechte. Der Index der direkten Demokratie hat jedoch entgegen den Erwartungen einen gegenteiligen Einfluss auf die Regierungskommunikation. Ein leichter Zugang zu den direktdemokratischen Institutionen geht mit einer schwach ausdifferenzierten Regierungskommunikation einher, nicht wie erwartet mit einer stark ausdifferenzierten.

Tabelle 30: Überblick über die Auswertung der Hypothesen

Hypothesen	Regeln	Organisation	Akteure
H1: Je höher die Anzahl von Initiativen und Referenden, desto stärker ausdifferenziert ist die Regierungskommunikation in den untersuchten Dimensionen	0	0	0
H2: Je leichter der Zugang zu direktdemokratischen Institutionen, desto stärker ausdifferenziert ist die Regierungskommunikation in den untersuchten Dimensionen.	0	-	-
H3: Je höher die Regierungskonkordanz, desto weniger ausdifferenziert ist die Regierungskommunikation in den untersuchten Dimensionen.	✓	0	0
H4: Je mehr Regierungsmandate zur Verfügung stehen, desto weniger ausdifferenziert ist die Regierungskommunikation in den untersuchten Dimensionen.	-	0	-
H5: Je niedriger die empirische Wahlerfolgsschwelle, desto weniger ausdifferenziert ist die Regierungskommunikation in den untersuchten Dimensionen	✓	-	0
H6: Je höher die Anzahl der Parteien in einem Kanton, desto weniger ausdifferenziert ist die Regierungskommunikation in den untersuchten Dimensionen.	-	-	0
H7: Je höher der Zentralismus, desto stärker ausdifferenziert ist die Regierungskommunikation in den untersuchten Dimensionen.	0	0	0
H8: Je höher der Gemeindebestand, desto stärker ausdifferenziert ist die Regierungskommunikation in den untersuchten Dimensionen.	0	✓	✓

Quelle: eigene Darstellung; 0 = keinen Einfluss; - = entgegengesetzter Einfluss; ✓ = erwarteter Einfluss

Das Merkmal der Regierungskonkordanz hat nur in der Dimension der Regeln den erwarteten Einfluss, nämlich, dass in Kantonen mit hoher Regierungskonkordanz eine niedrige Regelungsdichte vorherrscht. Die Regierungsmandate haben einen Einfluss auf die Regeln und die Akteure, jedoch nicht im erwarteten

Sinne: Je mehr Mandate zu vergeben sind, desto stärker ausdifferenziert ist die Regierungskommunikation.

Die Merkmale zur Beziehung der Regierung zum Parlament zeigen zusammengenommen den stärksten Einfluss. Auch hier verläuft dieser jedoch entgegen den Annahmen. Eine niedrige Wahlerfolgsschwelle führt zwar wie erwartet zu weniger Regeln, aber auch zu einer stärker ausdifferenzierten Organisation. Zudem führen mehr Parteien zu einer höheren Regelungsdichte und einer stärker ausgebauten Organisation. Beide Merkmale zusammengenommen deuten darauf hin, dass die Regierungskommunikation umso stärker ausgeprägt ist, je einfacher es ist, im Parlament mitzureden und je mehr Meinungen im Parlament vertreten sind (leichter Zugang, viele Parteien).

Als Letztes wurde der Einfluss von zwei Merkmalen des politischen Systems auf die Regierungskommunikation untersucht, die sich auf das Kräftegleichgewicht innerhalb des Kantons beziehen. Keinerlei Einfluss hat der Zentralismus, also das Verhältnis zwischen den Steuereinnahmen des Kantons und der Gemeinden. Die Kommunikation wird folglich unabhängig vom Gewicht des Kantons gegenüber seinen Gemeinden reglementiert und ausgebaut. Die Anzahl der Gemeinden hat hingegen in der angenommenen Richtung Einfluss auf die Organisation und die Akteure der Regierungskommunikation. So gehen mehr Gemeinden mit einer stärker ausdifferenzierten Regierungskommunikation einher. Diese Feststellung ist mit den Forschungsresultaten von Geser zu kleinen Verwaltungen kompatibel (vgl. Geser 1981: 349; Geser/Höpflinger 1977: 116).

Eine Überprüfung der Resultate mittels der in Kapitel 7.3 entwickelten übergreifenden Typologie hat keine neuen Erkenntnisse gebracht. Einen Einfluss auf die übergreifende Typologie haben in derselben Richtung, wie bereits diskutiert, die Einflussmerkmale Index der direkten Demokratie, Gemeindebestand und Anzahl der Regierungsmandate.

9 Fazit

Die Regierung befindet sich, was ihre Kommunikation angeht, in einem Spannungsfeld. Auf der einen Seite wird erwartet, dass sie regelmäßig ihre Absichten und Entscheidungen kommuniziert und zur öffentlichen Diskussion stellt. Auf der anderen Seite hat die Regierung eine zentrale Stellung im Staat und muss daher in ihrer Kommunikation besondere Grenzen einhalten. Die kommunikativen Anforderungen an die Regierung haben sich durch den Prozess der Medialisierung und der Entwicklung hin zu einem verhandelnden, kommunizierenden Staat zusätzlich verstärkt und verändert. Ob und wie die Kantonsregierungen auf diese kommunikativen Anforderungen reagieren, war Thema dieser Arbeit. Die Regierungskommunikation der Schweizer Kantone wurde in den vier Untersuchungsdimensionen der Regeln, der Organisation, der Akteure und der Instrumente beschrieben. Diese Bestandsaufnahme diente als Grundlage für einen Vergleich der Kantone in diesen vier Dimensionen. Die festgestellten Unterschiede und Gemeinsamkeiten wurden anschließend mittels ausgewählten Hypothesen zu erklären versucht. Die theoretischen Überlegungen und die wichtigsten Befunde werden im Folgenden zusammengefasst und abschließend diskutiert.

9.1 Zusammenfassung der Studie

In dieser Arbeit wurde die Regierung als Akteur im politischen Entscheidungssystem definiert, der in erster Linie Adressat und Initiator von öffentlicher Kommunikation ist. Regierungskommunikation wurde nach Pfetsch als Interdependenzmanagement zwischen dem politischen System und seinen verschiedenen Umwelten (zum Beispiel mit der Öffentlichkeit, den Medien, dem Parlament) verstanden. Diese Definition geht von der Regierung als Akteur aus, der auf unterschiedliche Anforderungen aus seiner Umwelt reagieren muss. Um die Interdependenzen zwischen den Systemen zu bewältigen, muss die Regierung als Moderator auftreten und zwischen den verschiedenen Ansprüchen vermitteln und regulierend eingreifen. Die Kommunikation ist dabei die zentrale Ressource, welche die Regierung zum Verhandeln, Koordinieren und Moderieren einsetzt.

Die Regierungskommunikation wird maßgeblich durch das politische System geprägt, in der sie stattfindet. In den Kantonen werden die politischen Systeme von den Prinzipien der Kollegialität und der Konkordanz geprägt. Das Prinzip der Kollegialität hat zur Folge, dass die Regierung nach außen als eine Stimme kommunizieren muss. Es ist daher naheliegend, dass sich spezialisierte Stellen für die Regierungskommunikation herausgebildet haben, denen per Gesetzesauftrag die Aufgabe der Kommunikation zukommt. Typisch für die Kantone ist zudem die Konkordanz. Die Wähleranteile der Parteien, die in den Kantonsregierungen vertreten sind, liegen in der Regel bei über 80%. Es gibt also keine klassische Opposition in den Kantonen, da ein großer Teil der politischen Minderheiten am politischen Prozess beteiligt ist. Das Prinzip der Konkordanz bewirkt, dass die Regierung in ihrer öffentlichen Kommunikation nicht einfach ihre Entscheidungen zur eigenen Profilierung kommunizieren kann. Vielmehr wird angenommen, dass die Regierungen in den Kantonen in erster Linie Kompromisse und Kooperationen suchen sowie öffentlich Positionen und Entscheidungen aushandeln müssen. Regierungskommunikation in Konkordanz- und Konsensdemokratien zeichnet sich folglich durch die Einbindung aller Akteure, durch Kooperation und durch Kompromiss aus (siehe Kapitel 2 und 3).

Theoretisch fundiert wurde die akteurzentrierte Sichtweise auf die Regierung mit dem akteurzentrierten Institutionalismus. Dabei wurde die Regierung nach dem Definitionsmerkmal der Ressourcenzusammenlegung als ein korporativer Akteur definiert. Der korporative Akteur Regierung wird mit verschiedenen Anforderungen an seine Kommunikation konfrontiert und muss darauf reagieren. Um diesen Anforderungen zu begegnen, bildet die Regierung dauerhafte Handlungsorientierungen aus: Sie internalisiert externe Normen und Werte in Form von Leitbildern, sie investiert Ressourcen in den Ausbau einer Kommunikationsstelle, sie differenziert bestimmte Rollen der Kommunikation auf Ebene der Akteure aus und sie setzt gezielt bestimmte Ressourcen in Form von Instrumenten der Regierungskommunikation ein, um bestimmte Kommunikationsziele zu erreichen (siehe Kapitel 4).

Nach methodischen Gesichtspunkten ist die Studie eine Vollerhebung aller 26 Kantone in der Schweiz. Die Grundgesamtheit aller Verantwortlichen für Regierungskommunikation in den Kantonen beläuft sich auf rund 100 Personen. Die Daten wurden mittels einer qualitativen Dokumentenanalyse der Verfassung, der Gesetze, der Verordnungen und der Leitbilder sowie eines schriftlichen Fragebogens erhoben. Der Rücklauf des Fragebogens betrug bei den Staatsschreibern 100%, bei den Mitarbeitenden 51,3%. Die Datenauswertung geschah durch eine Kombination von qualitativer Dokumentenanalyse und einer quantitativen Cluster- und Faktorenanalyse. Zum Vergleich der einzelnen Dimensionen wurden Typologien gebildet (siehe Kapitel 5).

Die Ergebnisse in allen vier Untersuchungsdimensionen weisen darauf hin, dass die Regierungskommunikation in den Kantonen ein wichtiges Thema ist:

Die Regierungskommunikation wird in vielen Kantonen ausführlich geregelt, in der großen Mehrheit der Kantone gibt es einen Medienbeauftragten oder eine Kommunikationsabteilung, die über entsprechende personelle und finanzielle Ressourcen verfügen und es haben sich typische Rollen der Regierungskommunikation herausgebildet, die mit einem Tätigkeitsprofil eines Kommunikationsspezialisten einhergehen (siehe Kapitel 6). Die Befunde zeigen aber auch, dass es interessante Unterschiede und Gemeinsamkeiten sowohl innerhalb wie auch zwischen den untersuchten Dimensionen in den einzelnen Kantonen gibt (siehe Kapitel 7).

In der Dimension der Regeln zeigt sich, dass in allen Kantonen Regeln für die Regierungskommunikation bestehen. Der Vergleich der Regeln zeigt, dass fast alle bevölkerungsreichen Kantone ihre Regierungskommunikation auf drei oder vier Stufen (Verfassung, Gesetz, Verordnung, Leitbild) geregelt haben. Zudem ist in der Tendenz die Regelungsdichte in den französischsprachigen Kantonen höher als in den deutschsprachigen. Die Inhalte der Regeln sind sehr heterogen: Es gibt keine Norm, die auf allen Stufen der Regelungen zu finden ist. Grundsätzlich finden sich in den Gesetzestexten deutlich mehr prozessorientierte Normen (wie kommuniziert werden soll) als ergebnisorientierte Normen (warum kommuniziert werden soll). Der überwiegende Teil der genannten Normen findet sich in den Leitbildern, dort wird die prozessorientierte Norm der Transparenz am häufigsten genannt. Einzige Ausnahme zu den heterogenen Inhalten sind die Normen in den Öffentlichkeits- und Informationsgesetzen der sechs Kantone Genf, Jura, Neuenburg, Solothurn, Uri und Waadt. Obwohl diese Gesetze aus unterschiedlichen Jahren stammen, beinhalten sie exakt dieselben Normen.

Die Befunde in der Dimension der Organisation zeigen, dass in bevölkerungsmäßig kleinen Kantonen der Staatsschreiber oder der Medienbeauftragte für die Regierungskommunikation zuständig sind, während sich in bevölkerungsreichen Kantonen Kommunikationsabteilungen ausgebildet haben. Dies gilt jedoch nur für die deutschsprachige Schweiz. In den französischsprachigen Kantonen lässt sich beobachten, dass alle Kantone eine Kommunikationsabteilung ausgebildet haben. Es scheint, dass sich die französischsprachigen Kantone stärker aneinander orientieren als an in der Größe vergleichbaren deutschsprachigen Kantonen. Darauf weisen auch die Resultate zur Koordination mit anderen Kantonen hin. Die Orientierung an anderen Kantonen ist allgemein nur schwach ausgeprägt und bleibt stark (sprach)regional verhaftet.

Die Typologie der Akteure verdeutlicht diese Unterschiede zwischen der deutsch- und der französischsprachigen Schweiz. In den französischsprachigen Kantonen hat der Staatsschreiber eine starke Stellung und ist zusammen mit der Kommunikationsabteilung für die Regierungskommunikation verantwortlich. In den deutschsprachigen Kantonen verläuft die Differenzierung wieder entsprechend den Bevölkerungszahlen: Kleinere deutschsprachige Kantone haben einen aktiv in die Regierungskommunikation involvierten Staatsschreiber, der oft von mindestens einer weiteren Person (meist ein Medienbeauftragter) unterstützt wird. In den größeren deutschsprachigen Kantonen ist der Staatsschreiber nicht mehr in die Regierungskommunikation involviert, hier kommunizieren die Verantwortlichen der Kommunikationsabteilung.

Die Tätigkeiten der Kommunikationsverantwortlichen lassen sich in vier Profile einteilen. Rund 46% der Befragten üben das Profil des Kommunikationsspezialisten aus und sind damit für sämtliche Aufgaben der Presse- und Medienarbeit zuständig. 21% der Befragten nehmen eine Leitungsfunktion wahr. Ihnen fallen die Kontrolle von Medienmitteilungen sowie die Kontaktpflege nach außen zu. Fast genauso häufig findet sich das Profil des Mitarbeitenden im Hintergrund, der vor allem Pressemitteilungen schreibt und Pressekonferenzen organisiert. Rund 12% der Befragten sind für die interne Kommunikation zu den anderen Mitarbeitenden oder für den Internetauftritt der Regierung zuständig. Das Rollenprofil des Kommunikationsspezialisten findet sich in fast allen Kantonen, in denen auch die Berufsbezeichnung mit einem expliziten Verweis auf die Kommunikation zu finden ist.

Das Verständnis der Kommunikationsverantwortlichen hinsichtlich der Ziele der Regierungskommunikation orientiert sich sehr stark an der Informationsvermittlung. Die Regierungskommunikation soll zudem für Transparenz sorgen und Vertrauen in die Regierung fördern. In einer Demokratie muss nach Meinung der Befragten in erster Linie die Partizipation der Bevölkerung gefördert und der Dialog mit der Bevölkerung gepflegt werden. Die Leitungspersonen der Kommunikationsabteilungen haben grundsätzlich ein offensiveres Verständnis von Regierungskommunikation als die restlichen Befragten.

Typische Instrumente der Regierungskommunikation sind die Pressemitteilung und die Pressekonferenz. Einen hohen Stellenwert hat zudem das Internet, das jedoch weniger als Instrument, sondern eher als zusätzlicher Kanal für die Verbreitung von Mitteilungen wahrgenommen wird. Eher selten und nur von wenigen Kantonen werden Instrumente wie Sponsoring, Vorträge, Plakate oder Inserate eingesetzt. Bei den Zielgruppen unterscheiden die Befragten zwischen der Öffentlichkeit und den Medien sowie zwischen intra- und interkantonalen Zielgruppen (zum Beispiel Parlamentsmitglieder, Parteien, Gemeinden, andere Kantone etc.). Der Vergleich der Dimension der Instrumente zeigt, dass kleinere Kantone eine niedrige oder eine mittlere Spezialisierung aufweisen, während größere Kantone eine mittlere oder eine hohe Spezialisierung im Einsatz der Instrumente und in der Zielgruppenansprache haben. Die Einteilung der Kantone zu den Typen liegt jedoch quer zu allen anderen Ergebnissen. Die Abweichungen sind mit der theoretischen Herleitung der Instrumente als situative Handlungsmotive erklärbar. Aus diesem Grund wird diese Dimension der Instrumente für die weitere Analyse ausgeschlossen.

Ein Vergleich zwischen den untersuchten Dimensionen zeigt, dass es keine zwingenden Zusammenhänge zwischen der Ausgestaltung der Regeln, der Organisation und den Akteuren gibt. So geht eine hohe Regelungsdichte nicht zwangsläufig mit einer ausdifferenzierten Organisation einher. Zwischen der Organisation und den Rollen sind die Zusammenhänge enger, aber auch hier zeigt sich, dass eine formale Zuständigkeit nicht notwendigerweise mit einem entsprechenden Rollenprofil einhergehen muss. Auch ein Rollenprofil des Kommunikationsspezialisten findet sich in Kantonen, die keine speziellen Zuständigkeiten für die Regierungskommunikation ausgebildet haben. Zudem macht der Vergleich der verschiedenen Typologien die Unterschiede zwischen der deutsch- und der französischsprachigen Schweiz noch einmal deutlicher: Typisch für die Regierungskommunikation in der französischsprachigen Schweiz ist die Kombination zwischen einer hohen Regelungsdichte, einer Kommunikationsabteilung und einer aktiven Rolle des Staatsschreibers, das heißt einer mittleren Differenzierung der Rollen. In den größeren deutschsprachigen Kantonen ist die Kombination einer mittleren Regelungsdichte, einer Kommunikationsabteilung und einer hohen Spezialisierung der Rollen weit verbreitet.

Vorhandene empirische Arbeiten zu den Demokratien in den Kantonen zeigen, dass innerhalb der Charakterisierung der Kantone als Konkordanz- und Konsensdemokratien eine Zweiteilung der Kantone in eher direktdemokratische oder eher regierungskonkordante Kantone besteht. Je nach Art der Aushandlung werden Entscheidungen entweder über direktdemokratische Institutionen wie Initiativen oder Referenden oder über eine frühe Integration der politischen Elite im Sinne der Regierungskonkordanz gelöst. Auf Grund dieser Daten konnte zum ersten Mal systematisch der Zusammenhang zwischen dem politischen System und der Ausprägung von Regierungskommunikation geprüft werden. Die These, dass in regierungskonkordanten Kantonen die Kommunikation niedriger geregelt, schwächer ausgebaut und die Rollenbilder weniger ausdifferenziert sind als in direktdemokratischen Kantonen, konnte bestätigt werden. Sie trifft vor allem für die Extremtypen von direktdemokratischen und regierungskonkordanten Kantonen zu (siehe Kapitel 8).

Die Überprüfung der Hypothesen zum Einfluss einzelner Merkmale des politischen Systems auf die Regierungskommunikation hat gezeigt, dass nicht alle diese Merkmale einen Einfluss haben und dass unterschiedliche Merkmale des politischen Systems auf unterschiedliche Dimensionen der Regierungskommunikation einwirken. Den deutlichsten Einfluss hat das politische System auf die Dimension der Organisation. Vor allem der Zugang zu direktdemokratischen

Institutionen, die empirische Wahlerfolgsschwelle (= Zugangsschwelle für Kandidierende zum Parlament) und der Gemeindebestand können die unterschiedlichen Ausdifferenzierungen der Organisation der Regierungskommunikation erklären. Der Einfluss auf die Regeln ist weniger deutlich, der Zusammenhang zwischen dem politischen System und der Akteursebene ist nur noch sehr schwach nachzuweisen. Grundsätzlich korreliert vor allem die Anzahl der politischen Akteure in einem politischen System mit der Ausdifferenzierung von Regierungskommunikation: Eine hohe Anzahl an Parteien und an Regierungsmandaten geht mit einer hohen Regelungsdichte einher, eine hohe Anzahl an Parteien und ein hoher Gemeindebestand wiederum mit einer ausdifferenzierten Organisation. Zudem haben vor allem die Merkmale, welche die Beziehungen zwischen der Regierung mit dem Parlament betreffen, den stärksten Einfluss auf die Regierungskommunikation: Die Regeln und die Organisation der Regierungskommunikation werden von der empirischen Wahlerfolgsschwelle und der Anzahl der Parteien geprägt, wenn auch nicht in der in den Hypothesen angenommenen Richtung.

9.2 Die Regierung als Akteur

Die in dieser Arbeit gewählte akteurzentrierte Sichtweise auf die Regierung und das entsprechende heuristische Konzept des akteurzentrierten Institutionalismus hat sich sowohl für die Theorie als auch für die empirische Umsetzung als sehr nützlich erwiesen.

Als Erstes hat es die akteurzentrierte Sichtweise in der Theoriearbeit erlaubt, in der eher unübersichtlichen Forschung und Begriffsbildung zu politischer Öffentlichkeitsarbeit und Regierungskommunikation einen klaren Fokus zu finden und Regierungen als Akteure der politischen Kommunikation zu definieren. Die Definition von Regierungskommunikation als Interdependenzmanagement zwischen der Regierung und ihren relevanten Umwelten mittels Kommunikation behält den Fokus auf den handelnden Akteur Regierung bei. Gleichzeitig zeigt sich aber auch die Schwäche dieser Sichtweise. Unter der Definition von Pfetsch kann fast jede Tätigkeit der Regierung als Interdependenzmanagement aufgefasst werden. Die Definition unterscheidet nicht zwischen einer langfristig geplanten Kommunikationsmaßnahme und einem spontanen Auftritt eines Regierungsrates. Damit entzieht sich die Definition auch der Notwendigkeit, Begriffe wie politische Öffentlichkeitsarbeit und Informationspolitik einzuordnen und zu definieren. Die Begriffsarbeit konnte in dieser Studie nur begrenzt geleistet werden, es wäre aber ein wichtiges Thema für die weitere Forschung.

Zweitens hat der Fokus auf den Akteur Regierung einen Lösungsansatz für die Abgrenzung zwischen der Regierung und der Verwaltung geboten. Die idealtypische Beschreibung einer eher politisch motivierten Kommunikation der Regierung und einer eher sach- und gesetzesgebundenen Kommunikation der Verwaltung lässt sich in der empirischen Forschung kaum überzeugend umsetzen. Da in dieser Arbeit nicht die Inhalte der Regierungskommunikation, sondern der Akteur Regierung mit seinen Regeln, seiner Organisation, seinen Akteuren und seinen Instrumenten im Mittelpunkt standen, konnte eine solche Trennung durch den Fokus auf die Stelle erreicht werden, die für die Regierungskommunikation per Verfassungs- oder Gesetzesauftrag verpflichtet ist. Eine solche Stelle muss in jedem Kanton existieren, da das Kollegialitätsprinzip in den Kantonen stark verankert ist und die Regierung dazu verpflichtet, als Kollektiv zu kommunizieren.

Drittens erlaubt die Heuristik des akteurzentrierten Institutionalismus eine klare Unterscheidung zwischen Institutionen und Akteuren zu ziehen. Durch die enge Definition von Institutionen als Regelsysteme werden Akteure als handlungsfähige Akteure definiert, welche grundlegend von den sie umgebenden Regeln geprägt werden. Diese Definition rechtfertigt es, Regelungen als eigene Dimensionen zu erheben und zu analysieren, wie es in dieser Arbeit geschehen ist. Zugleich macht die Heuristik auf die engen Zusammenhänge zwischen den Institutionen und den Akteuren aufmerksam. Sie liefert eine theoretische Erklärung, wie Akteure auf externe Vorgaben in ihrer Umwelt reagieren und wie diese Vorgaben auch die Ziele und die Werte des Akteurs beeinflussen. Auf den Untersuchungsgegenstand angewendet, kann die Heuristik erklären, wie Regierungen auf Prozesse wie die Medialisierung oder den Staatswandel reagieren können und wie diese Veränderungen den Akteur selbst beeinflussen und verändern.

9.3 Der Fokus auf die subnationale Ebene

Die Untersuchung hat gezeigt, dass sich die 26 Kantone der Schweiz besonders gut für einen systematischen Vergleich eignen. Durch den gemeinsamen bundesstaatlichen Rahmen wird ein gewisses Maß an Vergleichbarkeit, durch den starken Föderalismus ein ausreichendes Maß an Unterschieden garantiert. Gleichzeitig stellt sich das Problem der Konzeptäquivalenz nur in begrenztem Maße, da es sich um Gliedstaaten handelt und damit die Vergleichbarkeit von Begriffen und Konzepten deutlich höher ist als zwischen Nationalstaaten. Diese gute Ausgangslage für einen Vergleich ist in Studien jedoch äußerst selten genutzt worden. Ein Grund für die Vernachlässigung der kantonalen Ebene könnte in der relativ hohen Anzahl der Untersuchungseinheiten liegen. 26 politische Einheiten gelten in vielen Methodenbüchern bereits als Vergleich vieler Fälle und setzen ein gewisses Zeitbudget mit entsprechenden finanziellen Ressourcen voraus. In Bezug auf Nationalstaaten leuchtet diese Kategorisierung auch ein. Auf subnationaler Ebene muss sie jedoch relativiert werden. Der Zugang zu den Subsystemen ist deutlich einfacher als bei Nationalstaaten. Zum einen erleichtert die räumliche Nähe eine Untersuchung. Aber auch das Vorverständnis der Untersuchungsobjekte ist deutlich höher, darf doch die alltägliche Erfahrung mit den Kantonen nicht unterschätzt werden. Die Einarbeitung in ein „fremdes" politisches System mit all seinen Abläufen bei länderübergreifenden Untersuchungen ist – solange sie nicht von lokalen Forschungsgruppen durchgeführt werden – zeitaufwändig und sollte mit einem Aufenthalt vor Ort einhergehen. Der Aufwand für die Untersuchung von 26 politischen Einheiten ist auf subnationaler Ebene weniger aufwändig als auf nationaler Ebene.

Die Fallzahl von 26 Kantonen ist für eine vergleichende Untersuchung relativ hoch, für eine statistische Auswertung jedoch eher niedrig. Das Problem wurde durch einen Methodenmix aus quantitativem und qualitativem Vorgehen gelöst. Die Datenerhebung erfolgte mittels einer qualitativen Dokumentenanalyse und eines standardisierten Fragebogens. Die Regeln wurden mittels einer qualitativen Dokumentenanalyse zusammengefasst, die Bildung der Typologien stützte sich auf eine Mischung von Clusteranalyse und qualitativer Interpretation. Dieser Methodenmix hat sich gut bewährt, da vor allem die Clusteranalyse als „weiches" statistisches Verfahren immer auch eine Interpretationsleistung des Forschenden erfordert.

Ein weiterer Grund für die seltene Untersuchung der subnationalen Ebene könnte in der Attraktivität der nationalen Ebene liegen, oder anders ausgedrückt, in der „Unattraktivität" der kantonalen Ebene. Oft als nachrangig oder provinziell wahrgenommen, erhält die kantonale Ebene nicht die Aufmerksamkeit, die sie verdient. Viele politische Innovationen werden zuerst auf kantonaler Ebene eingeführt, bevor sie auf nationaler Ebene in Kraft treten. Ein Beispiel ist das Öffentlichkeitsprinzip der Verwaltung, das im Kanton Bern seit 1995 in Kraft ist, auf nationaler Ebene jedoch erst 2004 eingeführt wurde. So können Untersuchungen auf kantonaler Ebene auch als Indikator für zukünftige Entwicklungen auf nationaler Ebene verstanden werden.

Die Kantone werden jedoch nicht nur durch den bundesstaatlichen Rahmen geprägt, sie bilden auch selbst die übergeordnete Instanz für Städte und Gemeinden. Der Stellenwert der lokalen Ebene zeigt sich in der Auswertung der Zielgruppen, bei der die Gemeinden deutlich vor dem Bund und anderen Kantonen als wichtigste Anspruchsgruppen genannt wurden. Es wäre sehr interessant, eine ähnliche Untersuchung für die Regierungskommunikation auf der lokalen Ebene anzupassen. Auf lokaler Ebene gibt es eine hohe Zahl an möglichen Untersuchungseinheiten, was eine Vollerhebung fast unmöglich machen würde. Aus methodischer Sicht würde sich daher ein most similar oder ein most different systems design anbieten. Als unabhängige Variable könnte wieder das politische System in die Untersuchung eingehen, um der Vermutung eines Zusammenhangs nachzugehen. Die Erhebung zum politischen System in Städten und Gemeinden könnte sich jedoch als sehr schwierig herausstellen, da es bisher wenig Forschung zu diesem Thema gibt (vgl. Bützer 2007). Wie auf kantonaler Ebene kann eine Untersuchung auf lokaler Ebene aber ebenfalls von einem leichten geographischen Zugang und einem hohen Vorverständnis profitieren.

Oft wird die Schweiz mit ihrer föderalen Struktur auch mit der EU verglichen. Die Resultate zur Regierungskommunikation in den Kantonen könnten deshalb auch für die Forschung über die EU von Interesse sein. Der Fokus könnte hier auf der Koordination der Kommunikation und der (sprach-)grenzüberschreitenden Verständigung liegen. Wie gelingt es den Kantonen mit zwei bis drei Amtssprachen, Öffentlichkeit herzustellen? Wie wird mit Sprachminderheiten in der Regierungskommunikation umgegangen? Wie funktionieren die Kommunikation und die Koordination zwischen den Kantonen, auch über die Sprachgrenze hinaus? Die Resultate für die Kantone zeigen in erster Linie die Schwierigkeiten der Verständigung und der Koordination in mehrsprachigen Gebieten. Es gibt nur in drei Kantonen einen verfassungsmäßigen Minderheitenschutz. Die vier Kantone Bern, Freiburg, Graubünden und Wallis mit sprachlichen Minderheiten kommunizieren in zwei bis drei Sprachen. Ein regelmäßiger Austausch findet in erster Linie zwischen Nachbarkantonen statt, die auch dieselbe Sprache sprechen. Die einzige national institutionalisierte Form des Austausches ist die SIKOV, in der alle Sprachregionen im Vorstand vertreten sind. Die Wahrnehmung von und die Orientierung an politischen Prozessen wie Gesetzesentwürfen in den anderen Kantonen bleibt schwach ausgeprägt. Auf diese Schwierigkeiten verweisen auch bestehende Studien zu sprachregionalen Differenzen in der Schweiz (vgl. Hungerbühler 2005).

9.4 Zusammenhang Regierungskommunikation und politisches System

Die Regierungskommunikation wird grundlegend vom politischen System geprägt, in dem sie stattfindet. Auf den Zusammenhang zwischen politischem System und Regierungskommunikation wird in vielen Definitionen von Regierungskommunikation hingewiesen, die Behauptung ist jedoch nie systematisch geprüft worden. Diese Forschungslücke ist mit dieser Arbeit gefüllt worden. Zum ersten Mal wurden Merkmale des politischen Systems mit Ausprägungen der Regierungskommunikation korreliert, um Erklärungen für die Unterschiede und Gemeinsamkeiten in der Ausgestaltung der Regierungskommunikation zu finden. Dies war dank vorhandener Daten aus der vergleichenden Politikwissenschaft möglich, die zum Vergleich herbeigezogen werden konnten. Die politikwissenschaftliche Einordnung der Kantone in regierungskonkordante und direktdemokratische Kantone wies einen deutlichen Bezug zur Regierungskommunikation auf, was für die Arbeit außerordentlich nützlich war.

Um den hier angedeuteten Zusammenhang zwischen dem politischen System und der Regierungskommunikation zu vertiefen, besteht noch viel Forschungsbedarf. Es wäre sehr interessant zu prüfen, ob sich die Regierungskommunikation auf Länderebene sowohl organisatorisch als auch inhaltlich zwischen verschiedenen politischen Systemen unterscheidet. Für eine solche Untersuchung kann die Klassifizierung von Demokratien von Lijphart sehr nützlich sein. Lijphart geht von einer grundsätzlichen Zweiteilung von Demokratien auf einem Kontinuum zwischen Konsens- und Mehrheitsdemokratien aus. Der Bezug zur Kommunikation ist in dieser Klassifizierung offensichtlich: Die Regierungskommunikation hat in einer Konsensdemokratie eine grundlegend andere Funktion als in einer Mehrheitsdemokratie. In einer Konsensdemokratie muss die Regierung möglichst viele Parteien und Betroffene in ihre Entscheidung mit einbinden, während sie in einer Mehrheitsdemokratie in erster Linie die Opposition ansprechen muss. Dank den Resultaten der international vergleichenden Demokratieforschung können Länder in zukünftige vergleichende Untersuchungen aufgenommen werden, die den Idealtypen der beiden Demokratieformen entsprechen (die Schweiz oder Belgien als Konsensdemokratie und Großbritannien als typische Mehrheitsdemokratie) sowie Länder, die bestimmten Mischformen entsprechen (vgl. Lijphart 1992; Lijphart 1999; Vatter 2008). Mögliche Fragestellungen einer solchen Studie könnten auf die hier untersuchten Dimensionen der Regeln, der Organisation, der Akteure und der Instrumente abzielen. Zudem wäre es aber auch sehr interessant, die inhaltliche Ausrichtung der Regierungskommunikation zu analysieren. Es stellt sich in diesem Zusammenhang die Frage, ob die Regierungskommunikation in Konsensdemokratien eher an Konsens und Kompromiss ausgerichtet ist als die Kommunikation der Regierungen in Mehrheitsdemokratien. Eine offensichtliche Schwierigkeit einer solchen Untersuchung ist es, eine Operationalisierung von Begriffen wie Kompromiss, Konsens oder Konkurrenz zu finden. Ein laufendes Projekt untersucht mittels Inhaltsanalysen eine ähnliche Forschungsfrage in Bezug auf die Berichterstattung in verschiedenen Ländern (vgl. Esser/Hemmer 2009). Erste Resultate weisen für die nationale Ebene in der Schweiz tatsächlich darauf hin, dass die öffentliche Debatte in der Schweiz deutlich von Konsens und Kompromiss geprägt ist, ganz im Gegensatz zu Deutschland oder Großbritannien. Eine Kombination dieser Inhaltsanalysen mit dem hier vorgeschlagenen Untersuchungsdesign könnten interessante Resultate bringen.

In Bezug auf die Hypothesen muss davon ausgegangen werden, dass es viele intervenierende Variablen gibt, die hier nicht erhoben oder kontrolliert werden konnten. Zudem sind die hier überprüften Merkmale des politischen Systems nicht erschöpfend. Ein Beispiel ist der Wahlmodus des Staatsschreibers, der einen Einfluss auf seine Rolle und seine Stellung im Kanton haben könnte. Es fällt auf, dass in der französischsprachigen Schweiz die Staatsschreiber von der Regierung ernannt werden, während in der deutschsprachigen Schweiz in der Regel das Parlament die Staatsschreiber ernennt (vgl. Bochsler et al. 2004: 61). Dieser Umstand könnte eine Erklärung für die festgestellten Unterschiede bei der Rolle des Staatsschreibers in der Regierungskommunikation in den beiden Sprachregionen liefern.

Neben dem politischen System hat sicher auch das Mediensystem Einfluss auf die Ausgestaltung der Regierungskommunikation. Für Daten zu den Mediensystemen in den einzelnen Kantonen müsste jedoch eine eigene Untersuchung durchgeführt werden, da es keinerlei Angaben zu diesem Thema gibt. Ein Blick auf die Medienlandschaft der Schweiz lässt vermuten, dass die Mediensysteme in den einzelnen Kantonen gar nicht so verschieden sind. Oft gibt es eine bis zwei Zeitungen, den öffentlich-rechtlichen Rundfunk plus die privaten, lokalen Sender. Der Zusammenhang zwischen den kantonalen Mediensystemen und der Regierungskommunikation müsste in einer systematischen Analyse überprüft werden.

Neben den Merkmalen auf der Makroebene ist anzunehmen, dass es weitere Aspekte gibt, welche die Ausgestaltung der Regierungskommunikation beeinflussen. Auf einer situativen Ebene spielen sicher gewisse Ereignisse wie Skandale, Konflikte oder längerfristige Auseinandersetzungen eine große Rolle. Ein gutes Beispiel dafür ist der Kanton Bern, welcher als Vorreiter in Sachen Kommunikation gilt (vgl. Farine-Hitz 2000). Diese Rolle liegt in erster Linie im Jura-Konflikt begründet. Durch die Auseinandersetzungen mit großer öffentlicher Aufmerksamkeit wurde die Berner Regierung früh gezwungen, sich über ihre Kommunikation Gedanken zu machen und Regeln zu erlassen. Hinzu kam in den 1980er Jahren ein größerer Finanzskandal. Diese Umstände haben dazu geführt, dass Bern als erster Kanton 1995 ein Öffentlichkeits- und Informationsgesetz erlassen hat. Es wäre sehr interessant, diese Zusammenhänge für mehrere Kantone zu erforschen. Eine solche Analyse steht jedoch vor dem Problem der Abgrenzung in der Zeit: Wie weit soll eine solche Analyse zurückgehen? Welche Ereignisse hatten einen Einfluss, welche nicht mehr? Es ist schwierig, eine solche Ereigniskette zu rekonstruieren. Zusätzlich zu historischen Recherchen müssten für die Beantwortung dieser Frage Interviews mit Beteiligten geführt werden.

Aber auch personelle Aspekte dürfen in der Erklärung für die Ausgestaltung der Regierungskommunikation in den Kantonen nicht unberücksichtigt bleiben. Gerade in kleineren politischen Einheiten sind Entwicklungen und Veränderungen sehr stark personenabhängig. Dies gilt für alle Kantone im Vergleich zu Nationalstaaten, aber insbesondere für bevölkerungsmäßig kleinere Kantone in der Schweiz. Innerhalb von bestimmten gesetzlichen Rahmenbedingungen bleibt es den einzelnen Kommunikationsverantwortlichen weitgehend überlassen, die Regierungskommunikation auszugestalten. Dieser Einfluss ist jedoch ebenfalls sehr schwierig zu erheben, müsste sich eine solche Untersuchung doch völlig auf qualitative Leitfadeninterviews stützen.

9.5 Rückblick und Ausblick

Diese Studie war eine erste Bestandsaufnahme der Regierungskommunikation im Querschnitt. Die Befunde könnten in einer Längsschnittstudie fundiert und vertieft werden. Eine solche Erhebung würde Aufschluss darüber geben, welche Kantone Pioniere in Sachen Kommunikation waren und wie die Entwicklung genau verlaufen ist. Es gibt nur vereinzelte Befunde zum Thema Kommunikation, die einen Vergleich zur Situation vor zehn oder 20 Jahren zulassen. Diese Daten zeigen, dass es eine Zunahme der Regeln, der Organisation und der Akteure der Regierungskommunikation gegeben hat. Bei den Regeln der Regierungskommunikation zeigen ältere Gesetze, die noch in Kraft sind, dass die Regelung der Kommunikation kein neues Phänomen ist, sondern bereits in den 1970er Jahren in einzelnen Kantonen ein Thema war. Auf die Frage, wann in ihrem Kanton das erste Leitbild für die Kommunikation von Regierung und Verwaltung entstanden sei, nennen drei Kantone die 1970er Jahre und ein Kanton die 1980er Jahre. In der überwiegenden Mehrheit der Kantone sind die Leitbilder ein Phänomen der 1990er Jahre oder sind erst nach 2000 entstanden. In allen Gesetzen, die ab den 1990er Jahren in Kraft traten, finden sich Regeln zur Regierungskommunikation. In der Dimension der Organisation weisen die Daten darauf hin, dass die Regierungskommunikation zuerst Sache der Staatsschreiber war. Ende der 1980er Jahre gab es nur in neun Kantonen einen Informationsbeauftragten, in 17 Kantonen war der Staatsschreiber für die Regierungskommunikation verantwortlich. In den 1990er Jahren erhöhte sich die Zahl der Informationsbeauftragten auf 13 Kantone, zudem wurde zum ersten Mal von Informationsdiensten gesprochen. Wie die Untersuchung gezeigt hat, gibt es im Jahr 2008 in 21 Kantonen Informationsbeauftragte oder Kommunikationsabteilungen. Die

Vermutung liegt nahe, dass sich hier eine Entwicklung der Zuständigkeiten der Regierungskommunikation von den Staatsschreibern über einzelne Informationsbeauftragte bis hin zu Kommunikationsabteilungen abzeichnet. Ein Vergleich mit den Befunden von Röttger/Hoffmann/Jarren und Hardmeier/Rothmayr zeigt, dass in der Tendenz eine Zunahme von Kommunikationsressourcen festzustellen ist. Am deutlichsten zeigt dies der Anstieg der Anzahl der Mitarbeitenden in den Kommunikationsabteilungen in fünf Jahren von 3.8 Personen auf 4.2 Personen pro Kanton. Zudem gibt es 2008 auch mehr Berufsbezeichnungen mit einem expliziten Verweis auf die Kommunikation (Anstieg von 40% auf 56%).

Eine systematische Erhebung der Regeln, der Organisation, der Akteure und der Instrumente der Regierungskommunikation im Zeitverlauf wäre eine sehr aufwändige Arbeit. Auf der Ebene der Organisation und der Akteure müsste sich eine Rekonstruktion auf alte Jahresberichte, alte Organigramme und ähnliche Dokumente stützen. Ergänzend müssten qualitative Leitfadeninterviews mit Personen geführt werden, die in den 1980er und 1990er Jahren für die Regierungskommunikation verantwortlich waren. Diese Interviews könnten auch die Tätigkeiten und die Entwicklung von Rollen der Kommunikationsspezialisten aufzeigen (für die Rekonstruktion von Sprecherrollen vgl. Tenscher 2003). Interessant wären in diesem Zusammenhang auch eine Analyse des Outputs der Regierungskommunikation und die Frage, ob auch die Anzahl von Pressemitteilungen und Pressekonferenzen zugenommen hat.

In der Dimension der Regeln wäre eine Erhebung der älteren Gesetzestexte einfacher, da diese archiviert werden und öffentlich zugänglich sind (siehe zum Beispiel www.lexfind.ch). Grundsätzlich bieten Gesetzestexte eine gute Informationsquelle, sind in der sozialwissenschaftlichen Forschung jedoch viel zu selten untersucht worden (vgl. Geser 1977). Gerade für Fragestellungen, die sich auf die Organisation von rechtlich verfassten Akteuren wie der Regierung, der Verwaltung oder des Parlaments beziehen, bieten die Gesetze eine gute Informationsquelle, werden in ihnen doch grundlegende Charakteristika des Akteurs festgelegt. Zudem eignen sich die Gesetze für eine sozialwissenschaftliche Analyse, da sie eine Sonderform von Dokumenten sind. Üblicherweise muss bei einer Analyse von Dokumenten einer bestimmten Organisation immer beachtet werden, dass die untersuchten Dokumente zu einem bestimmten Zweck erstellt wurden, im schwierigsten Fall handelt es sich sogar um PR-Material der Organisation. Bei amtlichen Dokumenten fällt dieser „Moment der Fiktion“ (vgl. Wolff 2004: 503) weitgehend weg oder stellt sich nicht im selben Maße wie für andere Akteure. Bei Gesetzestexten kann davon ausgegangen werden, dass sie so neutral und eindeutig wie möglich formuliert sind. Sie dürfen weder PR-Zwecken noch der Außendarstellung von Akteuren dienen. Die Gesetzestexte liefern damit eine sehr gute Ausgangslage für eine sozialwissenschaftliche Analyse, die in zukünftigen Forschungsarbeiten vermehrt genutzt werden sollte.

Der Vergleich mit Resultaten zur Regierungskommunikation aus den 1980er und 1990er Jahren hat gezeigt, dass sich die Regierungskommunikation in den letzten 20 Jahren ständig entwickelt hat. Es stellt sich nun abschließend die Frage, wie sich die Regierungskommunikation in den nächsten 20 Jahren verändern wird. Die Vermutung liegt nahe, dass die Regelungen der Regierungskommunikation eher zunehmen werden. Mit jeder Gesetzesrevision ergibt sich eine neue Möglichkeit, auf die Regierungskommunikation einzugehen, sofern dies noch nicht der Fall ist. Von verschiedenen Kantonen ist auch bekannt, dass Öffentlichkeits- und Informationsgesetze in Ausarbeitung sind. Auf der Ebene der Organisation hat eine Internetrecherche gezeigt, dass seit dem Erhebungszeitraum von 2007/2008 nur wenige Veränderungen vorgenommen wurden. Einzige Veränderung ist die Schaffung eines Informationsdienstes im Kanton Schaffhausen. Auf der Ebene der Organisation kann erwartet werden, dass die Entwicklung auf diesem Niveau stagniert, da nicht unbegrenzt Ressourcen für die Kommunikation zur Verfügung stehen und ein solcher Einsatz in der Öffentlichkeit kritisch beobachtet wird. Die stärksten Veränderungen können in den Kantonen erwartet werden, in denen der Staatsschreiber allein kommuniziert, also in den fünf Kantonen mit einem niedrigen Ausdifferenzierungsgrad. Auf der Ebene der Rollen und der Akteure können wiederum mehr Veränderungen erwartet werden. Die Spezialisierung der Kommunikationsrollen wird weiter vorangehen und es wird immer mehr Berufsbezeichnungen mit einem expliziten Kommunikationsbezug geben.

Allgemein ist anzunehmen, dass sich die Regierungskommunikation weiter ausdifferenziert, solange Entwicklungen wie die Medialisierung und der Staatswandel in diesem Ausmaß Thema in der Öffentlichkeit und in der Forschung bleiben. Solange muss die Regierung auf diese kommunikativen Anforderungen von außen reagieren und ihre Stellen zur Kommunikation ausbauen. Möglichkeiten dazu bestehen vor allem in den Regelungen und den Akteursrollen der Regierungskommunikation. Wie genau, in welchem Ausmaß und in welche Richtung sich die Dimensionen der Regeln, der Organisation, der Akteure und der Instrumente der Regierungskommunikation in den Kantonen weiter entwickeln, wird die Zukunft zeigen.

Anhang

Tabelle 31: Kategorisierung der prozessorientierten Normen

Normen	Kategorie
Kontinuierlich, regelmäßig, laufend	Kontinuität
Offen, transparent	Transparenz
Wahr, wahrheitsgemäß, fundiert, relevant, ausgewogen, zutreffend	Wahrheit/Richtigkeit
Umfassend, vollständig, komplett	Vollständigkeit
Sachgerecht, sachlich, exakt, korrekt, zweckmäßig, der Sache angepasst	Sachlichkeit
Glaubwürdig	Glaubwürdigkeit
Verhältnismäßig, ausreichend, genügend, angemessen	Verhältnismäßigkeit
Aktiv, offensiv, von sich aus	Aktiv
Frühzeitig, rechtzeitig, zeitgerecht, schnell, fristgerecht, rasch, spontan	Zeitpunkt der Kommunikation
Geplant, koordiniert, systematisch	Organisation der Kommunikation
Einheitlich, kohärent	Einheitlichkeit
Verständlich, klar, empfängerorientiert, zielgruppengerecht	Verständlichkeit

Quelle: eigene Darstellung

Tabelle 32: Kategorisierung der ergebnisorientierten Normen

Normen	Kategorie
Behörden informieren die Öffentlichkeit über ihre Tätigkeit, Kommunikation als Führungsaufgabe	Pflicht zur Kommunikation ohne Nennung von Normen
Unterstützung der Öffentlichkeit erhalten, Entscheide legitimieren, Handeln der Regierung und Gründe dafür darlegen	Legitimation
Vertrauen und Verständnis für Regierungsarbeit schaffen	Vertrauen
Teilnahme der Bevölkerung ermöglichen, öffentliche Diskussion ermöglichen	Partizipation
Politischer Dialog pflegen, kooperatives Handeln, Beziehung zur Öffentlichkeit pflegen	Responsivität
Bevölkerung soll politische Entscheidungen treffen können	Meinungs- und Willensbildung
Medien eine sachgerechte Berichterstattung ermöglichen	Beziehung zu Medien
Berichterstattung beeinflussen	Beeinflussung der Medien
Regionale Bedürfnisse berücksichtigen	Berücksichtigung regionaler Bedürfnisse

Quelle: eigene Darstellung

Literatur

Aarebrot, Frank H./Bakka, Pal H. (2003): Die vergleichende Methode in der Politikwissenschaft. In: Berg-Schlosser, Dirk/Müller-Rommel, Ferdinand (Hrsg.): Vergleichende Politikwissenschaft. 4., überarb., erw. Aufl. Opladen: Leske & Budrich , S. 57–76.

Abromeit, Heidrun/Stoiber, Michael (2006): Demokratien im Vergleich. Einführung in die vergleichende Analyse politischer Systeme. Wiesbaden: VS Verlag für Sozialwissenschaften.

Allmendinger, Jutta/Hinz, Thomas (2002): Perspektiven der Organisationssoziologie. In: Allmendinger, Jutta/Hinz, Thomas (Hrsg.): Organisationssoziologie. Wiesbaden: Westdeutscher Verlag .

Arbeitsgruppe KID (2001): Das Engagement von Bundesrat und Bundesverwaltung im Vorfeld von eidgenössischen Abstimmungen. Online verfügbar unter http://www.admin.ch/ch/d/pore/pdf/Eng_BR_d.pdf, zuletzt geprüft am 11.1.2006.

Arbeitsgruppe KID (2003): Information und Kommunikation von Bundesrat und Bundesverwaltung. Leitbild der Konferenz der Informationsdienste (KID). Online verfügbar unter http://www.admin.ch/ch/d/cf/leit.pdf, zuletzt geprüft am 11.1.2006.

Baerns, Barbara (1981): Öffentlichkeitsarbeit der Exekutive und Informationsleistung der Medien. In: Fischer, Heinz-Dietrich (Hrsg.): Regierungssprecher – Zwischen Information und Geheimhaltung. Köln: Wissenschaft und Politik, S. 55–72.

Bailey, Kenneth D. (1994): Typologies and Taxonomies. An Introduction to Classification Techniques. Thousand Oaks, London, New Dehli: Sage.

Baker, Brent (1997): Public Relations in Government. In: Caywood, Clarke L. (Hrsg.): The Handbook of Strategic Public Relations and Integrated Communications. Boston et. al.: McGraw-Hill, S. 453–479.

Baumgartner, Sabrina/Donges, Patrick/Vogel, Martina (2008): Regeln der Regierungskommunikation als normative Herausforderung. Das Beispiel der Schweizer Kantone. In: ZFKM - Zeitschrift für Kommunikationsökologie und Medienethik 10, H. 1, S. 43–47.

Bentele, Günter (1998): Politische Öffentlichkeitsarbeit. In: Sarcinelli, Ulrich (Hrsg.): Politikvermittlung und Demokratie in der Mediengesellschaft. Beiträge zur politischen Kommunikationskultur. Opladen/Wiesbaden: Westdeutscher Verlag, S. 124–145.

Bentele, Günter/Grosskurth, Lars/Seidenglanz, René (2005): Profession Pressesprecher: Vermessung eines Berufsstandes. Berlin: Helios Media.

Benz, Arthur (2004): Governance-Regieren in komplexen Regelsystemen. Eine Einführung. Wiesbaden: VS Verlag für Sozialwissenschaften.

Benz, Arthur/Lütz, Susanne/Schimank, Uwe/Simonis, Georg (Hrsg.) (2007): Handbuch Governance. Theoretische Grundlagen und empirische Anwendungsfelder. Wiesbaden: VS Verlag für Sozialwissenschaften.

Bergsdorf, Wolfgang (1986): Probleme der Regierungskommunikation. In: Communications, H. 3, S. 27–40.

Bergsdorf, Wolfgang (1991): Probleme der Regierungskommunikation. In: Hartwich, Hans-Hermann/Wewer, Göttrik (Hrsg.): Regieren in der Bundesrepublik III. Systemsteuerung und „Staatskunst". Wiesbaden, S. 55–67.

Besson, Michel (2003): Behördliche Information vor Volksabstimmungen. Verfassungsrechtliche Anforderungen an die freie Willensbildung der Stimmberechtigten in Bund und Kantonen. Bern: Stämpfli Verlag.

Blondel, Jean (1995): Comparative Government. An Introduction. London, New York et al.: Prentice Hall.

Blumler, Jay G./Dayan, Daniel/Wolton, Dominique (1990): West European Perspectives on Political Communication: Structures and Dynamics. In: European Journal of Communication, H. 5, S. 261–284.

Bochsler, Daniel/Koller, Christophe/Sciarini, Pascal/Traimond, Sylvie/Trippolini, Ivar (2004): Die Schweizer Kantone unter der Lupe. Behörden, Personal, Finanzen. Bern: Haupt.

Böckelmann, Frank E. (1991): Pressestellen der öffentlichen Hand. Journalistische Berufsfeldforschung „Pressestellen". Teil III. München: Ölschläger.

Bogumil, Jörg/Jann, Werner (2005): Verwaltung und Verwaltungswissenschaft in Deutschland. Einführung in die Verwaltungswissenschaft. Wiesbaden: VS Verlag für Sozialwissenschaften.

Bogumil, Jörg/Jann, Werner/Nullmeier, Frank (2006): Politik und Verwaltung – Perspektiven der politikwissenschaftlichen Verwaltungsforschung. In: Bogumil, Jörg/Jann, Werner/Nullmeier, Frank (Hrsg.): Politik und Verwaltung. Sonderheft 37 der Politischen Vierteljahresschrift. Wiesbaden: VS Verlag für Sozialwissenschaften, S. 9–26.

Bortz, Jürgen/Döring, Nicola (2002): Forschungsmethoden und Evaluation für Human- und Sozialwissenschaftler. 3., überarb. Aufl. Berlin, Heidelberg, New York: Springer.

Bozzolo, Nadine (2008): Anforderungen an die kantonale Regierungskommunikation. Eine vergleichende Analyse der Begründungen für eine gesetzliche Regelung kantonaler Regierungskommunikation. Lizentiatsarbeit an der Universität Zürich. Zürich.

Brüggemann, Michael (2008): Europäische Öffentlichkeit durch Öffentlichkeitsarbeit? Die Informationspolitik der Europäischen Kommission. Wiesbaden: VS Verlag für Sozialwissenschaften.

Bühl, Achim/Zöfel, Peter (2005): SPSS 12. Eine Einführung in die moderne Datenanalyse unter Windows. 9., überarb. und erw. Aufl. München: Pearson Studium.

Bundesamt für Statistik (BFS) (2007): Bilanz der ständigen Wohnbevölkerung, nach Kantonen und Städten 1999-2007. Online verfügbar unter http://www.bfs.admin.ch/bfs/portal/de/index/themen/01/02/blank/dos/result.html, zuletzt geprüft am 9.1.2009.

Bützer, Michael (2007): Direkte Demokratie in Schweizer Städten: Ursprung, Ausgestaltung und Gebrauch im Vergleich. Baden-Baden: Nomos.

Chaffee, Steven H. (Hrsg.) (1975): Political Communication. Issues and Strategies for Research. Beverly Hills: Sage.

Coleman, James S. (1974): Power and the Structure of Society. New York: W. W. Norton & Company.

Cottier, Bertil (2003): Loi fédérale sur la transparence: deux pas en avant, un en arrière. In: Medialex, S. 9–10.

Czerwick, Edwin (1997): Strukturen und Funktionen der Verwaltungskommunikation. In: Die öffentliche Verwaltung, H. 23, S. 973–983.

Czerwick, Edwin (1998): Verwaltungskommunikation. In: Jarren, Otfried/Sarcinelli, Ulrich/Saxer, Ulrich (Hrsg.): Politische Kommunikation in der demokratischen Gesellschaft. Ein Handbuch mit Lexikonteil. Opladen/Wiesbaden: Westdeutscher Verlag, S. 489–495.

Delley, Jean-Daniel/Auer, Andreas (1986): Structures politiques des cantons. In: Germann, Raimund/Weibel, Ernest/Graf, Hans Peter (Hrsg.): Handbuch Politisches System der Schweiz. Band 3: Föderalismus. Bern, Stuttgart: Haupt, S. 85–105.

Depenheuer, Otto (2001): Öffentlichkeit und Vertraulichkeit. In: Depenheuer, Otto (Hrsg.): Öffentlichkeit und Vertraulichkeit. Theorie und Praxis der politischen Kommunikation. Wiesbaden: Westdeutscher Verlag, S. 7–20.

Deutsch, Karl W. (1969): Politische Kybernetik. Modelle und Perspektiven. 2. erw. Aufl. Freiburg i.Br.: Rombach.

Diethelm, Cornelia (2003): Ein Aufruf zum Diskurs? Die Regierungskommunikation in den Kantonen Aargau, Bern und Zürich aus der Sicht der Informationsbeauftragten im Vergleich. Lizentiatsarbeit an der Universität Bern. Bern.

Donges, Patrick (2008): Medialisierung politischer Organisationen. Parteien in der Mediengesellschaft. Wiesbaden: VS Verlag für Sozialwissenschaften.

Dorer, Johanna (1995): Politische Öffentlichkeitsarbeit in Österreich. Eine empirische Untersuchung zur Public Relations politischer Institutionen. Wien: Braunmüller.

Eichenberger, Kurt (1980): Die politische Verantwortlichkeit der Regierung im schweizerischen Staatsrecht. In: Verfassungsrat und Regierungsrat des Kantons Aargau (Hrsg.): Der Staat der Gegenwart: ausgewählte Schriften von Kurt Eichenberger. Basel: Helbing & Lichtenhahn, S. 374–397.

Eichenberger, Kurt (1989): Hochleistungsverwaltung des entfalteten Sozialstaates. In: Haller, Walter/Kölz, Alfred/Müller, Georg/Thürer, Daniel (Hrsg.): Festschrift für Ulrich Häfelin zum 65. Geburtstag. Zürich: Schulthess, S. 443–457.

Eisenegger, Mark/Schranz, Mario (2004): Reputationsrisiken von Regierungsakteuren. In: Medienwissenschaft Schweiz, H. 1, S. 19–25.

Ellwein, Thomas (1976): Regieren und Verwalten. Eine kritische Einführung. Opladen: Westdeutscher Verlag.

Engi, Lorenz (2005): Behördenkommunikation im Abstimmungskampf. In: Medialex 10, H. 3, S. 141–147.

Esser, Frank (2003): Gut, dass wir verglichen haben. In: Esser, Frank/Pfetsch, Barbara (Hrsg.): Politische Kommunikation im internationalen Vergleich. Grundlagen, Anwendungen, Perspektiven. Wiesbaden: Westdeutscher Verlag, S. 437–494.

Esser, Frank/Hemmer, Katharina (2009): Explaining differences in political news: a comparative analysis across four Western democracies and four decades. Online verfügbar unter http://www.nccr-democracy.uzh.ch/nccr/research/modul3/ip22/Project%2022.pdf, zuletzt geprüft am 23.6.2009.

Farine-Hitz, Anouk (2000): Transparence de l'information officielle – Impacts du principe de la publicité dans le canton de Berne. In: Cahiers de l'IDHEAP 180, S. 1–76.

Feik, Rudolf (2007): Öffentliche Verwaltungskommunikation. Öffentlichkeitsarbeit, Aufklärung, Empfehlung, Warnung. Wien, New York: Springer.

Felder, Urs (1993): Wahl aller Kantonsregierungen unter besonderer Berücksichtigung des Wahlsystems. Dissertation an der Universität Zürich. Zürich.

Fischer, Heinz-Dietrich (Hrsg.) (1981): Regierungssprecher – Zwischen Information und Geheimhaltung. Köln: Wissenschaft und Politik.

Flam, Helena (1990): Corporate Actors: Definition, Genesis and Interaction. Online verfügbar unter http://www.mpifg.de/pu/mpifg_dp/dp90-11.pdf, zuletzt geprüft am 9.10.2008.

Flückiger, Alexandre (2002): Le projet de loi fédérale sur la transparence: transparence de l'administration ou des citoyens? In: Tanquerel, Thierry/Bellanger, François (Hrsg.): L'administration transparent. Genf, Basel, München: Helbing und Lichtenhahn, S. 131–160.

Freitag, Markus/Vatter, Adrian (2000): Direkte Demokratie, Konkordanz und Wirtschaftsleistung: Ein Vergleich der Schweizer Kantone. In: Schweizerische Zeitschrift für Volkswirtschaft und Statistik 136, H. 4, S. 579–606.

Freitag, Markus/Vatter Adrian (Hrsg.) (2008): Demokratien der deutschen Bundesländer: Politische Institutionen im Vergleich. Opladen: UTB.

Friedmann, Günther M. (1972): Der Pressesprecher in den Bundesministerien. Sein Rollenverständnis und dessen Verwirklichung. In: Publizistik 17, S. 311–319.

Gebauer, Klaus-Eckart (1998): Regierungskommunikation. In: Jarren, Otfried/Sarcinelli, Ulrich/Saxer, Ulrich (Hrsg.): Politische Kommunikation in der demokratischen Gesellschaft. Ein Handbuch mit Lexikonteil. Opladen/Wiesbaden: Westdeutscher Verlag, S. 464–472.

Gelders, Dave/Cock, Rozane de/Neijens, Peter et al. (2007): Government Communication about Policy Intentions: Unwanted Propaganda or Democratic Inevitability? Surveys among Government Communication Professionals and Journalists in Belgium and the Netherlands. In: Communications 32, S. 363–377.

Gerhardt, Uta (1986): Patientenkarrieren. Eine medizinsoziologische Studie. Frankfurt a.M.: Suhrkamp.

Germann, Raimund (1984): Regierung und Verwaltung. In: Klöti, Ulrich (Hrsg.): Handbuch Politisches System der Schweiz. Band 2: Strukturen und Prozesse. Bern, Stuttgart: Haupt, S. 45–76.

Germann, Raimund (2002): Die Kantone: Gleichheit und Disparität. In: Klöti, Ulrich/Knoepfel, Peter/Kriesi, Hanspeter/Linder, Wolf/Papadopoulos, Yannis (Hrsg.): Handbuch der Schweizer Politik. 3., überarb. Aufl. Zürich: Verlag Neue Zürcher Zeitung, S. 385–419.

Germann, Raimund/Weis, Katja (1995): Die Kantonsverwaltungen im Vergleich. Bern, Stuttgart, Wien: Haupt.

Germann, Raimund E. (1998): Öffentliche Verwaltung in der Schweiz. Der Staatsapparat und die Regierung. Bern, Stuttgart, Wien: Haupt.

Geser, Hans (1977): Kantonale Gemeindeorganisationen im rechtssoziologischen Vergleich. Eine Inhaltsanalyse von Gesetzestexten. In: Schweizerische Zeitschrift für Soziologie, H. 2, S. 111–141.

Geser, Hans (1981): Bevölkerungsgröße und Staatsorganisation. Kleine Kantone im Lichte ihrer öffentlichen Budgetstruktur, Verwaltung und Rechtssetzung. Bern, Frankfurt a.M.: Lang.

Geser, Hans (1987): Kommunales Regieren und Verwalten: ein empirisches Handbuch. Grüsch: Rüegger.

Geser, Hans (1990): Organisationen als soziale Akteure. In: Zeitschrift für Soziologie 19, H. 6, S. 401–417.

Geser, Hans/Höpflinger, François (1977): Staatsverwaltung und Sozialstruktur: Ein Vergleich zwischen vier Kantonen. In: Schweizerisches Jahrbuch für politische Wissenschaft, S. 111–135.

Giddens, Anthony (1984): Die Konstitution der Gesellschaft. Grundzüge einer Theorie der Strukturierung. Frankfurt a.M, New York: Campus.

Gläser, Jochen/Laudel, Grit (2004): Experteninterviews und qualitative Inhaltsanalyse als Instrumente rekonstruierender Untersuchungen. Wiesbaden: VS Verlag für Sozialwissenschaften.

Goetschel, Laurent (1994): Zwischen Effizienz und Akzeptanz. Die Information der Schweizer Behörden im Hinblick auf die Volksabstimmung über den EWR-Vertrag vom 6. Dezember 1992. Bern, Stuttgart, Wien: Haupt.

Grande, Edgar (1993): Die neue Architektur des Staates. In: Czada, Roland/Schmidt, Manfred G. (Hrsg.): Verhandlungsdemokratie, Interessenvermittlung, Regierbarkeit: Festschrift für Gerhard Lehmbruch. Opladen: Westdeutscher Verlag, S. 51–71.

Grande, Edgar (1995): Regieren in verflochtenen Verhandlungssystemen. In: Mayntz, Renate/Scharpf, Fritz W. (Hrsg.): Gesellschaftliche Selbstregelung und politische Steuerung. Frankfurt/New York: Campus, S. 327–368.

Grandjean, Vincent (2000): Un centre de compétences en matière de communication au service de l'Etat et du public. In: Schweizerische Staatsschreiberkonferenz (Hrsg.): Staatskanzlei – Stabsstelle im Zentrum der Entscheidungsprozesse. Standortbestimmung und Ausblick aus Anlass des Jubiläums „100 Jahre Schweizerische Staatsschreiberkonferenz“. Chur: Standeskanzlei Graubünden, S. 113–123.

Grossenbacher, René (1986): Hat die „Vierte Gewalt“ ausgedient? Zur Beziehung zwischen Public Relations und Medien. In: Media Perspektiven, H. 11, S. 725–731.

Grossenbacher, René/Forsberg, Thomas/Koch, María Isabel/Brändli, Matthias (2006): Politische Öffentlichkeitsarbeit in regionalen Medien. Ein Forschungsprojekt der Publicom AG. Kilchberg: Publicom AG.

Grünenfelder, Peter (2008): Zeitgemäße Ausgestaltung der Führungsunterstützung. In: Schweizerische Staatsschreiberkonferenz/Staatskanzlei Aargau (Hrsg.): Perspektive Staat. Herausforderungen für staatliche Führungskräfte. Zürich: Verlag Neue Zürcher Zeitung, S. 80–91.

Gurevitch, Michael/Blumler, Jay G. (2003): Der Stand der vergleichenden politischen Kommunikationsforschung: Ein eigenständiges Feld formiert sich. In: Esser, Frank/Pfetsch, Barbara (Hrsg.): Politische Kommunikation im internationalen Vergleich. Grundlagen, Anwendungen, Perspektiven. Wiesbaden: Westdeutscher Verlag, S. 371–392.

Gutzwiller, Felix (2008): Anforderungsprofil für Kanzler in Bund und Kantonen. In: Schweizerische Staatsschreiberkonferenz/Staatskanzlei Aargau (Hrsg.): Perspektive Staat. Herausforderungen für staatliche Führungskräfte. Zürich: Verlag Neue Zürcher Zeitung, S. 23–29.

Haller, Walter/Kölz, Alfred (2004): Allgemeines Staatsrecht. 3., neu überarb. und erg. Aufl. Basel: Helbing & Lichtenhahn.

Häner, Isabelle (2003): Das Öffentlichkeitsprinzip in der Verwaltung im Bund und in den Kantonen – Neuere Entwicklungen. In: ZBI, S. 281–302.

Häner, Isabelle (2004): Die Funktion des Öffentlichkeitsprinzips. Überlegungen zum Wesen des Öffentlichkeitsprinzips in der Verwaltung. In: Digma: Zeitschrift für Datenrecht und Informationssicherheit, H. 4, S. 146–149.

Hänsli, Barbara (1999): Politikvermittlung. Öffentlichkeitsarbeit und Medienwirklichkeit: eine Input-Output-Analyse am Beispiel der außenpolitischen Kommunikation. Lizentiatsarbeit an der Universität Zürich. Zürich.

Hardmeier, Sibylle (2002): Dialog in der staatlichen PR – demokratietheoretische Norm oder Realität. Paper für die Tagung „Public Relations in der Schweiz: Ein empirischer Blick auf Wirtschaft, Staat und NGOs“ am 15. November 2002 in Zürich.

Hardmeier, Sibylle (2003): Public Relations der öffentlichen Hand – eine Replik auf den Propaganda-Vorwurf. In: Serdült, Uwe/Widmer, Thomas (Hrsg.): Politik im Fokus. Festschrift für Ulrich Klöti. Zürich: Neue Zürcher Zeitung, S. 245–269.

Hardmeier, Sibylle (2005): Public Relations der öffentlichen Hand in der Schweiz. In: Donges, Patrick (Hrsg.): Politische Kommunikation in der Schweiz. Bern, Stuttgart, Wien: Haupt, S. 91–113.

Hardmeier, Sibylle/Rothmayr, Christine (2003): Öffentlichkeitsarbeit von Regierung und Verwaltung: Persuasion, Information oder Dialog? Final Report zu handen des SNF – Schweizerischer Nationalfonds.

Helms, Ludger (2003): Deutschlands „semisouveräner Staat“. In: Aus Politik und Zeitgeschichte, H. 43, S. 3–8.

Hesse, Konrad (1995): Grundzüge des Verfassungsrechts der Bundesrepublik Deutschland. 20., neubearb. Aufl. Heidelberg: Müller.

Hezel, Stefan (2002): Staatliche Öffentlichkeitsarbeit in Deutschland und Frankreich. Eine Untersuchung auf regionaler Ebene. In: PR-Magazin, H. 12, S. 43–48.

Hoffmann, Jochen/Steiner, Adrian/Jarren, Otfried (2007): Politische Kommunikation als Dienstleistung. Public-Affairs-Berater in der Schweiz. Konstanz: UVK.

Hohn, Hans-Willy/Schimank, Uwe (1990): Konflikte und Gleichgewichte im Forschungssystem. Akteurkonstellationen und Entwicklungspfade in der staatlich finanzierten außeruniversitären Forschung. Frankfurt, New York: Campus.

Horber, Eugen/Joye, Dominique (1979): Typologie des cantons suisses. Démarche et aspects méthodologiques. In: Schweizerisches Jahrbuch für politische Wissenschaft 19, S. 215–222.

Hungerbühler, Ruth (2005): Sprachregionale Differenzen in der politischen Kommunikation der Schweiz. In: Donges, Patrick (Hrsg.): Politische Kommunikation in der Schweiz. Bern, Stuttgart, Wien: Haupt, S. 157–175.

Imhof, Kurt/Blum, Roger/Bonfadelli, Heinz/Jarren, Otfried (2004): Mediengesellschaft. Strukturen, Merkmale, Entwicklungsdynamiken. Wiesbaden: VS Verlag für Sozialwissenschaften.

Imhof, Kurt/Blum, Roger/Bonfadelli, Heinz/Jarren, Otfried (2006): Einleitung. In: Imhof, Kurt/Blum, Roger/Bonfadelli, Heinz/Jarren, Otfried (Hrsg.): Demokratie in der Mediengesellschaft. Wiesbaden: VS Verlag für Sozialwissenschaften, S. 9–23.

Jarren, Otfried (1990): Politische Kommunikation im elektronischen Zeitalter. In: Hartwich, Hans-Hermann/Wewer, Göttrik (Hrsg.): Regieren in der Bundesrepublik Deutschland. Band 3. Opladen: Leske & Budrich, S. 215–233.

Jarren, Otfried (1994): Kann man mit Öffentlichkeitsarbeit die Politik „retten“? Überlegungen zum Öffentlichkeits-, Medien- und Politikwandel in der modernen Gesellschaft. In: Zeitschrift für Parlamentsfragen 25, H. 4, S. 653–673.

Jarren, Otfried (2005): Staatliche Kommunikation unter mediengesellschaftlichen Bedingungen. In: Donges, Patrick (Hrsg.): Politische Kommunikation in der Schweiz. Bern, Stuttgart, Wien: Haupt, S. 29–56.

Jarren, Otfried/Donges, Patrick (2006): Politische Kommunikation in der Mediengesellschaft. Eine Einführung. 2., überarb. Aufl. Wiesbaden: VS Verlag für Sozialwissenschaften.

Kamber, Esther/Imhof, Kurt (2004): Phänomenologie der politischen Kommunikation. Resonanz von staatlichen und intermediären politischen Akteuren in der Öffentlichkeit. In: Medienwissenschaft Schweiz, H. 1, S. 10–18.

Kamps, Klaus/Nieland, Jörg-Uwe (2006): Regieren und Kommunikation. In: Kamps, Klaus/Nieland, Jörg-Uwe (Hrsg.): Regieren und Kommunikation. Meinungsbildung, Entscheidungsfindung und gouvernementales Kommunikationsmanagement – Trends, Vergleiche, Perspektiven. Köln: Halem, S. 7–20.

Kasarda, John D. (1974): The Structural Implications of Social System Size: A Three-Level Analysis. In: American Sociological Review 39, S. 19–28.

Kelle, Udo/Kluge, Susann (1999): Vom Einzelfall zum Typus. Fallvergleich und Fallkontrastierung in der qualitativen Sozialforschung. Opladen: Leske + Budrich.

Keman, Hans (1996): Konkordanzdemokratie und Korporatismus aus der Perspektive eines rationalen Institutionalismus. In: Politische Vierteljahresschrift 37, H. 3, S. 494–516.

Kemper, Kevin R. (2008): Government Speech, Law and Policy on. In: Donsbach, Wolfgang (Hrsg.): The International Encyclopedia of Communication. 12 Bände. Malden, Mass: Blackwell, S. 2004–2007.

Kleinsteuber, Hans J. (2003): Medien und Kommunikation im internationalen Vergleich: Konzepte, Methoden und Befunde. In: Esser, Frank/Pfetsch, Barbara (Hrsg.): Politische Kommunikation im internationalen Vergleich. Grundlagen, Anwendungen, Perspektiven. Wiesbaden: Westdeutscher Verlag, S. 78–103.

Klöti, Ulrich (2006): Regierung. In: Klöti, Ulrich/Knoepfel, Peter/Kriesi, Hanspeter/Linder, Wolf/Papadopoulos, Yannis/Sciarini, Pascal (Hrsg.): Handbuch der Schweizer Politik. Manuel de la politique suisse. 4., vollst. überarb. Aufl. Zürich: Verlag Neue Zürcher Zeitung, S. 151–173.

Kluge, Susann (1999): Empirisch begründete Typenbildung. Zur Konstruktion von Typen und Typologien in der qualitativen Sozialforschung. Opladen: Leske & Budrich.

klr (2009): Info-Fauxpas: Regierung stellt sich hinter Fuhrer. In: Tages-Anzeiger Online-Ausgabe vom 5. März 2009. Online verfügbar unter http://www.tagesanzeiger.ch/zuerich/kanton/InfoFauxpas-Regierung-stellt-sich-hinter-Fuhrer/story/12005528, zuletzt geprüft am 6.3.2009.

Köhler, Miriam Melanie/Schuster, Christian H. (2006): Regierungs-PR im Feld der politischen Kommunikation. Funktion und Bedeutung von regierungsamtlicher Presse- und Öffentlichkeitsarbeit. In: Köhler, Miriam Melanie/Schuster, Christian H. (Hrsg.): Handbuch Regierungs-PR. Wiesbaden: VS Verlag für Sozialwissenschaften, S. 13–32.

Koller, Christophe (2007): Kantonale Verwaltungen und Behörden. Analyse auf Grund der Resultate der Badac-Erhebung über die kantonalen Verwaltungen 2004. Online verfügbar unter http://www.idheap.ch > publications > Working paper, zuletzt geprüft am 23.09.2008.

Koller, Heinrich (2001): § 72 Regierung und Verwaltung. In: Thürer, Daniel/Aubert, Jean-François/Müller, Jörg Paul (Hrsg.): Verfassungsrecht der Schweiz. Zürich: Schulthess, S. 1131–1149.

Kordes, Walter/Pollmann, Hans (1983): Das Presse- und Informationsamt der Bundesregierung. Düsseldorf: Droste.

Korte, Karl-Rudolf (2002): Regieren in Mediendemokratien: Regierungssteuerung der Staats- und Regierungschefs im Vergleich. In: Schatz, Heribert/Rössler, Patrick/Nieland, Jörg-Uwe (Hrsg.): Politische Akteure in der Mediendemokratie. Politiker in den Fesseln der Medien? Wiesbaden: Westdeutscher Verlag, S. 21–40.

Korte, Karl-Rudolf (2008): Kommunikation und Entscheidungsfindung von Regierungen. Das Beispiel einer Reformkommunikation. In: Sarcinelli, Ulrich/Tenscher, Jens (Hrsg.): Politikherstellung und Politikdarstellung. Beiträge zur politischen Kommunikation. Köln: Halem, S. 20–43.

Korte, Karl-Rudolf/Florack, Martin/Grunden, Timo (2006): Regieren in Nordrhein-Westfalen. Strukturen, Stile und Entscheidungen 1990-2006. Wiesbaden: VS Verlag für Sozialwissenschaften.

Korte, Karl-Rudolf/Fröhlich, Manuel (2004): Politik und Regieren in Deutschland. Strukturen, Prozesse, Entscheidungen. Paderborn, München, Wien, Zürich: Ferdinand Schöningh.

Kriesi, Hanspeter (1980): Entscheidungsstrukturen und Entscheidungsprozesse in der Schweizer Politik. Frankfurt a.M, New York: Campus.

Kriz, Jürgen/Nohlen, Dieter/Schultze, Rainer-Olaf (Hrsg.) (1994): Band 2: Politikwissenschaftliche Methoden. 7 Bände. München: C.H. Beck (Lexikon der Politik).

Kropp, Sabine (2006): Ausbruch aus „exekutiver Führerschaft“? In: Bogumil, Jörg/Jann, Werner/Nullmeier, Frank (Hrsg.): Politik und Verwaltung. Sonderheft 37 der Politischen Vierteljahresschrift. Wiesbaden: VS Verlag für Sozialwissenschaften, S. 275–298.

Kropp, Sabine/Minkenberg, Michael (Hrsg.) (2005): Vergleichen in der Politikwissenschaft. Wiesbaden: VS Verlag für Sozialwissenschaften.

Krotz, Friedrich (2007): Mediatisierung: Fallstudien zum Wandel von Kommunikation. Wiesbaden: VS Verlag für Sozialwissenschaften.

Kuckartz, Udo (1995): Case-oriented Quantification. In: Kelle, Udo (Hrsg.): Comupter-aided Qualitative Data Analysis. Theory, Methods and Practice. London, Thousand Oaks, New Dehli: Sage, S. 158–166.

Kuckartz, Udo (2007): Einführung in die computergestützte Analyse qualitativer Daten. 2., aktual. und erw. Aufl. Wiesbaden: VS Verlag für Sozialwissenschaften.

Lamnek, Siegfried (2005): Qualitative Sozialforschung: Lehrbuch. 4., vollst. überarb. Aufl. Weinheim, Basel: Beltz.

Lauth, Hans-Joachim (2003): Typologien in der vergleichenden Politikwissenschaft: Überlegungen zum Korrespondenzproblem. In: Pickel, Susanne/Pickel, Gert/Lauth, Hans-Joachim/Jahn, Detlef (Hrsg.): Vergleichende politikwissenschaftliche Methoden. Neue Entwicklungen und Diskussionen. Wiesbaden: Westdeutscher Verlag, S. 37–58.

Lauth, Hans-Joachim/Pickel, Gert/Pickel, Susanne (2009): Methoden der vergleichenden Politikwissenschaft. Eine Einführung. Wiesbaden: VS Verlag für Sozialwissenschaften.

Lauth, Hans-Joachim/Winkler, Jürgen R. (2006): Methoden der Vergleichenden Politikwissenschaft. In: Lauth, Hans-Joachim (Hrsg.): Vergleichende Regierungslehre. Eine Einführung. 2. durchgesehene Aufl. Wiesbaden: VS Verlag für Sozialwissenschaften, S. 37–69.

Lehmbruch, Gerhard (1967): Proporzdemokratie. Politisches System und politische Kultur in der Schweiz und Österreich. Tübingen: J.C.B. Mohr.

Lehmbruch, Gerhard (1993): Consociational Democracy and Corporatism in Switzerland. In: Publius: The Journal of Federalism 23, H. 2, S. 43–60.

Lijphart, Arend (1984): Democracies: Patterns of Majoritarian and Consensus Government in Twenty-One Countries. New Heaven: Yale University Press.

Lijphart, Arend (1992): Introducion. In: Lijphart, Arend (Hrsg.): Parliamentary Versus Presidential Government. New York: Oxford University Press, S. 1–27.

Lijphart, Arend (Hrsg.) (1992): Parliamentary Versus Presidential Government. New York: Oxford University Press.

Lijphart, Arend (1999): Patterns of Democracy. Government Forms and Performance in Thirty-Six Counties. New Heaven, London: Yale University Press.

Linder, Wolf (2005): Schweizerische Demokratie – Institutionen, Prozesse, Perspektiven. 2. Aufl. Bern: Haupt.

Machura, Stefan (2005): Politik und Verwaltung. Wiesbaden: VS Verlag für Sozialwissenschaften.

Mahon, Pascal (1999): L'information par les autorités. In: Zeitschrift für Schweizerischer Recht, H. 3, S. 199–352.

Marx, Stefan (2008): Die Legende vom Spin Doctor. Regierungskommunikation unter Schröder und Blair. Wiesbaden: VS Verlag für Sozialwissenschaften.

Mastronardi, Philippe (1998): Primat der Politik vor der Verwaltung? In: Ehrenzeller, Berhard/Mastronardi, Philippe/Schaffhauser, René/Schweizer, Rainer J./Vallender, Klaus A. (Hrsg.): Der Verfassungsstaat vor neuen Herausforderungen: Festschrift für Yvo Hangartner. St. Gallen, Lachen: Dike, S. 63–78.

Matter, Nathalie/Bütikofer, Maja/Handschin, Valentin (o.J.): Die Medienresonanz auf die Informationstätigkeit des Berner Regierungsrates. Online verfügbar unter www.ikmb.unibe.ch/forschung/projekte/medienresonanz, zuletzt geprüft am 22. 5. 2006.

Mayntz, Renate (1978): Soziologie der öffentlichen Verwaltung. Heidelberg/Karlsruhe: C. F. Müller Juristischer Verlag.

Mayntz, Renate (1997): Corporate Actors in Public Policy. In: Mayntz, Renate (Hrsg.): Soziale Dynamik und politische Steuerung. Theoretische und methodologische Überlegungen. Frankfurt a.M, New York: Campus, S. 168–185.

Mayntz, Renate (2004): Governance im modernen Staat. In: Benz, Arthur (Hrsg.): Governance-Regieren in komplexen Regelsystemen. Eine Einführung. Wiesbaden: VS Verlag für Sozialwissenschaften, S. 65–76.

Mayntz, Renate (2005): Governance Theory als fortentwickelte Steuerungstheorie? In: Schuppert, Gunnar Folke (Hrsg.): Governance-Forschung. Vergewisserung über Stand und Entwicklungslinien. Baden-Baden: Nomos, S. 11–20.

Mayntz, Renate/Scharpf, Fritz W. (1995): Der Ansatz des akteurzentrierten Institutionalismus. In: Mayntz, Renate/Scharpf, Fritz W. (Hrsg.): Gesellschaftliche Selbstregelung und politische Steuerung. Frankfurt/New York: Campus, S. 39–72.

Mayring, Philipp (2007): Qualitative Inhaltsanalyse. Grundlagen und Techniken. 9. Aufl. Weinheim: Beltz.

Mayring, Philipp/Hurst, Alfred (2005): Qualitative Inhaltsanalyse. In: Mikos, Lothar/Wegener, Claudia (Hrsg.): Qualitative Medienforschung. Ein Handbuch. Konstanz: UVK, S. 436–444.

McNair, Brian (2007): An Introduction to Political Communication. 4. Aufl. London, New York: Routledge.

Meadow, Robert G. (1980): Politics as Communication. Norwood/New Jersey: Ablex Publishing Corporation.

Mertes, Michael (2003): Bundeskanzleramt und Bundespresseamt. In: Korte, Karl-Rudolf/Hirscher, Gerhard (Hrsg.): Information und Entscheidung. Kommunikationsmanagement der politischen Führung. Wiesbaden: Westdeutscher Verlag, S. 52–78.

Moser, Christian (1988): Wahl und Zusammensetzung kantonaler Exekutiven: Die Entwicklung der letzten Jahre. In: Hablützel, Peter/Hirter, Hans/Junker, Beat (Hrsg.): Schweizerische Politik in Wissenschaft und Praxis. Festschrift für Prof. Dr. Peter Gilg. Bern: Forschungszentrum für schweizerische Politik, S. 71–91.

Münch, Richard (2004): Soziologische Theorie. 3 Bände. Frankfurt a.M.: Campus.

Murswieck, Axel (1998): Regierung. In: Nohlen, Dieter (Hrsg.): Wörterbuch Staat und Politik. Bonn: Bundeszentrale für politische Bildung, S. 635–638.

Neidhart, Leonhard (1970): Plebiszit und pluralitäre Demokratie. Eine Analyse der Funktion des schweizerischen Gesetzesreferendums. Bern: Francke Verlag.

Neidhart, Leonhard (2002): Die politische Schweiz: Fundamente und Institutionen. Zürich: Verlag Neue Zürcher Zeitung.

Neuroni, Alessia C./Zielmann, Sarah (2004): Staatskommunikation. Definition und Forschungsfragen aus publizistikwissenschaftlicher Perspektive. In: Medienwissenschaft Schweiz, H. 1, S. 4–9.

Nigg, Josef (2000): Staatskanzlei als umfassendes Kompetenzzentrum in kleineren Kantonen. In: Schweizerische Staatsschreiberkonferenz (Hrsg.): Staatskanzlei – Stabsstelle im Zentrum der Entscheidungsprozesse. Standortbestimmung und Ausblick aus Anlass des Jubiläums „100 Jahre Schweizerische Staatsschreiberkonferenz". Chur: Standeskanzlei Graubünden, S. 84–93.

Nohlen, Dieter (1994a): Typus/Typologie. In: Kriz, Jürgen/Nohlen, Dieter/Schultze, Rainer-Olaf (Hrsg.): Band 2: Politikwissenschaftliche Methoden. 7 Bände. München: C.H. Beck (Lexikon der Politik), S. 491–496.

Nohlen, Dieter (1994b): Vergleichende Methode. In: Kriz, Jürgen/Nohlen, Dieter/Schultze, Rainer-Olaf (Hrsg.): Band 2: Politikwissenschaftliche Methoden. 7 Bände. München: C.H. Beck (Lexikon der Politik), S. 507–517.

Nuspliger, Kurt (2000): Die Kantonsregierungen – Strukturen, Prozesse, Reformen. In: Knoepfel, Peter/Linder, Wolf (Hrsg.): Verwaltung, Regierung und Verfassung im Wandel. Gedächtnisschrift für Raimund E. Germann. Basel: Helbling & Lichtenhahn, S. 79–97.

Nuspliger, Kurt (2001): Regierungsarbeit und Öffentlichkeitsprinzip. In: Medialex, H. 3, S. 150–157.

Nuspliger, Kurt (2004): Einführung des Öffentlichkeitsprinzips. In: Moser, Thomas (Hrsg.): Bundesverwaltung und Öffentlichkeit: staatliche Kommunikation als Führungsaufgabe. Bern: Schriftenreihe des Eidgenössischen Personalamtes, S. 129–139.

Nützi, Patrick (1995): Rechtsfragen verhaltenslenkender staatlicher Information. Strukturen – Zulässigkeit – Haftung. Bern: Stämpfli+Cie.

Patzelt, Werner J. (2005): Wissenschaftstheoretische Grundlagen sozialwissenschaftlichen Vergleichens. In: Kropp, Sabine/Minkenberg, Michael (Hrsg.): Vergleichen in der Politikwissenschaft. Wiesbaden: VS Verlag für Sozialwissenschaften, S. 16–54.

Pfetsch, Barbara (1996): Convergence through Privatization? Changing Media Environments and Televised Politics in Germany. In: European Journal of Communication, H. 11, S. 427–451.

Pfetsch, Barbara (1998a): Government News Management. In: Graber, Doris/McQuail, Denis/Norris, Pippa (Hrsg.): The Politics of News – the News of Politics. Washington D.C.: CQ Press, S. 70–93.

Pfetsch, Barbara (1998b): Regieren unter den Bedingungen medialer Allgegenwart. In: Sarcinelli, Ulrich (Hrsg.): Politikvermittlung und Demokratie in der Mediengesellschaft. Opladen/Wiesbaden: Westdeutscher Verlag, S. 233–252.

Pfetsch, Barbara (2003a): Politische Kommunikationskultur – ein theoretisches Konzept zur vergleichenden Analyse politischer Kommunikationssysteme. In: Esser, Frank/Pfetsch, Barbara (Hrsg.): Politische Kommunikation im internationalen Vergleich. Grundlagen, Anwendungen, Perspektiven. Wiesbaden: Westdeutscher Verlag, S. 393–418.

Pfetsch, Barbara (2003b): Politische Kommunikationskultur. Politische Sprecher und Journalisten in der Bundesrepublik und den USA im Vergleich. Wiesbaden: Westdeutscher Verlag.

Pfetsch, Barbara (2008): Government Communication. In: Kaid, Lynda Lee/Holtz-Bacha, Christina (Hrsg.): Encyclopedia of Political Communication. 2 Bände. Thousand Oaks: Sage, Bd. 1, S. 279–281.

Pfetsch, Barbara/Dahlke, Kerstin (1996): Politische Öffentlichkeitsarbeit zwischen Zustimmungsmanagement und Politikvermittlung. In: Jarren, Otfried/Schatz, Heribert/Wessler, Hartmut (Hrsg.): Medien und politischer Prozess. Politische Öffentlichkeit und massenmediale Politikvermittlung. Opladen: Westdeutscher Verlag, S. 137–154.

Pfetsch, Barbara/Esser, Frank (2003): Politische Kommunikation im internationalen Vergleich: Neuorientierung in einer veränderten Welt. In: Esser, Frank/Pfetsch, Barbara (Hrsg.): Politische Kommunikation im internationalen Vergleich. Grundlagen, Anwendungen, Perspektiven. Wiesbaden: Westdeutscher Verlag, S. 9–31.

Plasser, Fritz (Hrsg.) (2004): Politische Kommunikation in Österreich: ein praxisnahes Handbuch. Wien: WUV.

Plasser, Fritz/Hüffel, Clemens/Lengauer, Günther (2004): Politische Öffentlichkeitsarbeit in der Mediendemokratie. In: Plasser, Fritz (Hrsg.): Politische Kommunikation in Österreich: ein praxisnahes Handbuch. Wien: WUV, S. 309–350.

Prittwitz, Volker von (1994): Politikanalyse. Opladen: Leske + Budrich.

Proeller, Isabella/Siegel, John Philipp (2008): Die Rolle der Regierungszentrale in der strategischen Steuerung – internationale Perspektiven. In: Schweizerische Staatsschreiberkonferenz/Staatskanzlei Aargau (Hrsg.): Perspektive Staat. Herausforderungen für staatliche Führungskräfte. Zürich: Verlag Neue Zürcher Zeitung, S. 139–150.

Riesen, Claudio (2000): Staatskanzlei – Wandel von der Kanzlei zur Stabsstelle. In: Schweizerische Staatsschreiberkonferenz (Hrsg.): Staatskanzlei – Stabsstelle im Zentrum der Entscheidungsprozesse. Standortbestimmung und Ausblick aus Anlass des Jubiläums „100 Jahre Schweizerische Staatsschreiberkonferenz". Chur: Standeskanzlei Graubünden, S. 28–40.

Riesen, Claudio (2008): Ausbau der strategischen Führung als Beitrag zur Erfolgsorientierung. In: Schweizerische Staatsschreiberkonferenz/Staatskanzlei Aargau (Hrsg.): Perspektive Staat. Herausforderungen für staatliche Führungskräfte. Zürich: Verlag Neue Zürcher Zeitung, S. 93–103.

Rohner, Markus (2009): Steuerparadies Appenzell verärgert Deutsche. In: Basler Zeitung Online-Ausgabe vom 26. Februar 2009. Online verfügbar unter http://bazonline.ch/schweiz/standard/Steuerparadies-Appenzell-veraergert-Deutsche/story/16000546, zuletzt geprüft am 2. März 2009.

Rothmayr, Christine (2002): Staatliche PR im Informationszeitalter: Welche Ansprüche an die Organisation in der Verwaltung? Paper für die Tagung „Public Relations in der Schweiz: Ein empirischer Blick auf Wirtschaft, Staat und NGOs" am 15. November 2002 in Zürich.

Röttger, Ulrike (2000): Public Relations – Organisation und Profession. Öffentlichkeitsarbeit als Organisationsfunktion. Eine Berufsfeldstudie. Wiesbaden: Westdeutscher Verlag.

Röttger, Ulrike/Hoffmann, Jochen/Jarren, Otfried (2003): Public Relations in der Schweiz: eine empirische Studie zum Berufsfeld Öffentlichkeitsarbeit. Konstanz: UVK.

Sarcinelli, Ulrich (1990): Auf dem Weg in eine kommunikative Demokratie? In: Sarcinelli, Ulrich (Hrsg.): Demokratische Streitkultur. Theoretische Grundpositionen und Handlungsalternativen in Politikfeldern. Opladen: Westdeutscher Verlag, S. 29–51.

Sarcinelli, Ulrich (1998a): Legitimation. In: Jarren, Otfried/Sarcinelli, Ulrich/Saxer, Ulrich (Hrsg.): Politische Kommunikation in der demokratischen Gesellschaft: ein Handbuch mit Lexikonteil. Opladen: Westdeutscher Verlag, S. 676–677.

Sarcinelli, Ulrich (1998b): Staatskommunikation. In: Jarren, Otfried/Sarcinelli, Ulrich/Saxer, Ulrich (Hrsg.): Politische Kommunikation in der demokratischen Gesellschaft: ein Handbuch mit Lexikonteil. Opladen: Westdeutscher Verlag, S. 726.

Sarcinelli, Ulrich (2000): Politikvermittlung und Wahlen – Sonderfall oder Normalität des politischen Prozesses? In: Bohrmann, Hans/Jarren, Otfried/Seethaler, Josef (Hrsg.): Wahlen und Politikvermittlung durch Massenmedien. Wiesbaden: Westdeutscher Verlag, S. 19–30.

Sarcinelli, Ulrich (2009): Politische Kommunikation in Deutschland. Zur Politikvermittlung im demokratischen System. 2., überarb. Aufl. Wiesbaden: VS Verlag für Sozialwissenschaften.

Saxer, Ulrich (1998): System, Systemwandel und politische Kommunikation. In: Jarren, Otfried/Sarcinelli, Ulrich/Saxer, Ulrich (Hrsg.): Politische Kommunikation in der demokratischen Gesellschaft. Ein Handbuch mit Lexikonteil. Opladen/Wiesbaden: Westdeutscher Verlag, S. 21–64.

Saxer, Urs (2004): Öffentlichkeitsinformation von Behörden im Rechtsstaat. In: Medialex 9, H. 1, S. 19–28.

Scharpf, Fritz W. (1991): Die Handlungsfähigkeit des Staates am Ende des zwanzigsten Jahrhunderts. In: Politische Vierteljahresschrift 32, H. 4, S. 621–634.

Scharpf, Fritz W. (1993): Versuch über Demokratie im verhandelnden Staat. In: Czada, Roland/Schmidt, Manfred G. (Hrsg.): Verhandlungsdemokratie, Interessenvermittlung, Regierbarkeit. Opladen: Westdeutscher Verlag, S. 25–50.

Scharpf, Fritz W. (2000): Interaktionsformen. Akteurzentrierter Institutionalismus in der Politikforschung. Opladen: Leske & Budrich.

Schimank, Uwe (2002): Handeln und Strukturen: Einführung in die akteurstheoretische Soziologie. Weinheim: Juventa.

Schimank, Uwe (2004): Der akteurzentrierte Institutionalismus. In: Gabriel, Manfred (Hrsg.): Paradigmen der akteurszentrierten Soziologie. Wiesbaden: VS Verlag für Sozialwissenschaften, S. 287–301.

Schneider, Volker (1999): Staat und technische Kommunikation. Die politische Entwicklung der Telekommunikation in den USA, Japan, Großbritannien, Deutschland, Frankreich und Italien. Opladen: Westdeutscher Verlag.

Schneider, Volker/Werle, Raymund (1989): Vom Regime zum korporativen Akteur. In: Kohler-Koch, Beate (Hrsg.): Regime in den internationalen Beziehungen. Baden-Baden: Nomos, S. 409–434.

Schnell, Rainer/Hill, Paul B./Esser, Elke (2005): Methoden der empirischen Sozialforschung. 7., völlig überarb. Aufl. München, Wien: Oldenbourg.

Scholl, Armin (2003): Die Befragung. Sozialwissenschaftliche Methode und kommunikationswissenschaftliche Anwendung. Konstanz: UVK.

Schulz, Winfried (2003): Politische Kommunikation. In: Bentele, Günter/Brosius, Hans-Bernd/Jarren, Otfried (Hrsg.): Öffentliche Kommunikation: Handbuch Kommunikations- und Medienwissenschaft. Wiesbaden: Westdeutscher Verlag, S. 458–479.

Schulz, Winfried (2004): Reconstructing Mediatization as an Analytical Concept. In: European Journal of Communication 19, H. 1, S. 87–101.

Schulz, Winfried (2008a): Political Communication. In: Donsbach, Wolfgang (Hrsg.): The International Encyclopedia of Communication. 12 Bände. Malden, Mass: Blackwell, Bd. 8, S. 3671–3682.

Schulz, Winfried (2008b): Politische Kommunikation. Theoretische Ansätze und Ergebnisse empirischer Forschung. 2. vollst. überarb. Aufl. Wiesbaden: VS Verlag für Sozialwissenschaften.

Schuppert, Gunnar Folke (Hrsg.) (2005): Governance-Forschung. Vergewisserung über Stand und Entwicklungslinien. Baden-Baden: Nomos.

Schürmann, Frank (1991): Öffentlichkeitsarbeit der Bundesregierung. Strukturen, Medien, Auftrag und Grenzen eines informalen Instruments der Staatsleitung. Berlin: Duncker und Humblot.

Schweizerische Staatsschreiberkonferenz (Hrsg.) (2000): Staatskanzlei – Stabsstelle im Zentrum der Entscheidungsprozesse. Standortbestimmung und Ausblick aus Anlass des Jubiläums „100 Jahre Schweizerische Staatsschreiberkonferenz". Chur: Standeskanzlei Graubünden.

Schweizerische Staatsschreiberkonferenz/Staatskanzlei Aargau (Hrsg.) (2008): Perspektive Staat. Herausforderungen für staatliche Führungskräfte. Zürich: Verlag Neue Zürcher Zeitung.

Sonderegger, Christian (1998): Kantone. In: Sonderegger, Christian/Stampfli, Marc (Hrsg.): Lexikon für Politik, Recht, Wirtschaft, Gesellschaft. 3. Aufl. Zürich: Bildung Sauerländer, S. 186–198.

Stücheli-Herlach, Peter (2008): Behördliche Professionalität im demokratischen Diskurs. Anforderungen an Staat und Verwaltung in der öffentlichen Kommunikation. In: Schweizerische Staatsschreiberkonferenz/Staatskanzlei Aargau (Hrsg.): Perspektive Staat. Herausforderungen für staatliche Führungskräfte. Zürich: Verlag Neue Zürcher Zeitung, S. 153–161.

Sury, Monika von (1988): L'information officielle en question. L'information par les administrations fédérale et cantonales suisses: Quelles bases légales? Quelles structures administratives? Quelles relations avec la presse? Solothurn: Vogt-Schild.

Sutter-Widmer, Barbara (2007): Regierungskommunikation in den fünf kleinsten Kantonen der Schweiz. Eine vergleichende Studie. Lizentiatsarbeit an der Universität Zürich. Zürich.

Tenscher, Jens (2002): Verkünder – Vermittler – Vertrauenspersonen. In: Schatz, Heribert/Rössler, Patrick/Nieland, Jörg-Uwe (Hrsg.): Politische Akteure in der Mediendemokratie. Politiker in den Fesseln der Medien? Wiesbaden: Westdeutscher Verlag, S. 245–269.

Tenscher, Jens (2003): Professionalisierung der Politikvermittlung? Politikvermittlungsexperten im Spannungsfeld von Politik und Massenmedien. Wiesbaden: Westdeutscher Verlag.

Tschannen, Pierre (2001): Die „Maulkorbinitiative“ und die Qualität der politischen Entscheidungsfindung. In: Auer, Andreas (Hrsg.): Ohne Fristen und Grenzen? Die Volksinitiative am Scheideweg. Basel, Genf, München, S. 43–60.

Urio, Paolo/Markov, Nedjalka (1986): Les administrations cantonales. In: Germann, Raimund/Weibel, Ernest/Graf, Hans Peter (Hrsg.): Handbuch Politisches System der Schweiz. Band 3: Föderalismus. Bern, Stuttgart: Haupt, S. 107–136.

Vanberg, Viktor (1982): Markt und Organisation. Individualistische Sozialtheorie und das Problem korporativen Handelns. Tübingen: J.C.B. Mohr.

Vatter, Adrian (1998): Konstanz und Konkordanz: Die Stabilität kantonaler Regierungen im Vergleich. In: Swiss Political Science Review, H. 4, S. 1–21.

Vatter, Adrian (2002): Kantonale Demokratien im Vergleich. Entstehungsgründe, Interaktionen und Wirkungen politischer Institutionen in den Schweizer Kantonen. Opladen: Leske + Budrich.

Vatter, Adrian (2006): Die Kantone. In: Klöti, Ulrich/Knoepfel, Peter/Kriesi, Hanspeter/Linder, Wolf/Papadopoulos, Yannis/Sciarini, Pascal (Hrsg.): Handbuch der Schweizer Politik. Manuel de la politique suisse. 4., vollst. überarb. Aufl. Zürich: Verlag Neue Zürcher Zeitung, S. 203–231.

Vatter, Adrian (2007): Lijphart Goes Regional: Different Patterns of Consensus in Swiss Democracies. In: West European Politics 30, H. 1, S. 148–171.

Vatter, Adrian (2008): Vom Extremtyp zum Normalfall? Die schweizerische Konsensusdemokratie im Wandel: Eine Re-Analyse von Lijpharts Studie für die Schweiz von 1997-2007. In: Swiss Political Science Review 14, H. 1, S. 1–47.

Vatter, Adrian/Freitag, Markus (2002): Die Janusköpfigkeit von Verhandlungsdemokratien. Zur Wirkung von Konkordanz, direkter Demokratie und dezentralen Entscheidungsstrukturen auf den öffentlichen Sektor der Schweizer Kantone. In: Swiss Political Science Review 8, H. 2, S. 53–80.

Vatter, Adrian/Freitag, Markus (2005): Politische Institutionen und kantonale Staatstätigkeit. In: Ladner, Andreas/Steiner, Reto (Hrsg.): Schweizer Kantone und Gemeinden im Wandel. Bern, Stuttgart, Wien: Paul Haupt Verlag, S. 69–90.

Vowe, Gerhard/Dohle, Marco (2007): Politische Kommunikation im Umbruch. Neue Forschung zu Akteuren, Medieninhalten und Wirkungen. In: Politische Vierteljahresschrift 48, H. 2, S. 338–359.

Wagschal, Uwe (1999): Statistik für Politikwissenschaftler. München: Oldenbourg.

Walker, Horst O. (1982): Das Presse- und Informationsamt der Bundesregierung. Frankfurt a.M.: Haag + Herchen.

Weber, Rolf H. (Hrsg.) (2003): Informations- und Kommunikationsrecht. Teil 1. 2. Aufl. Basel: Helbing & Lichtenhahn.

Weibel, Ernest (1990): Institutions politiques romandes. Les méchanismes institutionnels et politiques des cantons romands et du Jura bernois. Freiburg: Editions universitaires Fribourg.

Weibel, Ernest (1996): Politique et Conseils d'Etat en Suisse romande de 1940 à nos jours. Freiburg: Editions Universitaires Fribourg.

Weidenfeld, Werner (Hrsg.) (2007): Reformen kommunizieren. Herausforderungen an die Politik. Gütersloh: Verlag Bertelsmann Stiftung.

Weth, Burkard (1991): Der Regierungssprecher als Mediator zwischen Regierung und Öffentlichkeit: Rollen- und Funktionsanalysen von Regierungssprechern im Regierungs- und Massenkommunikationssystem der Bundesrepublik Deutschland (1949-1982). Dissertation.

Wirth, Werner/Kolb, Steffen (2003): Äquivalenz als Problem: Forschungsstrategien und Designs der komparativen Kommunikationswissenschaft. In: Esser, Frank/Pfetsch, Barbara (Hrsg.): Politische Kommunikation im internationalen Vergleich. Grundlagen, Anwendungen, Perspektiven. Wiesbaden: Westdeutscher Verlag, S. 104–131.

Wolff, Stephan (2004): Dokumenten- und Aktenanalyse. In: Flick, Uwe/Kardorff, Ernst von/Steinke, Ines (Hrsg.): Qualitative Sozialforschung: ein Handbuch. 3. Aufl. Reinbek: Rowohlt, S. 502–513.

Young, Sally (Hrsg.) (2007a): Government Communication in Australia. Cambridge et al.: Cambridge University Press.

Young, Sally (2007b): Introduction: The Theory and Practice of Government Communication. In: Young, Sally (Hrsg.): Government Communication in Australia. Cambridge et al.: Cambridge University Press, S. xxiii–xxxiv.

Zogg, Julia (2008): Das Internet als Instrument der politischen Öffentlichkeitsarbeit der Kantone. Eine qualitative Untersuchung der Strukturen, Ziele und Inhalte der Online-PR in den deutschsprachigen Kantonen. Lizentiatsarbeit an der Universität Zürich. Zürich.

Zürn, Michael/Leibfried, Stephan (2005): Reconfiguring the national constellation. In: Leibfried, Stephan/Zürn, Michael (Hrsg.): Transformations of the State? Cambridge: Cambridge University Press, S. 1–36.